L'ART DU BOURRELIER ET DU SELLIER.

Par M. DE GARSAULT.

M. DCC. LXXIV.

L'ART DU BOURRELIER ET DU SELLIER.

AVANT-PROPOS.

AVANT de détailler cet Art & les ſuivants, il paroît indiſpenſable de faire mention des objets pour leſquels ils ſe ſont formés.

L'homme, au commencement, contraint de labourer la terre pour en tirer ſon principal aliment, s'étant trouvé d'ailleurs avoir plus de déſirs que de moyens de les exécuter, a heureuſement découvert celui d'apprivoiſer certains animaux beaucoup plus forts que lui, & de les aſſocier à ſes travaux: tels ſont l'Eléphant, le Chameau, le Cheval, le Bœuf, le Buffle, l'Ane, la Renne. Parmi ces Quadrupedes domeſtiques répandus dans les diverſes parties de la terre, les uns ſe ſont trouvés propres à porter des fardeaux, d'autres à tirer la charrue & les voitures chargées, & enfin pluſieurs également capables de porter & de tirer.

L'*Eléphant*, habitant de l'Aſie, le plus grand des animaux à quatre pieds, porte des charges très-peſantes; le *Chameau* de l'Afrique, & dans l'Aſie le *Dromadaire*, autre eſpece de Chameau, ſont moins grands & proportionnellement moins forts; le *Cheval*, animal courageux & de grande reſſource, qui ſe trouve preſque par-tout, excepté au fond du Nord, eſt capable non-ſeulement de porter hommes & fardeaux, comme les précédents, mais encore de les tirer, pourvu qu'ils ſoient proportionnés à ſa force, qui, à la vérité, eſt bien inférieure aux deux premiers, mais bien plus liante.

Le *Bœuf*, & en quelques contrées de l'Europe, le *Buffle*, autre eſpece de Bœuf, animaux très-lents, dont la force eſt principalement dans le col, ne ſont propres qu'au tirage. L'*Ane* eſt très-fort pour ſa petite taille; il porte & tire: on a tenté de réunir, par la génération, ſa vigueur avec celle du

Cheval, & on y a réussi; de sorte que de l'accouplement de la Jument avec l'Ane, ou de l'Anesse avec le Cheval, il provient un Mulet, animal domestique plus grand & plus fort que l'Ane, mais incapable d'engendrer. Le *Jumart*, autre animal métif, provenant du Taureau & de l'Anesse, ne fait que porter; mais quoique petit, il est très-fort: il ne peut, comme le Mulet, se perpétuer. Quant à la *Renne* de Laponie, c'est une espece de Cerf, habitant le fond du Nord: il ne sauroit tirer que de légers fardeaux, & ne porte point.

Pour se servir de tous ces animaux suivant leurs facultés, il a fallu, à l'égard de ceux qui portent, attacher solidement les charges sur leur dos, en observant en même temps l'équilibre nécessaire au soulagement de l'animal; & pour les bêtes de tirage, lier celles qui y sont propres, soit aux instruments d'Agriculture, soit aux Voitures dans lesquelles se transportent toutes especes de denrées & de marchandises. Ce détail est du ressort du Bourrelier-Bâtier, & compose la partie de son Art la plus étendue.

L'homme a voulu profiter pour lui-même, des avantages que lui offrent ces animaux, & a imaginé pour se faire porter sur le dos principalement du Cheval, une espece de siege au moyen duquel étant commodément assis, il le conduit où il veut sans se fatiguer; de plus, afin de se servir aussi utilement des animaux qui tirent, il a construit des Voitures à son usage particulier, accompagnées de toutes sortes de commodités. C'est dans ces deux points que consiste l'Art du Sellier: mais une Voiture ne sauroit servir, si elle n'est arrêtée & suspendue dans la place qu'elle doit occuper, & si les animaux destinés à la tirer ne sont revêtus des liens qui doivent les y attacher; ce qui a donné lieu à plusieurs Bourreliers de se livrer uniquement à cette derniere entreprise.

L'unique Voiture des François des deux sexes, jusqu'au regne de Charles VI, étoit le dos du Cheval ou du Mulet; les Rois, Reines, Princes, Sujets, en un mot, tous n'en connoissoient point d'autre. Sous Charles VI, parurent les Litieres portées par deux Chevaux: elles étoient découvertes & ne servoient qu'aux Dames de la Cour. Sur la fin du regne de François I, les Coches ou Chars parurent; l'usage en venoit d'Italie: il n'y en eut alors que deux en France, l'un pour la Reine, l'autre pour Diane, fille naturelle de Henry II; & en 1588, sous Henry III, il n'y en avoit qu'un dans Paris, qui étoit celui du premier Président. Ils se multiplierent ensuite, mais en petite quantité, jusques vers la fin de la Ligue, sous Henry IV, temps auquel les ayant changés de forme en quelques points, ils changerent aussi de nom, & furent appellés des *Carrosses* (1). Les premiers étoient suspendus avec des cordes ou des courroies; on y montoit avec une échelle de fer: le reste de leur description

(1) Il y a toute apparence que le terme de *Carrosse*, est dérivé du latin *Currus* ou *Carrus*, qui signifient un *Char*, & qu'il en est l'augmentatif, c'est-à-dire, *un grand Char*.

manque ; mais il eſt certain qu'ils étoient bien différents de ceux d'à-préſent.

Les Bourreliers ont été érigés en Corps de Maîtriſe, ſous le regne de Charles VI, en 1403. Ce Roi leur donna des Statuts qui furent renouvellés en 1578, ſous Henry III ; puis ſous Louis XIV, en 1665 ; & ſous Louis XV, (actuellement régnant) en 1734.

Leurs titres ſont *Bourreliers-Bâtiers-Hongrieurs* (1).

Ils feront Doſſieres, Avaloires, Brides, Têtieres, Chaînes, Mancelles, Anneaux de cuir, Traits, Reculements, &c ; Reſnes & Longes de cuir de Hongrie, Chaînettes, Courroies, fauſſes Soupentes de marche-pied, Fourreaux de ſoupente, Couvertures de cuir, de toile, &c ; Sellettes de limonier, tout le Harnois de tirage, Bâts, Panneaux, Seaux de cuir pour les incendies, Enjolivure de toute étoffe, Licols, Filets, Caveſſons, Coutres de Charrue, Langes.

Les Selliers ont leurs Statuts ſous Henry III, en 1577, confirmés en 1595 ſous Henry IV, & en 1678, ſous Louis XIV ; mais comme la plupart des Ouvrages nommés dans leurs anciens Statuts ne ſubſiſtent plus, ils ont été autoriſés à changer leurs Liſtes, en exprimant à la place des pieces anciennes, les modernes qui leur ſont dévolues : leurs titres ſont *Selliers*, *Lormiers* (2), *Carroſſiers*.

Ils feront Selles de toute eſpece pour Chevaux, Haquenées, Mulets, &c ; Caveſſines, Caveſſons, Bridons, Filets, Maſtigadours, Lunettes, Mors, Etriers, Banderolles de timbales & leurs couvertures, Banderoles de guidons, Etendarts, Porte-mouſquets, Carabines, Harnois de ſelle couverts : ils feront Litieres, leurs Selles & Harnois à bras & Bricoles, Coches, Chars, Charriots, Carroſſes, Caleches garnies, bas de Siege de Cocher, Trouſſequins, Etuis, Chars triomphants, Chariots de pompe funebre, la grande Couverture pendante, Garniture de cercueil, Caparaçons, Crinieres : ils couvriront tous Harnois, Soûpentes, Chaînettes, Courroies, Couſſinets de trouſſe, Malles, Porte-manteaux, Couſſinets de poſte & leurs Valiſons, Poches de cheval, Couſſinets, Couvertures pour les chevaux, Caparaçons, Bâts François & leurs Courroies, Fourreaux de piſtolets, Chaperons, Bourſes, faux-Fourreaux & garniture d'iceux, Houſſes, Garnitures de chaiſes, Placets, Fourreaux d'arquebuſe & leurs Bourſes, Fourreaux de rondaches, Caſques, Heaumes, Epieux d'arbalêtre & Enjolivures.

Dans la deſcription de ces Arts, ainſi que de tous ceux où les Ouvriers peuvent faire tant de choſes, ſi on entreprenoit de détailler & d'expliquer juſqu'à la derniere, le Lecteur, au lieu d'acquérir de nouvelles connoiſſances, ſe trouveroit très-ſouvent fatigué par la répétition des mêmes manœuvres : c'eſt donc de ces manœuvres qu'il eſt queſtion de l'inſtruire, & non de les

(1) Ils s'appellent *Hongrieurs*, parce qu'ils ont le droit d'apprêter pour leur uſage le cuir de Hongrie.

(2) *Lormier* eſt un vieux mot qui ſignifie Ouvrier en petits ouvrages de fer, comme Clous, Anneaux, &c. Il paroît par ce titre, que les Selliers peuvent les forger pour leur uſage.

lui répéter. Ainſi on s'eſt attaché à décrire les pieces les plus compoſées de celles que chaque Art exécute actuellement, & qui mettent l'Ouvrier en état, en ſuivant les mêmes principes, non-ſeulement de réuſſir ſur toutes les autres pieces dont il eſt fait mention dans les Statuts, mais encore à l'égard de ce qui pourroit ſe préſenter de nouveau à chacun dans ſon Art.

On diviſera l'Art du Bourrelier en deux Sections : la premiere, qui commencera au ſecond Chapitre, contiendra le Bourrelier-Bâtier : la ſeconde, le Bourrelier-Carroſſier, qui ſera ſuivi de l'Art du Sellier, précédé de l'Arçonnier ; ſur quoi il faut ſavoir que la Manufacture des Arçons eſt abſolument de l'Art des Selliers, & qu'ainſi s'il y a des Arçonniers, c'eſt que les Selliers laiſſent faire leurs Arçons de Selles à des Ouvriers qui travaillent le bois, ce qu'ils leur ont permis d'autant plus volontiers, que ce travail eſt étranger au reſte de leur Art, qui s'approche beaucoup plus de celui du Tapiſſier.

On a obligation de la connoiſſance de ces Arts à pluſieurs habiles Ouvriers & Maîtres. On a été inſtruit pour le Bourrelier-Bâtier, chez M. Enfroy, rue des Foſſés S. Bernard, par lui-même & par M. Agron, ſon ancien & premier Garçon ; par M. Regnier, Maître Bourrelier-Carroſſier, rue S. Thomas, près la place S. Michel, pour tout ce qui regarde ſon Art ; l'Art du Sellier a été dicté par M. Begly, demeurant rue du Sépulcre ; & pour l'Arçonnier, on s'eſt adreſſé, ſur ſa réputation, à M. Coulier, rue de Verſailles, près la rue S. Victor.

L'ART

L'ART DU BOURRELIER.

CHAPITRE PREMIER.

Instruments, Outils & Matériaux des Bourreliers en général.

LE Corps des Bourreliers n'étoit qu'un, avant que les Voitures, pour la commodité des hommes eussent paru en France ; mais comme le travail, à raison de ces Voitures, devenoit plus délicat & exigeoit une manœuvre particuliere qui s'éloignoit beaucoup de la maniere ancienne, & pouvoit occuper un homme tout entier, plusieurs Maîtres s'y adonnerent uniquement, ce qui les sépara en deux branches ; & c'est pour les distinguer entr'eux, que ceux qui continuent leur travail primitif, conservent le nom de *Bourreliers-Bâtiers*, & que les autres sont appellés *Bourreliers-Carrossiers*. Ils se servent tous, en général, à-peu-près des mêmes instruments, plus forts pour les Bourreliers de gros Harnois, plus fins pour ceux de Harnois de Carrosse. Les premiers en ont cependant quelques-uns qui leur sont nécessaires, & les derniers quelques autres dont les premiers ne se servent point. On les distinguera tous ici, en cotant en lettres romaines, ceux qui sont communs à tous les deux ; les lettres italiques indiqueront ceux des Bourreliers-Bâtiers ; & les chiffres, ceux des Bourreliers-Carrossiers. Ceux qui sont sans chiffres, sont communs à plusieurs autres Arts. Voici la liste générale, qui sera suivie de l'explication.

PLANCHE I.

A A, le Bat-à-bourre.
A, la Pince de bois.
B, le Marteau.
C, le Couteau-à-pied.
D, la Serpette.
E, E*, la Rênette.
F, G, le grand & petit Emporte-piece.
H, l'Alêne à brédir.
I, l'Alêne à coudre.
a, la Forme.
a a, le Coin.
b b, le Maillet.
c c, la fausse Verge.
d d, le faux Garrot.
b, la Verge à enverger.
c, l'Aiguille à réguiller.
d, le Passe-corde.
e, le Serre-point.
f, la Broche à piquer.
e e, le Fer à Bâtier.
g g, l'Aiguille à Bâtier.
2, le Serre-attache.
3, le Poinçon.
4, le Formoir.
5, *g*, le Tire-bourre.
6, *h*, le Rembourroir.
L'Epée.
Le Tire-pied.
La Manicle ou Gant royal.
Le Rondin ou Rondinet.
La Masse de fer.
Le Billot.
L'Etau.
Plusieurs sortes de Clous.

A A, le Bat-à-bourre est un instrument commun aux deux Bourreliers, comme aussi aux Selliers, &c. Il est composé de planches posées horisontalement, de six à six pieds & demi de long, & de trois pieds plus ou moins de large. A un des bouts de ce plancher, eſt attachée une traverſe *a*, percée de huit trous pendant deux empans ; on arrête dans ces trous huit petites cordes de ſix pieds de long, qu'on attache enſuite par l'autre bout à une ſeconde traverſe *b*, qui ne tient point au plancher : au milieu de celle-ci on fait entrer un manche de bois *c*, de deux pieds de long ou environ. Ces cordes ſont attachées également diſtantes l'une de l'autre.

Le nom de cette machine déſigne ſon uſage ; car elle eſt faite pour battre de la bourre. Voici comme on s'en ſert. On commence, après avoir mis la bourre ſur le plancher, par prendre deux baguettes, avec leſquelles, ſe mettant à genoux, on bat cette bourre pour la dégroſſir ; enſuite prenant le manche du bat-à-bourre, & tendant les cordes, on en frappe la bourre juſqu'à ce qu'elle ſoit entiérement diviſée & légere.

A, la pince de bois, ſert aux deux : elle eſt compoſée de deux pieces de bois ; la plus longue *a a*, de trois pieds huit pouces de long, & de cinq pouces de large par un bout, allant toujours en diminuant juſqu'à l'autre bout qui ſera celui d'en bas ; on l'évide à plat, commençant à un pied neuf pouces du bas, en lui donnant une forme un peu courbée : cette mâchoire eſt immobile. L'autre piece eſt une pareille mâchoire *b*, qui tient à charniere de bois *c*, où la premiere commence à ſe courber. Ces deux mâchoires fermées ne ſe touchent qu'au haut de leur largeur : celle-ci s'ouvre & ſe ferme ſur la premiere.

Quand l'Ouvrier veut s'en ſervir, il la fait paſſer par-deſſous la cuiſſe droite en biais juſqu'à terre, appuyant ſa mâchoire immobile ſur la cuiſſe gauche ; il place enſuite les peaux qu'il veut coudre enſemble, entre les deux mâchoires, & il les contient en appuyant la cuiſſe droite ſur la mâchoire mobile ; alors il ſe met à coudre en perçant les deux peaux avec l'alêne : puis paſſant dans le trou les deux aiguilles en ſens contraire, ſi c'eſt un Bourrelier-Bâtier, ou les deux ſoies, ſi c'eſt un Bourrelier-Carroſſier ou un Sellier ; il tire l'éguillée qui les ſuit juſqu'à ce que le point ſoit ſerré.

B, eſt la forme du marteau des Bourreliers, Selliers, &c.

C, le couteau à pied : il ſert aux deux, ainſi qu'aux Selliers, aux Cordonniers, &c, pour couper le cuir.

D, la ſerpette : les deux Bourreliers s'en ſervent à couper le cuir en long & en venant à ſoi, comme le couteau à pied, en avançant.

E, la rênette ſert aux deux à faire des traces ſur les courroies, en entamant la ſuperficie du cuir ; celle marquée *E*, eſt ſimple : elle appartient au Bourrelier-Bâtier ; *E**, eſt à double branche ; c'eſt celle du Bourrelier-Carroſſier.

F, le grand, *G* le petit emporte-pieces. Ils ſervent aux deux à faire les trous aux courroies pour y paſſer les ardillons des boucles.

H, L'alêne à brédir ſert aux deux à percer les fentes au travers deſquelles ils paſſent la laniere de cuir avec laquelle ils brédiſſent.

l, l'alêne à coudre sert aux deux à percer les trous pour les coutures à joindre des Bourreliers-Bâtiers, & pour les coutures piquées des Bourreliers-Carrossiers.

a, la forme ne sert qu'aux Bourreliers-Bâtiers: elle est composée de deux gros morceaux de bois d'orme de trois pieds de haut chacun, coupé plat sur son épaisseur du haut en bas, ainsi qu'à sa surface supérieure, où il a six pouces de large; ils s'élargissent ensuite en tous sens dans leur longueur jusqu'en bas, où ils ont treize pouces d'épaisseur: le dos de chacun est arrondi différemment; l'un en se rétrécissant par les côtés, se termine en portion de cercle: c'est celui coté *u*; l'autre, coté *x*, se rétrécissant davantage, forme une arête un peu arrondie. On se sert de cet instrument pour mettre les colliers en forme, comme il sera expliqué ci-après. Pour cet effet on approche les superficies plates l'une de l'autre; on fait entrer le collier par-dessus la forme ainsi disposée; & à l'aide du coin *a a*, qu'on fait entrer entre deux à grands coups du maillet *b b*, on l'oblige à s'étendre & à se former: la fausse-verge *c c*, qui est de cuir, laquelle se met à un bout du collier, & le faux garrot *d d*, de bois, aident encore à cette opération.

b b, la verge à enverger sert aux mêmes; c'est une tringle de fer d'environ quatre pieds & demi de long ayant un bouton à un de ses bouts, & l'autre bout applati & un peu échancré à son extrémité: elle sert à pousser la paille dans la verge du collier.

c, l'Aiguille à réguiller ne sert qu'aux précédents: elle est un peu recourbée, & sert à faire les grands points de ficelle qui rapprochent la tête du collier.

d, le passe-corde sert aux mêmes à enfiler la ficelle pour la passer où on veut qu'elle traverse.

e, le serre-point sert aux mêmes à prendre & entortiller la ficelle pour avoir plus de force à en serrer les points: il est de bois.

f, la broche à piquer sert aux mêmes pour faire tenir & incorporer, pour ainsi dire, la bourre dans la paille, quand on en met par-dessus un empaillement.

e e, le fer à Bâtier sert aux mêmes: il est pointu par un bout, plat & quarré par l'autre: il sert à rembourrer les bâts de Mulet.

g g, l'Aiguille à Bâtier sert aux mêmes à passer la ficelle au travers de la rembourrure des bâts de Mulet.

2, le serre-attache ne sert qu'aux Bourreliers-Carrossiers à serrer leurs brédissures & attaches de cuir: il est de bois.

3, le poinçon ne sert qu'aux mêmes pour monter & démonter les voitures.

4, le formoir de même: il est de fer & garni au bout d'une petite roulette sur l'épaisseur.

5, *g*, le tire-bourre: il sert aux deux; mais quoique son usage soit le même pour chacun, le tire-bourre 5, des Carrossiers, & le tire-bourre *g*, des Bâtiers, ſont de forme différente ; celui des Carroſſiers eſt contourné en S, & celui des Bâtiers eſt plus long, tout droit & recourbé ſeulement par le bout. Leur uſage eſt de retirer la bourre des endroits d'où on veut l'ôter.

6, *h*, le rembourroir ſert aux deux : il eſt dans le cas du précédent pour la forme & pour la matiere ; car celui des Carroſſiers 6, eſt de bois un peu contourné ; & celui des Bâtiers eſt de fer, tout droit, applati, échancré par le bout, & emmanché : ils ſervent tous deux à pouſſer & enfoncer la bourre.

On a jugé qu'il étoit inutile de donner les figures des inſtruments ſuivants, trop connus pour les décrire ici : on renvoie à l'Art du Cordonnier pour le tire-pied & la manicle ; on dira ſeulement que le tire-pied ne ſert qu'aux Bâtiers; que la manicle, moins large que celle des Cordonniers, ſert aux deux, & qu'ils l'appellent le *gand royal*, pour l'ennoblir par le terme.

L'épée n'eſt autre choſe qu'un bout d'épée d'un pied de long, emmanché dans un manche de bois ordinaire : elle ne ſert qu'aux Bâtiers, principalement à percer la verge pour y paſſer les boutons.

Le rondinet eſt un bout de manche à balai, long d'un pied, qui ſert aux Bâtiers à pouſſer la bourre dans le collier, & à la battre par-deſſus pour l'arranger.

Le billot ſert aux mêmes à battre & corroyer le cuir avec la *maſſe de fer* ; l'*étau* à tirer le cuir, pour l'allonger.

Les mêmes ſe ſervent de pluſieurs ſortes de clous, entr'autres de broquettes, de clous de quatre, d'un pouce & demi de long ; de clous de ſix, de deux pouces ; de clous à lattes, &c.

Les deux Bourreliers ont toujours au milieu de la boutique, une table quarrée d'environ deux pieds de large, entourée d'un rebord de quatre doigts de haut : ils la nomment *le Veilloir*, parce qu'elle leur ſert toute l'année. Ils ſe placent ſur des tabourets autour du *Veilloir* pour travailler, & mettent deſſus les outils dont ils ont beſoin à meſure qu'ils s'en ſont ſervis. On verra dans la ſuite des Chapitres mettre tous ces outils en œuvre.

Matériaux.

Les matériaux que les Bourreliers en général emploient, ſont les cuirs, les peaux tannées, les peaux paſſées en poil, la toile, la bourre de bœuf, de veau & celle de mouton qu'ils nomment *bourre blanche*; le crin, la laine en écheveau de toutes couleurs, le fil gros, la ficelle en deux brins, le fil blanc & de couleur, la paille de ſeigle.

Le cuir de Hongrie eſt du cuir de bœuf préparé en blanc: il s'en fait auſſi de cheval, mais bien inférieur en bonté; il eſt même défendu aux Bourreliers-Carroſſiers, par leurs Statuts, de s'en ſervir en ſoûpentes. Le cuir de Hongrie ne ſe débite qu'en demi-peaux, qu'on nomme *bandes*. On appelle *cuir d'Allemagne*, le cuir de vache préparé comme le précédent.

Le

Le cuir d'Angleterre est de bœuf ou de vache, apprêté en couleur fauve; il est à grain ou lissé.

Le cuir de bœuf noir lissé.

Le cuir maroquiné de vache, veau, mouton, & le maroquin.

La peau de mouton tannée ou basanne jaune.

La peau de mouton blanche.

La peau ou toison de mouton.

La peau de cochon tannée.

La peau de castor tannée.

La peau de veau, de blereau, de sanglier en poil.

Voyez le Tanneur, le Corroyeur, le Mégissier, le Maroquinier & le Chamoiseur, par M. de la Lande, de l'Académie des Sciences.

PREMIERE SECTION.

DU BOURRELIER-BÂTIER.

CHAPITRE SECOND.

De la coupe du cuir; les mesures, les coutures, les nœuds & les ouvrages en général du Bourrelier-Bâtier.

Coupe du Cuir.

DANS cet Art, on ne sauroit donner de regles certaines pour la coupe du cuir; on dira seulement que le dos de l'animal est toujours le plus fort, quoique le côté du ventre soit quelquefois plus épais : du reste on examinera la peau, & on verra ce qu'on peut en tirer du fort & du foible, suivant les pieces qu'on doit exécuter, afin que le tout puisse servir, soit à une chose, soit à une autre. Cette connoissance est dans le cas de celles qui s'acquierent plutôt par la pratique que par théorie.

Mesure par Empans.

Les Bourreliers ne mesurent que par *empans* pour les longueurs, & par travers de doigt pour les largeurs. Un empan est huit pouces de long: ils s'accoutument à faire avec la main étendue la valeur d'un empan, en mettant le pouce en arriere & les doigts en avant, jusqu'à ce que depuis le pouce jusqu'au bout du second doigt ainsi étendus, il se trouve huit pouces ou environ; & pour continuer cette marche, ils rapportent le pouce où étoit le second doigt, & ainsi de suite en avançant jusqu'à la fin de la mesure. Ils ne s'assujettissent pas, comme on voit, à la précision géométrique, de laquelle leurs ouvrages n'ont pas un besoin absolu; cependant l'habitude fait qu'ils ne s'en éloignent guere.

Pour assembler toutes les pieces d'un harnois quelconque, afin de le rendre complet & prêt à servir, il faut d'abord tailler tous les cuirs, pour ensuite les lier l'un à l'autre par différents points de couture, ou par des nœuds & des attaches de diverses façons, suivant les places & l'effet que chaque espece de lien doit produire. Or comme toutes ces manœuvres sont partie de la construction des harnois, & qu'on répétera plusieurs fois leurs noms dans l'explication qui va suivre, il vaut mieux, afin de retrouver plus aisément leurs descriptions & procédés, les transporter dans ce Chapitre, que de les répandre à mesure dans le courant du discours.

Les coutures & nœuds.

Les Bourreliers-Bâtiers se servent d'aiguilles & jamais de soie de sanglier; ils différent en cela de leurs confreres, les Bourreliers-Carrossiers, qui n'emploient pour leurs coutures que des soies de sanglier au lieu d'aiguilles, comme on verra par la suite; on réserve alors la maniere dont ils s'y prennent pour lier ces soies à leurs aiguillées, quand on les traitera à la suite de ceux-ci: tous les deux se servent de fil gros; mais les Bâtiers l'enfilent dans de véritables aiguilles, ou dans des carrelets. Outre le fil gros, ils emploient encore de la ficelle plus ou moins grosse, mais toujours cordée en deux brins: ils cousent aussi avec de la laniere de vache & de mouton blanc ou rouge; c'est ce qu'ils appellent *de la couture.*

Ils éfilochent leur fil gros & leurs ficelles par les bouts, & leur font faire la pointe pour les enfiler dans les aiguilles: ils les poissent, ou ils s'en servent sans les poisser, suivant les cas. Lorsqu'ils veulent poisser, si c'est du fil gros, après en avoir assemblé plus ou moins de brins suivant la grosseur de l'aiguillée qu'ils veulent faire, & en avoir éfiloché & retordu les deux bouts sur le genou, ils prennent de la poix noire, & tendant le fil au crochet, ils l'en frottent d'un bout à l'autre, ajoutant à mesure un peu de suif qu'ils prennent au bout du doigt pour rendre cet enduit plus coulant. Ils poissent la ficelle de la même maniere. A l'égard des lanieres, qu'ils nomment *de la couture*, ils en taillent les bouts en pointe allongée, laquelle leur tient lieu d'aiguille pour traverser les trous qu'ils font avec l'alêne.

Ils ont plusieurs sortes de coutures, les unes ordinaires, comme à surjet, à point devant, &c. & d'autres qui leur sont plus particulieres, comme celle qu'ils nomment *couture à joindre*, la même que leurs confreres les Bourreliers-Carrossiers appellent *couture piquée*, & semblable, à quelques petites différences près, aux coutures que les Cordonniers nomment *coutures lacées.* L'aiguillée de ceux-ci étant enfilée, comme on a déja dit, dans une aiguille à chaque bout, ils commencent par s'armer du gant royal, & posant les deux cuirs qu'ils veulent joindre sous la pince, ils passent d'abord la moitié de l'aiguillée au travers le premier trou d'alêne; puis ayant percé un second trou plus ou moins près du premier, ils y font passer toujours l'aiguille à main droite la premiere, & la gauche en deçà: ils continuent de même jusqu'à la

Couture à joindre.

fin de la couture, en ſerrant chaque point. Cette couture leur ſert à joindre enſemble deux cuirs le long de leurs bords. Lorſqu'ils veulent joindre avec une ſeule aiguille, la paſſant ſucceſſivement dans les trous de l'alêne, ils nomment cette couture une couture *à demi-jonction*.

A demi-jonction.

La brédiſſure eſt une autre eſpece de couture qui ne ſe fait jamais qu'avec de la laniere de cuir : elle eſt deſtinée à contenir dans l'eſpece d'anneau de cuir qu'elle occaſionne, une boucle, un anneau de fer, un cuir traverſant, &c. On commence par plier le bout du cuir autour de ce qu'on veut qu'il contienne : car la brédiſſure ne ſe fait jamais qu'aux bouts des cuirs du ſens de leur largeur; on les y replie ſur eux-mêmes; le cuir redoublé, on perce les deux doubles avec l'alêne à brédir, puis on paſſe de la couture dans la fente : on continue toujours ainſi. La laniere ou couture, en allant d'un trou à l'autre, doit tourner l'épaiſſeur des deux cuirs en dehors. La brédiſſure ne paſſe gueres le nombre de quatre points de chaque côté. On finit ordinairement par un point ſupérieur dans le milieu des cuirs, & quand les deux derniers points qui ſe regardent, ſont ſuffiſamment éloignés l'un de l'autre, on met ſouvent un point quarré dans l'intervalle. Au bas de la Planche 9, on voit des brédiſſures de deux façons. La figure 1, montre la brédiſſure ordinaire ; la figure 2, repréſente une autre façon, par laquelle les fentes étant moins proches l'une de l'autre, courent moins le riſque de ſe communiquer.

Brédiſſure.

Le point de billot eſt une eſpece de brédiſſure qui ſe fait toujours comme la précédente avec de la couture ; mais celle-ci s'exécute au milieu de pluſieurs cuirs qu'elle traverſe pour les ſerrer plus fort l'un contre l'autre : on la nomme *point de billot*, parce qu'elle ſe fait toujours aux billots du collier : il eſt aiſé de voir ſa diſpoſition, *Pl. 6, Fig. B.*

Point de Billot.

La rentraiture eſt une couture à demi-jonction, faite avec du fil ou de la ficelle ; elle ſe fait à points devant, en perçant avec l'alêne des trous également diſtants, dans leſquels on fait paſſer ſucceſſivement l'aiguille : cette couture peut ſe ſerrer en tirant avec la main tous les points de deſſus.

Rentraiture.

Appointer eſt enfoncer l'aiguille en perçant deux cuirs, qu'on veut joindre enſuite par les bords, la reſſortir à côté, nouer le fil & couper : ces appointures ſe font de diſtance en diſtance, pour joindre des pieces qu'on doit coudre enſuite, afin qu'elles ne ſe dérangent pas en couſant; on les enleve à meſure qu'on les rencontre.

Appointer.

Ils font auſſi pluſieurs nœuds différents ſuivant que les places l'exigent, ſavoir, le nœud droit, le nœud plat ou de coupliere, le nœud croiſé ou patte d'oie, le nœud quarré; ils ſe font tous avec la laniere de cuir.

Le nœud droit n'eſt autre choſe que le nœud ordinaire redoublé par un ſecond nœud ſerré ſur le premier à contre-ſens ; la figure *A, Pl. 6*, en fait voir l'apparence.

Nœud droit.

Le nœud *plat ou de coupliere*, ſe fait de la laniere même, quand on s'en ſert pour approcher deux pieces l'une de l'autre ; on l'emploie pour

Nœud plat ou de coupliere.

tenir ensemble les attelles d'un collier ; alors la laniere ainsi nouée se nomme *une coupliere*, *Pl.* 6, *Fig.* 1. Ayant redoublé la laniere sur elle-même, faites une fente *a* ; faites passer dans la fente le double *b* en *c* ; remontez par derriere en *d*, ramenez en devant le bout *e*, par-dessus *c* : voilà le nœud simple. Pour le faire double, *Fig.* 2, faites passer le bout *e* par-derriere, de *g* en *f*, d'où vous le ferez revenir par-devant, passer par-dessous *g*, & serrer : la *Fig.* 3, fait voir ce qui paroît à l'envers de ce nœud double.

Patte d'oie. *Le nœud croisé ou patte d'oie*, se fait pour attacher l'un sur l'autre plusieurs cuirs larges, *Pl.* 6, *Fig.* 4 ; passez en *a* dans la fente de l'alêne la laniere *e h*, à laquelle vous aurez fait une fente en *e* ; relevez-la à l'envers (lignes ponctuées) c'est-à-dire, derriere les cuirs en *b*. Son chemin est marqué par deux lignes ponctuées : passez-la en devant dans la fente *b*, & vous la menerez par-dessus *a*, *e*, dans la fente *c* ; puis vous la releverez par-derriere (lignes ponctuées) pour la ramener en devant au travers de la fente *d*, *Fig.* 5 ; passez le bout *h*, de *d* en *h*, au travers de la fente *e*, par-dessous & par-dessus jusqu'en *f* ; puis la faisant passer entr'elle & les cuirs de *f* en *g*, vous en ramènerez le bout *h* par-dessous *f*.

Nœud quarré. *Le nœud quarré.* Ce nœud se fait pour joindre deux portions de courroies ou de laniere ensemble : on s'en sert principalement au harnois des mulets, *Fig.* 6 ; pliez le bout *a* en 1 ; passez le bout *b* par devant 1 en 2, *Fig.* 7 ; relevez le bout *a* par-dessus le bout *b* 2 en 3. Cotoyant 1, *Fig.* 8, relevez le bout *b* par-dessus le bout *a* en 4, le passant au travers du pli 1.

Gance. *La gance de mulet.* On ne construit guere cette espece de gance qu'aux harnois de mulet ; elle se fait en ficelle à-peu-près comme un des côtés d'une boutonniere d'habit : on la commence par 6 ou 7 points coulés *a a*, *Fig.* 9, qu'on croise l'un sur l'autre vers le milieu de leurs longueurs. Comme ces points ne tiennent à l'étoffe que par les deux bouts, on leur donne plus ou moins de longueur, suivant celle qu'on veut donner à la gance ; on les renferme ensuite à points noués qu'on fait avec la même ficelle : ladite *Fig.* 9, en montre l'apparence.

Ouvrages. Le Bourrelier-Bâtier fait à neuf les harnois des chevaux de charrette, les panneaux pour différents usages, les bâts des chevaux de somme ordinaires ; & pour la guerre, tout l'équipage de guerre du mulet, le collier & bât d'âne, l'équipage des chevaux de coches & de fourgons, les torches ou bâtines, les colliers des chevaux de brancards, &c.

Enfonçure. Parmi les raccommodages, il y en a un entre autres, auquel les Bourreliers donnent un nom particulier, peut-être à cause qu'il arrive fréquemment. Le collier du cheval de charrette est sujet à s'user bien plutôt à l'endroit du poitrail qu'ailleurs, parce que l'usage des Charretiers est de mener leurs chevaux à l'abreuvoir en les détellant, & avant de les déharnacher ; & comme le bas du collier trempe chaque fois dans l'eau, il se pourrit ; ce qui oblige à y remettre des pieces neuves ; c'est ce que les Bourreliers appellent *mettre une enfonçure au collier.*

CHAPITRE

CHAPITRE TROISIEME.

Le Harnois des chevaux de Charrette.

LES chevaux de charrette ſont, à proprement parler, les chevaux de force & de peine; auſſi les gros chevaux entiers ſont préférables à tous autres. Cela étant, leurs harnois doivent être de réſiſtance & très-ſolides. Aux voitures à deux roues, comme charrette, haquet, tombereau, &c, on ne les attele jamais qu'un à un l'un devant l'autre. Celui qui tient immédiatement à la voiture, placé entre ſes limons, a un harnois plus composé, parce qu'indépendamment du tirage, il a à ſupporter partie du poids de la voiture; tous les autres ne faiſant que tirer, en ont un bien plus ſimple. Celui qui eſt dans les limons, ſe nomme *le limonier*, *Pl.* 9, *Fig. A*, *a*; celui qui le précede immédiatement, *le chevillier b*; le troiſieme, *le cheval de faute*: quand il y en a un quatrieme avant lui, ſinon, il s'appelle *le cheval de devant c.* On peut en atteler tant qu'on veut; mais paſſé cinq, il faut un ſecond Chartier.

Il s'agit maintenant d'expliquer la bride & le collier, qui ſont le harnois de l'avant-main de tout cheval de charrette; après quoi on détaillera le reſte de celui du limonier, & enſuite des chevaux de devant; le licol qui eſt proprement le harnois de tête du cheval à l'écurie, terminera l'Article IV de ce Chapitre.

ARTICLE PREMIER.

La Bride.

LA Bride eſt composée de la têtiere, du fronteau, des montants, des aboutoires, du cache-nez, de la ſous-gorge, du mors & des rênes.

Pour conſtruire la Bride *Pl.* 4, *Fig.* 1, on a un mors 2, rond, de buis, de ſept pouces un quart de long, large dans ſon milieu de deux pouces de circonférence, &renflé aux bouts d'un quart de pouce de plus, au travers deſquels eſtpaſſé un anneau de fer. Ces mors viennent de Province & ſe vendent chez les Quincailliers.

Pour faire les montants 3, coupez des bandes de cuir blanc, larges d'un pouce; appliquez-les en deux l'une ſur l'autre, paſſez-les dans l'anneau du mors; repliez-les enſuite ſur elles-mêmes, ce qui fera quatre cuirs: le montant gauche doit avoir de longueur trois empans & demi, parce qu'après avoir paſſé ſur la tête, où on le nomme *la têtiere*, il doit ſe boucler au montant droit fait également de quatre cuirs, mais qui n'aura qu'un empan & demi de long. Le montant gauche arrivé avec ſes quatre cuirs à un empan au-deſſus du mors, vers le lieu où ſeront poſées par la ſuite les aboutoires, vous l'*appointerez* avec des clous, & vous commencerez à le diminuer d'épaisseur avec le couteau à pied, en supprimant d'abord un des cuirs intérieurs; vous en ôterez de la même maniere encore deux en montant de distance en distance : il ne restera plus que le cuir extérieur seul qui doit passer sur la tête. Il faut en exécutant ceci amener toujours en mourant les cuirs intérieurs à mesure qu'on les retranche, de façon que la dégradation soit imperceptible. Ce montant gauche, après avoir passé sur la tête, doit descendre de l'autre côté pour se boucler au montant droit, fait également de quatre cuirs, qui s'appelle *le court montant*, lequel sera terminé par la boucle qui recevra ledit montant droit. Quelques-uns veulent des porte-mors de cuirs simples attachés aux montants, & pointent quelques clous le long des bords desdits montants pour les tenir en place.

Cousez ensuite les cuirs de chaque montant par deux coutures à joindre le long des bords; vous ôterez les clous à mesure que votre couture avancera: continuez au montant gauche, jusqu'à ce que vous soyez arrivé au-dessus de la tête ou têtiere; cousez de même le court montant, & attachez sa boucle; battez-les sur le billot avec la masse pour les corroyer & unir; *surtaillez*-les ensuite avec les ciseaux, c'est-à-dire, égalisez-en les bords; cousez avec de la laniere de cuir le cache-nez 4, à l'un & à l'autre montant, à un pouce au-dessus de l'anneau du mors, & les aboutoires 5 de même sous chacun à huit pouces dudit anneau : chacune de ces trois pieces sera de deux cuirs cousus ensemble. Cousez ensuite le fronteau au-dessous de l'oreille; le fronteau 6, & la sous-gorge 7 sont de la même piece; mais le fronteau aura deux cuirs, & la sous-gorge un seul: le bout du fronteau à droite, doit dépasser le montant; vous le fendrez en forme de boutonniere, pour y boutonner le bout de la sous-gorge, auquel vous ferez un bouton de cuir roulé; vous attacherez deux petites lanieres ou lacets de cuir du haut de chaque aboutoire, au milieu du fronteau, pour assurer les aboutoires en leurs places.

Voilà la bride toute simple; il faut être bien indigent pour se contenter de cette grossiere simplicité : presque tous y désirent plus ou moins d'ornement. On renvoie pour ce détail à l'Article cinquieme ci-dessous, où l'on verra tout ce qu'on a coutume d'ajouter aux harnois des chevaux de charrette pour les parer.

On brédit aux anneaux du mors les deux branches d'une rêne 8, de cinq empans, qui doit être fendue jusqu'au cinquieme empan.

ARTICLE SECOND.

Le Collier.

CE n'est pas la chose la plus simple que la taille du Collier d'un cheval de charrette; elle est au contraire tellement compliquée, & d'un détail si embarrassé, qu'il n'a pas été possible de la traiter ici sans multiplier les figures, afin de conduire cette coupe jusqu'à son dernier terme : en voici la raison. Il faut que, sans aucune base solide sur laquelle on puisse se régler, ayant étendu sur une table une peau de mouton tannée, on parvienne à composer une espece de long sac irrégulier dans sa largeur, mais qui ait toutes les proportions requises. Lorsqu'après l'avoir rempli de paille & de bourre, on l'aura accolé par les deux bouts, cette premiere peau n'étant jamais suffisante, on y ajoute des morceaux; on coud le tout ensemble, excepté les deux bouts qu'on laisse ouverts, on retourne ce sac, on le remplit de paille & de bourre, comme il vient d'être dit; on attache les deux bouts l'un contre l'autre, ce qui lui donne l'apparence d'un ovale à jour, quand ensuite on l'a mis dans la forme : ceci n'étant qu'un extrait succinct de l'opération, on va entrer dans le détail.

I. Prenez une peau de mouton tannée, autrement bazanne jaune *A*, trempez-la dans un seau d'eau pour la ramolir, & la rendre flexible; tordez & égoutez l'eau, étendez la peau sur la table, la chair en-dessous. PLANCHE 2.

II. Pliez-la exactement sur elle-même par la moitié le long du dos, la fleur en dedans *b b*; pliez le col *c* le long de l'arrête du dos jusqu'à la ligne ponctuée, qui marque ici l'endroit de ce pli; dépliez sur le champ, la marque du pli restera. Vers le milieu de la trace que ce dernier pli a laissée, est marqué ici dans la ligne ponctuée un gros point *d*, qui désigne une marque que vous ferez avec le dos de vos ciseaux.

III. Pliez en biais environ les deux tiers du dos, côté du col par-dessus, la peau jusqu'à la susdite marque *d*, & le tiers restant du côté de la queue pareillement, ce qui vous donnera deux triangles *a*, *b*. Le petit triangle *b*, de quelque grandeur que soit la peau, ne doit jamais avoir plus d'un empan de long: remettez votre peau dans sa premiere situation II, *b b*.

IV. Renversez le col *b*, par-dessus le commencement du dos depuis la marque *d*; il emmenera avec lui une partie du poitrail de l'animal, & les jambes de devant, le tout en double; faites une trace le long de la ligne du col avec le dos des ciseaux de *c* en *d*; coupez le long de la trace une portion desdites parties qui est celle du poitrail.

V. Coupez de même l'autre portion du poitrail qui est le double de la précédente, une portion double qui est celle des jambes de devant étant restée en bas; faites une trace avec le dos des ciseaux en biais depuis *d* jusqu'en *e*, appuyez ferme pour qu'elle se marque sur le double qui est dessous.

VI. Retournez la partie sur laquelle vous venez de faire la trace, & coupez celle de dessous le long de l'impression que la trace de dessus vient de faire jusqu'en *d*; alors toutes les parties coupées ci-devant depuis IV, tenant à cette derniere *o o o*, elles seront totalement séparées du corps du collier, & ôtées comme superflues. Pliez en-dessous la petite piece de dessus *a*, que vous avez tracée sans la couper, jusqu'à ce qu'elle rencontre le bord de celle de dessous; vous les appointerez ensemble en deux endroits, le col n'ayant pas quitté sa place pendant toutes ces opérations : dédoublez-le ſans le déplacer *b* ; appointez-le ſur le corps en deux endroits marqués par deux points.

VII. Refaites vos plis en biais, comme ils étoient N°. III, & avec un fil, une ficelle, &c, vous prendrez en ligne droite, depuis le bout ſupérieur du grand triangle, la longueur juſqu'au pareil bout du petit triangle, c'eſt-à-dire, de *a* en *b* ; pliez enſuite votre meſure en deux, & vous la porterez ainſi du haut des deux plis au bas du ventre de la peau de *c* en *d*. Si cette derniere meſure dépaſſe la peau, vous y ajouterez des pieces pour remplir les vuides.

VIII. Coupez le bas du grand triangle en *a*, ce qui vous défera du col ; coupez de la même direction le bord double du ventre juſqu'au bout *b*, des jambes de derriere ; mais vous commencerez cette derniere coupe à un pouce au-deſſus de celle du bas du grand triangle en *a* ; vous couperez auſſi en pointe alongée le bout du petit triangle du côté de la queue en *c* : puis relevant cette pointe vous marquerez ſur le corps une trace circulaire qui ira ſe terminer en *b*, & tout de ſuite vous couperez tout le derriere le long de cette trace ; puis vous fendrez toute l'arrête du dos, en coupant les plis d'en-bas du grand & du petit triangle *d d*, d'un bout à l'autre ; appointez chacun avec le corps à quelque diſtance de la rondeur *e*. (Les Bourreliers nomment *la rondeur*, l'inflexion qui ſe fait à la pointe des deux triangles) ; vous pliſſerez cette petite rondeur avec quelques points d'aiguille, vous ferez *une belle rondeur* : c'eſt en terme de Bourrelier, arrondir cet endroit en douceur & avec grace.

Comme chaque triangle eſt double, & qu'ils ſont repliés ſur le corps qui eſt pareillement double, l'eſpace qu'occupent les triangles eſt quadruple ; & comme il eſt néceſſaire que tout le reſte le ſoit auſſi, vous prendrez deux morceaux de pareille peau qui puiſſent, étant l'un ſur l'autre, couvrir tout ce qui n'eſt que double, & au-delà : on les nomme *le fourniment A*. Vous les taillerez de façon que non-ſeulement ils couvrent le corps, mais qu'ils le dépaſſent par-derriere de quatorze pouces ou environ, formant un triangle avancé dont le haut deſcende de la pointe alongée *c* du petit triangle, & dont le bas ſe reléve un peu depuis les jambes de derriere *b*. Le fourniment eſt marqué *A*.

Le fourniment.

Il s'agit maintenant de coudre pour joindre toutes les pieces. On fait quatre coutures à joindre, ſavoir une pour coudre chaque piece du fourniment aux deux triangles *d d*, une au bout large du grand triangle en *a*, la quatrieme pour joindre tout le ventre de l'animal aux fourniments. Toutes ces coutures ſe font avec le *tire-pied* & le *gant royal*. Les coutures faites, vous replierez le collier comme lorſqu'il a été fini de tailler, vous égaliſerez bien tous les bords ſaillants de ces coutures avec les ciſeaux, c'eſt ce qui s'appelle *ſurtailler* ; vous coudrez enſuite à grands points une bande de toile de trois pouces de large, à l'endroit qu'occupera la verge dont on parlera ci-après, pour la doubler, & d'autres bandes de quatre pouces de large pour doubler les deux bouts.

Coudre & ſurtailler.

IX.

IX. Retournez votre collier comme on fait un gant, en faisant passer un bout au travers de l'autre ; la fleur alors se trouvera en dehors, & doit y rester ; puis vous ferez à grands points avec l'alêne & le carrelet, une couture à demi-jonction *a a*, à un pouce de distance du devant du collier ; cette couture formera la verge, espece de bourrelet qui coule le long des attelles, comme on verra par la suite. Les Bourreliers appellent cette opération *rentraire la verge.* Rentraire la Verge.

Procédez à l'empaillement, c'est-à-dire, à remplir d'abord la verge du collier avec de la paille droite de segle : la nouvelle est la meilleure. Pour cet effet, prenez la verge à enverger ; passez-la par un trou fait dans une planche jusqu'à la tête de cet instrument, qui ne doit pas pouvoir passer au travers de ce trou. Cette planche étant à terre, vous debout, mettez les pieds dessus, l'instrument se tiendra droit : alors prenez de la paille longue plus ou moins, portez-la au haut de l'instrument, pliez-en environ un pied de long sur son échancrure ; puis vous le ferez entrer par un bout du collier dans sa verge, l'y enfonçant d'un bout à l'autre ; vous continuerez cette manœuvre jusqu'à ce qu'il y ait assez de paille pour la rendre dure & bien ronde. Empaillement de la Verge.

Nota. Que pendant l'opération du remplissage, il faut toujours entretenir la peau humectée. Quand la verge est remplie, prenez de la bourre bien fine, celle de veau est la meilleure ; après vient la bourre de bœuf ; celle de cheval est la moins bonne : prenez le bâton nommé le *rondin* ou *rondinet*, page 8, pour pousser la bourre, l'enfoncer & la battre par-dessus le collier, pour la ranger & la rendre égale par-tout : vous en mettrez la valeur de deux pouces d'épaisseur dans tout le collier. Rembourrer.

Vous procéderez ensuite à le remplir entiérement de paille : en voici la façon. Etant assis & tenant le collier par un bout, prenez le rembourroir, portez sur son extrêmité échancrée de la paille longue que vous y plierez en deux ; poussez cet instrument ainsi couvert de paille dans le collier le long du côté opposé à celui de la verge, qui doit faire, quand le collier sera monté sur attelles ci-après, le haut du derriere ; vous ne passerez pas le milieu qui est l'étroit ; continuez toujours cette façon, jusqu'à ce que vous voyiez ce côté tendu & enflé. A mesure que la paille s'accumule, elle range la bourre du côté de la verge : ce côté empaillé, vous en faites autant à l'autre. Il est à observer qu'en poussant la paille, il ne faut pas continuer à la cacher entiérement sous la peau ; on en laisse une portion en-dehors, ce qui en fait un amas le long de la tête du collier, lequel sert à lui donner sa forme, comme on verra ci-après. Tout le collier étant rempli d'un bout à l'autre, marchez dessus en le foulant avec les pieds ; cette action corrompt, range & égalise l'épaisseur de la paille. Empailler.

Ensuite vous tenant debout au milieu, vous saisissez des deux mains un des bouts ; vous le tirez à vous avec force, & en même-temps frappant du pied par reprises sur le côté pour le faire obéir, vous parviendrez à amener le bout jusqu'à vous ; vous en ferez autant de l'autre côté. Ayant donc de cette maniere approché les bouts l'un de l'autre, & les ayant accolés, vous prendrez l'*aiguille à réguiller*, dans laquelle vous enfilerez une ficelle en deux, non poissée, longue de quinze pieds ; vous commencerez d'abord à joindre ces deux bouts l'un à l'autre par quatre ou cinq grands points croisés dont vous les lacez au bas de la tête, où la paille commence à paroître ; vous continuerez par-dessus la paille à lacer de grands points paralleles l'un à l'autre jusqu'en haut ; vous serrez ensuite tous ces points avec la main, comme on serre un lacet ; cette façon approche les cuirs de chaque bout l'un de l'autre, & resserre la paille apparente, que vous ébarbez ensuite avec un couteau.

Réguiller.

Les deux bouts qui font la tête du collier étant rapprochés & joints, comme il vient d'être dit, le total représente un ovale alongé, vuide en dedans, mais sans régularité ; c'est cette régularité qu'il est nécessaire de lui donner, ce que vous exécuterez au moyen de la forme ; (voyez la description de cet instrument Chapitre premier, & sa figure, *Pl.* 1.) Pour cet effet, vous le ferez entrer sur la forme, la verge en-dessous, & à grands coups du plat du maillet, vous le battrez tout autour sur son épaisseur pour l'applatir, étendre la peau, & corrompre la paille ; puis mettant le coin, vous le ferez entrer à force de coups de maillet ; le collier s'étendra alors, & commencera à prendre son contour intérieur : retournez-le, la verge en-dessus ; j'ai oublié de dire qu'il faut toujours mettre sa tête du côté de l'arrête de la forme. L'ayant retourné comme il vient d'être dit, vous recommencerez le même procédé ; cette fois, vous aurez fait entrer la fausse-verge entre le bas du collier, & le côté arrondi de la forme, & le faux-garrot entre sa tête & l'arrête de la forme. Cela fait, qui s'appelle *former en premier*, reprenez votre collier, & recommencez à y faire entrer de la paille tant qu'il en pourra contenir, ce qui s'appelle *refournir* ; vous resserrerez une seconde fois les points de ficelle de la tête, puis vous le reformerez, c'est-à-dire, vous le remettrez sur la forme, où vous le traiterez comme la premiere fois, sans en omettre aucune circonstance. On use communément à toutes ces façons une botte de paille entiére & davantage. Après l'avoir ôté de la forme, si vous vous appercevez de quelque endroit mal uni, vous y rapportez encore de la paille ; enfin vous revenez à votre ficelle que vous serrez tant que vous pouvez le long de la tête ; & continuant avec la même ficelle, vous en employez le restant à la larder de tous côtés dans la paille de la tête, perçant de l'embouchure au haut de la tête, revenant à l'embouchure, &c ; ainsi vous traversez toute cette partie de grands points que vous serrez à mesure pour y donner de la fermeté & de la consistance, & jusqu'à ce qu'elle ait acquis une figure longue, étrécie par degrés jusqu'en haut, où elle se termine quarrément ; le collier est alors en état d'être appiécé.

Former en premier.

Refournir.

Reformer.

La piece, autrement *le chaperon*, est un morceau du même cuir du collier ; vous le taillerez en élargissant par les côtés, & vous en échancrerez les bouts

Appiécer.

en queue d'hirondelle, le proportionnant de façon que, lorſqu'il ſera en place, il recouvre le deſſus, le devant & le derriere de la tête, où la paille eſt apparente; vous en coudrez tous les bords au cuir du collier à ſurjet, avec de la couture blanche, & avant de fermer la couture, vous paſſerez encore un peu de paille par-deſſous; ce qui ſe nomme *ſoutenir ſous le chaperon.* La *Fig. A*, *Pl.* 2, repréſente le collier vu par-devant; *a*, partie du chaperon; *b b*, la verge: la figure *B* repréſente le collier vu par-derriere; *b*, partie du chaperon; *c c c*, le reſte du collier.

Pieces de côté.

Quand un collier eſt deſtiné aux chevaux de devant, on y ajoute les deux pieces de côté: qui ſont deux morceaux du même cuir, qu'on coud avec de la couture blanche au cuir du collier de chaque côté vis-à-vis de l'endroit où paſſe les billots auxquels tiennent les traits de corde, pour le garantir de leur frottement: on voit la poſition de ces pieces, *Pl.* 3, *Fig.* 2; *a*, piece de côté: on ne met point ces pieces au collier du limonier, parce qu'il n'a point de traits.

PLANCHE 3.

Noms des parties du Collier.

Le haut du collier ſe nomme *la tête*, *b*, *Fig.* 2; elle eſt recouverte d'une piece de cuir *c c*, qui s'appelle *la piece* ou *chaperon.* L'embouchure *d*, eſt au-bas de la tête; c'eſt-là que le collier commence à ſe ſéparer en deux parts qui forment le corps du collier; l'endroit où il eſt le plus large par-derriere, ſe nomme *la pance e*; la verge *f f*, eſt l'eſpece de bourrelet qui occupe tout le devant du corps.

Huiler le Collier.

Quand le collier eſt achevé, il eſt bon de le frotter d'huile; elle nourrit le cuir. L'huile de poiſſon eſt la meilleure; à ſon défaut, on peut prendre telle huile que l'on voudra.

Les Attelles.

Le collier, tel qu'on vient de le décrire, n'eſt en état de ſervir que lorſque les attelles, au nombre de deux, y ſont ajoutées & intimement jointes; elles ſont toutes de bois de hêtre: leur forme eſt repréſentée *Pl.* 2, *Fig. C*; elles ſe fabriquent dans les ventes des bois, d'où on les envoie par paquets de différentes grandeurs, depuis deux pieds de long juſqu'à quatre; elles ſont ou de ſciage ou de fente. L'Ouvrier les joint par paire, en paſſant de la ficelle dans un trou qu'il perce exprès au bas de chacune.

On donne des noms aux parties de ces planches, pour les diſtinguer. Le haut de l'attelle *a*, qui eſt le plus large, ſe nomme *la patte.* Le petit angle *b*, ſe nomme *la mentonniere d'en-haut*; le reſte de la longueur *c c*, eſt *le corps de l'attelle*, & l'extrêmité *d*, *la mentonniere d'en-bas.*

Monter d'Attelles.

Monter d'attelles un collier, c'eſt y joindre & attacher ſolidement ſes attelles; pour cet effet, le Bourrelier choiſit celles qui lui ſont les mieux proportionnées; & lorſqu'en les préſentant en place, il voit qu'elles n'en prennent pas aſſez bien le contour, il les charpente, & en ôte du bois aux endroits défectueux avec une eſpece de petite hache recourbée en dedans, qui s'appelle *eſſette*, & la rape à bois, juſqu'à ce qu'il les ait réduites au point néceſſaire; enſuite il fait à chacune une mortaise, traversante, *Pl.* 2, *Fig. C*, *e*, de deux pouces de long à un empan au-dessus du trou de l'Ouvrier dont on vient de parler; il se sert, pour faire cette mortaise, d'une espece de tarriere qui se termine en vrille, ce qui lui a donné le nom de *queue de cochon*, & de la rape à bois pour l'adoucir; il fait aussi avec la même tarriere un trou en haut *f*, au-bas de la patte.

Les attelles préparées, comme il vient d'être expliqué, prenez une courroie, passez-la au travers du bas de la verge, bien au milieu; puis par trois fois d'un trou du bas d'une attelle à l'autre, en serrant; finissez par la nouer du nœud double de coupliere; c'est ce qu'on nomme *la coupliere d'en-bas*, *Pl.* 3, *Fig.* 1, *a*, qui approche les mentonnieres d'en-bas des attelles, & les unit au bas du collier: ce nœud est décrit Chapitre second, & sa figure *Pl.* 6, *Fig.* 2 & 3; puis approchant les attelles le long des côtés extérieurs de la verge du collier jusqu'aux mentonnieres d'en-haut, autant qu'elles peuvent s'approcher, vous prendrez la courroie destinée à faire la coupliere d'en-haut, laquelle doit être beaucoup plus longue que celle avec laquelle vous avez fait celle d'en-bas, & vous vous en servirez comme d'une ceinture, qui embrasse le bas des deux pattes pour les maintenir en place, pendant que vous attacherez les boutons.

La Coupliere d'en-bas.

Les Boutons.

Les boutons, au nombre de huit *b b b b*, sont de petites courroies qui joignent tout le corps du collier aux attelles; pour les attacher, vous les enfilerez dans le passe-corde, avec lequel vous percerez la verge de dehors en dedans, en rasant l'attelle, sur laquelle vous laisserez un bout de la courroie que vous y clouerez avec de la broquette; le premier bout que vous avez passé, vous le ramenerez par-dessus la verge sur le bois de l'attelle, à laquelle vous le clouerez avec trois clous de pareille broquette: le premier se place de chaque côté vers la coupliere d'en-bas, le second vers la mortaise ci-devant faite aux attelles, le troisieme au-dessus du second, & le quatrieme vers le haut de la verge à égale distance ou auprès l'un de l'autre, comme on les voit dans la figure 1. Quand on destine le collier à quelqu'un des chevaux de devant, on prend la courroie de chaque troisieme bouton plus longue que celles des autres, afin qu'il en dépasse un bout *c c*, qui servira par la suite à attacher la couverture de toile qu'on leur met sur le dos, ce qui ne se fait point au limonier, attendu qu'il n'a point de couverture.

Quand les boutons seront attachés, vous déferez la ceinture ci-dessus qui tient les attelles en respect, & vous en ferez *la coupliere d'en-haut*, en la passant d'une attelle à l'autre une seule fois dans le trou de chaque patte des attelles *d d*, & vous la nouerez à son milieu sur celui de la tête du collier avec le nœud de coupliere simple, *Pl.* 3, *Fig.* 1; le bout qui en restera, doit être fort long: on va en voir l'usage.

La Coupliere d'en-haut.

Le Sommier.

Le sommier est une longue courroie qui embrasse le collier par-derriere, où où on l'étend raisonnablement; ses deux bouts retournent s'attacher sur le devant des attelles en *e e*, *Pl.* 3, *Fig.* 1, où on les cloue au-dessous du troisieme bouton. Passez le bout du nœud de la coupliere d'en-haut, que l'on a dit devoir être fort long, sous la croisée *f*, dont on va parler, de là sous le milieu du sommier; puis tirant ce bout par-dessus ledit sommier avec force, vous l'obligerez à monter vers le derriere de la tête du collier, où vous l'arrêterez en nouant le bout de la coupliere sur lui-même. Cette manœuvre tendra la coupliere d'en-haut par-devant comme le sommier par-derriere (1).

La croisée *f*, est une espece de gance dont on garnit le dessus de la tête du collier; on la fait avec de la laniere qu'on fend en boutonniere par un bout; on la passe au travers d'un coin du haut de la tête du collier laissant la fente en-dehors; passez ensuite la laniere dans la fente où vous la serrerez; de là allez la passer au travers du coin opposé, puis vous la redoublerez, la cordant sur elle-même jusqu'à ladite fente, où vous l'arrêterez avec un nœud: elle est destinée à empêcher la rêne de la bride qui doit passer dessous de couler à droite ou à gauche; on passe aussi en même-temps, quand on veut, un morceau de cuir aux deux bouts de la croisée, lequel couvre tout le dessus de la tête, & la garantit du frottement de la rêne. La Croisée.

Les billots (2) sont au nombre de deux; ils se construisent avec une courroie de cuir de bœuf, large d'un pouce, longue de quatre empans; pliez la courroie par les deux tiers, c'est-à-dire, que les deux bouts pliés enjambent l'un sur l'autre, & se recouvrent vers le milieu de leurs retours; vous en amincirez les extrêmités; les deux retours formeront deux vuides ou anneaux de cuir qu'on nomme les *boîtes du billot*, dont vous fixerez l'étendue par quelques points de couture de vache, & avec de la même couture vous percerez au travers des trois cuirs dans le milieu du billot, d'une boîte à l'autre, quelques points qui les serreront l'un contre l'autre, & les fortifieront. Cette couture particuliere se nomme le *point du billot*; voyez-en la disposition, *Pl.* 6, *Fig. B*: passez par l'envers de chaque attelle au travers de la mortaise *Pl.* 3, *Fig.* 1, *g g*, les boîtes du billot l'une sur l'autre; quand elles seront passées en-dehors, faites-y entrer le biquet *h h*, petit bâton encoché par les deux bouts, où il est plus gros qu'au milieu; le billot ainsi redoublé & arrêté à l'attelle par le biquet, forme à l'envers de ladite attelle un gros anneau de cuir, *Pl.* 4, *c c*, *Fig.* 1 & 2, qui servira à tenir ou la mancelle, si le collier est pour le limonier, ou l'œil des traits de corde, s'il doit servir aux chevaux de devant. Les Billots & les Biquets.

La mancelle du limonier, *Pl.* 4, *d*, *Fig.* 1, tient d'une part au billot *c*, comme on vient de le dire, & d'autre part aux limons de la voiture *E* de chaque côté; elle est de fer ou de cuir. Celle de fer *d*, est une grosse chaîne

(1) On voit le sommier *b* en place, *Pl.* 4, sur les deux chevaux qui y sont représentés.

(2) On voit les boîtes des billots *g g*, *Pl.* 3, enfilés dans les biquets *h h*.

composée de quatre mailles longues de deux pouces & demi chacune, dont la premiere se met dans le billot *c*; cette chaîne est terminée par un gros anneau rond de 4 pouces & demi de diametre de dedans en dedans, qu'on fait entrer par le bout du limon de la voiture, jusqu'à un trou où il est arrêté par une cheville à tête nommée l'*attelloir f*, qui s'enfonce dans le trou quand l'anneau a passé au-delà, & qui tient à un pendant de cuir attaché au sommier. Les mancelles de cuir se font ainsi. Prenez une courroie de cuir de bœuf blanc, d'un pouce de large & de huit pieds de long; redoublez-la quatre fois sur elle-même, ce qui la réduira à deux pieds de long; fabriquez un anneau rond de même cuir & de cinq pouces de dedans en dedans, que vous travaillerez comme une corde, auquel vous donnerez un demi-pouce ou plus d'épaisseur, & que vous fermerez avec un nœud plat de mouton blanc, *Pl. 6*, *Fig. A*; passez cet anneau au milieu de votre premiere courroie que vous réduirez à un pied de long en la repliant par-dessus l'anneau, & dont vous rejoindrez les deux bouts par un pareil nœud plat, ce qui vous donnera un anneau long que vous ferez entrer dans le billot, & l'anneau sera arrêté au limon comme le précédent, quand on attellera le limonier.

Mancelles & Attelloirs.

Mancelles de cuir.

Nota. Que les mancelles de cuir sont meilleures que celles de fer; elles n'usent pas le bois des limons, ni le cuir des billots comme le fer; il est vrai qu'elles sont plus cheres, & ne durent pas tant.

La Housse. Il ne s'agit plus, pour que le collier ait tout ce qu'il lui faut, que d'y attacher la housse qui est une peau entiere de mouton avec sa laine; on la double en entier de toile blanche, que l'on coud à petits points avec du fil poissé; on coud de même une bande de cuir par-dessus la doublure le long du devant de la peau, & une piece de peau de castor dans le milieu; pour mettre cette housse au collier la laine en-dessus, on fait deux fentes en long à un pouce des bords du devant, suffisantes pour y faire entrer les pattes des attelles jusques vers la coupliere d'en-haut, où on la cloue aux attelles de quatre clous par-devant, & de deux par-derriere; on en met aussi au bas de la bande de cuir de chaque côté qu'on noue contre les attelles; cette peau de mouton tombe librement derriere le collier, le couvre ainsi que le garrot & les épaules, & lui sert en même-temps d'une espece d'ornement. On n'a point exprimé la housse du collier dans les *Fig. 1 & 2*, *Pl. 4*, parce qu'elle auroit caché toutes les pieces de dessous; il suffit, pour en voir l'effet, de la voir sur tous les chevaux d'une charette attelée, *Pl. 9*, *Fig. A.*

ARTICLE TROISIEME.

La Selle ou Sellette de Limon, & le reste du harnois du Limonier.

LA Sellette de limons dont l'usage est de soutenir sur le dos du cheval les limons d'une charrette ou autre voiture pareille ; cette Sellette, dis-je, est composée d'un fust de bois, de quatre pieces, *Pl.* 3, *Fig.* 3, deux courbes *a a*, & deux lobes *b b* ; ces pieces se fabriquent dans les forêts d'où elles viennent en paquets sans être assemblées ; c'est au Bourrelier à les assortir & à les monter à son point, les taillant avec l'essette & la rape, c'est-à-dire, ôtant du bois, les amincissant, &c, & enfin les montant à demeure, en unissant les lobes aux courbes devant & derriere avec quatre clous *c c c c* : les courbes se posent d'équerre sur les lobes dans une rainure qui est à un pouce de l'extrêmité de chacun, qui, par conséquent, dépassera les courbes par-devant & par-derriere. Le Fust.

Le fust de la Sellette assemblé, tournez-le à l'envers, pour tendre & clouer dans le vuide que les lobes laissent entr'eux un vieux cuir de l'une à l'autre courbe, ce qui se nomme le *pont* ; croisez l'une sur l'autre sous le pont deux autres vieilles courroies, que vous clouerez aux bouts des deux lobes en croix de saint André ; on les nomme les *traverses* : retournez votre fust en-dessus, & couvrez tout l'espace entre les deux courbes & le dessus des lobes avec un morceau de vieille toile ; c'est ce qu'on nomme le *faux siege de la Sellette* ; vous clouerez ce faux siege le long des courbes & sur les deux aubes, ensuite prenez (suivant les Statuts) une peau de mouton tannée, mais mieux du cuir de bœuf, pour faire le vrai siege, taillez comme le faux siege, clouez-le de même aux courbes, mais avec des clous à tête ronde ; mettez aussi un seul clou au milieu des lobes, tirant vers le bas, lequel percera dans le bois ; ce clou sera ôté par la suite ; empaillez entre la peau & la toile, c'est-à-dire, entre le siege & le faux siege avec de la paille seulement, jusqu'à ce que le siege soit suffisamment tendu & bombé ; vous forcerez de paille davantage le long des courbes, pour qu'il s'y fasse une élévation ou bourrelet qui se nomme une *arrête*, afin que le milieu du siege soit plus creux, & pour l'abbaisser encore davantage, vous le foulerez en le piétinant : cela fait, déchirez & arrachez la paille qui pourroit se trouver au-dessous du clou dont on vient de parler jusqu'au bas du lobe ; rangez le surplus de côté & d'autre ; ôtez le clou, & mettez en six dont l'arrangement doit imiter les jambages d'un A tronqué par sa pointe ; vous mettrez un petit cuir sous chacun des deux clous d'en-haut ; il ne doit se trouver dans cet intervalle que la peau, la toile & le bois : cette opération se nomme *chambrer le siege*. Le Pont. Les Traverses. Le faux Siege. Empailler. Chambrer.

Vous percerez avec une tarriere deux trous à la courbe de derriere, un de chaque côté, lesquels serviront ci-après à passer la ceinture de l'avaloire, & quatre autres aux quatre coins des aubes pour y passer les quatre attaches du panneau ci-après; puis vous clourez les *tasses*. On nomme ainsi des bandes de peau, *Pl.* 4, *Fig.* 1, *h h*, de castor, larges de quatre pouces, & taillées quarrément & en long, qui s'assemblent en les cousant en équerre au bout l'une de l'autre; elles sont au nombre de quatre, deux devant, & deux des deux côtés; les deux de devant se taillent en demi-pointe. Quand vous les aurez assemblées, vous les borderez toutes autour du bas avec de la laniere de mouton blanc, que vous y coudrez avec du fil ciré; puis vous les clouerez au bas des aubes, & celles de devant, le long de la courbe de devant, les pointes en-dehors au-dessus du garrot de la Sellette: on ne met point de tasses derriere la Sellette; mais on y cloue une bande de toile *i i*, un peu plus large que les tasses; on la remploie d'un pouce pour la clouer, & on met sous les clous une nervure de mouton blanc; on la taille en biais, descendant à chaque bout pour qu'elle se termine en pointe; on la nomme simplement *la toile* quand elle est toute unie; mais si on la brode, ou qu'on la peigne, alors elle prend le nom de *couverture façonnée*; on la coud aux tasses avec du fil; on en orne les deux pointes avec de petits flots ou bouffettes pendantes.

Les Tasses.

PLANCHE 4.

La Toile.

La Couverture façonnée.

Le Panneau.

Il faut ajouter à la Sellette son panneau qui doit porter sur le dos du limonier: vous le ferez à part. Prenez une basanne; vous la mouillerez, & l'étirerez bien; pliez-la par le milieu sur sa longueur, & la réduisez à deux empans & demi de largeur sur un empan & demi de longueur, la taillant de façon que la partie dont vous voulez faire le derriere aille en élargissant de deux pouces plus que devant; cousez ensemble tout du long les deux côtés du ventre de la peau; surtaillez la couture, coupez ensuite le pli d'un bout à l'autre, la couture du ventre sera le milieu du panneau, & le dos de l'animal séparé en deux, comme étant le plus fort de la peau, en fera les côtés; prenez des bandes de vieille toile de quatre pouces de large, que vous coudrez tout autour de l'envers de la peau; ensuite ayant étendu sur la table de la toile de Mortagne, vous mettrez votre bazanne par-dessus, vous l'appointerez avec ladite toile aux quatre coins, de peur qu'elle ne se dérange; puis vous couperez votre toile tout autour, d'un pouce de plus que la peau; vous y remploierez, & coudrez ce surplus; vous chambrerez ensuite par une couture l'espace d'un empan en long au haut du devant de cette forme-ci Λ, la pointe tournée du côté du dos: cette chambrure se trouvera au-dessus du garrot du cheval, & pour conserver le pli, c'est-à-dire, afin que la rembourrure ne passe pas d'un côté à l'autre, vous en ferez la séparation par une couture à grands points le long de celle que vous avez faite au commencement, pour joindre les côtés du ventre de votre peau; celle-ci doit traverser la toile & la joindre à son dessus. Faites ensuite une fente en travers, au milieu de chaque côté de la doublure, par lesquelles vous les empaillerez ferme & à plat. Cela fait, il vous reste à attacher le le panneau à la sellette ; alors vous y mettrez quatre attaches, une à chaque coin du panneau, en perçant d'abord le coin au travers duquel vous ferez passer l'attache, qui traversant le trou que vous avez ci-devant fait à l'aube, se nouera en-dessus ; vous le joindrez encore au milieu des courbes devant & derriere, au-devant par une petite courroie que vous coudrez sous le milieu du devant du panneau, & que vous clouerez ensuite sur le plat de la courbe de devant ; par-derriere vous arrêterez un pareil cuir sous le milieu du panneau, au travers duquel vous le passerez ensuite pour le clouer de même sur le plat de la courbe de derriere.

La boucle de la Rêne.

Cousez sur le haut de l'arrête du devant du siege de la sellette, une boucle demi-ronde *z*, enchappée ; elle servira par la suite à boucler la rêne du limonier 8.

La Souventriere.

Clouez la souventriere du limonier *K*, sur le lobe hors la main de la sellette, à l'endroit de la chambrure dont on a parlé ci-dessus, dans la construction de la sellette, & au même lieu à la main ; clouez pareillement une boucle enchappée. La souventriere est une courroie large de deux pouces, & longue de cinq à six pieds, qui, passant sous le ventre du cheval, se boucle du côté opposé, c'est-à-dire, à la main.

Sur les Expressions *à la main* & *hors la main.*

Nota. Lorsque les chevaux, mulets, &c, marchent seul à seul, l'un devant l'autre, & que le Conducteur est à pied, il est d'usage qu'il se tienne à gauche, ayant son fouet à la main droite, pour avoir plus de facilité à les appuyer, ce qui a fait appeller le côté gauche de l'animal *le côté à la main*, (sous-entendue du fouet), & le droit *le côté hors la main.* Le Cavalier monte à gauche ; il est à sa main pour monter. Le Postillon monte le cheval qui est à gauche ; le cheval de brancard est sous sa main, le Cocher ayant un cheval à droite & un à gauche, le gauche est hors la main, & le droit sous la main du fouet.

La Souventriere de limons.

Quoique la *souventriere de limons* ne soit point attachée au harnois du limonier, cependant c'est ici le lieu de la décrire, puisqu'elle est faite à son intention ; il pourroit, dans le cas où la voiture s'en iroit à cul, la retenir par son propre poids : cette souventriere *l* est faite d'un cuir blanc, de trois pouces de large, qui va d'un limon à l'autre, passant par-dessous le ventre du limonier quand il est attelé. A quelques pouces en avant de sa souventriere, on redouble ce cuir sur lui-même, & on le brédit, ce qui forme un anneau de cuir qu'on nomme *la boîte de cette souventriere* : cette boîte doit avoir deux empans de tour, sans compter la brédissure ; le surplus qui est le simple cuir, aura quatre empans & demi, au bout desquels sera cousue une boucle enchappée de la largeur du cuir, au-delà de laquelle le cuir continuera pendant environ quatre empans. Cette continuation se nomme *le contre-sanglot* de cette souventriere. Pour la placer, on fait entrer sa boîte sur le limon hors la main, & on la boucle à son contre-sanglot autour du limon à la main ; sa place est entre les mancelles *f*, & la dossiere en *c*, dont on va parler.

Le reste du harnois du limonier consiste dans la dossiere & les pieces qui s'y joignent, & dans l'avaloire & ses accompagnements.

La Dossiere. La *dossiere A*, soutient les limons de la voiture sur le siege de la sellette du limonier ; elle se fait de cuir blanc de bœuf, de neuf pouces de large & de neuf empans de long, coupé quarrément ; on plie ce cuir en deux du sens de sa largeur ; la dossiere ainsi redoublée n'a plus que quatre pouces & demi de large. Quand le cuir n'est pas assez fort, on y ajoute un blanchet (voyez le Bourrelier-Carrossier ci-après) large de trois pouces & demi, que l'on placera avant de plier le cuir le long du double qu'on destine à être extérieur ; on taillera en pointe le bout à la main du blanchet ; on attachera cette pointe au cuir avec une attache ou nœud croisé, *Pl.* VI, *Fig.* 5, & à un empan dudit nœud ; on commencera à le coudre à deux rangs de fil jusqu'à l'autre bout ; quand après cela la dossiere sera pliée, comme il vient d'être dit, par le milieu de sa largeur, cette couture sera totalement cachée, & le blanchet se trouvera entre les deux redoublements.

Les Rouleaux. Ayez deux rouleaux *c*; on nomme *rouleau* un petit bâton tourné, terminé par une tête à chaque bout, de six pouces de long & un pouce de diametre ; vous les renfermerez, excepté leurs têtes qui doivent dépasser, dans chaque bout de la dossiere par une brédissure, avec de la couture de vache de quatre points & un point quarré ; ensuite vers le milieu de la longueur de la dossiere, vous coudrez un passant de cuir de deux pouces de large qui s'appelle ici *une traverse*; cette traverse doit être cousue à un peu au-delà du milieu hors la main ; elle est destinée à maintenir la ceinture qui sert à allonger & raccourcir

La Ceinture. la dossiere. Cette ceinture *B*, se fait de toute la longueur d'un cuir de bœuf; elle aura un pouce de large. Après l'avoir étirée, vous la battrez & la borderez ; vous mettrez à un de ses bouts le moins fort une boucle demi-ronde, & à l'autre bout vous ferez avec l'emporte-piece des trous de deux pouces en deux pouces pendant la longueur de trois pieds. La ceinture ainsi préparée, vous fendrez en quarré la dossiere à ses brédissures ; ces fentes découvriront le milieu des rouleaux ; puis ayant fait entrer la ceinture sous la traverse ci-dessus, vous la ferez passer de dedans en-dehors dans les fentes des rouleaux, d'où elle doit retourner, repliée sur elle-même, se boucler proche de ladite traverse vers le milieu de la dossiere à la main, d'où en la serrant plus ou moins, elle allonge ou raccourcit la dossiere par les rouleaux ; on finit par former la

Former la Dossiere. dossiere, c'est-à-dire, par la mettre sur la forme. Pour cette opération, on a deux morceaux de bois ronds, de quatre pouces de diametre & d'un pied à quinze pouces de long, percés chacun de deux trous de tarriere, un en-haut, l'autre en-bas, à deux pouces ou environ de leurs bouts ; on les met dans les deux retours des bouts de la dossiere, où on les approche ensuite l'un de l'autre par une corde qui, passant de leurs trous hauts dans leurs trous bas, les lie l'un à l'autre, & les maintient en place. On porte le tout sur la forme à collier : les bâtons ronds doivent être du côté de ſon arête à droite & à gauche ; alors on enfonce le coin à coups de maillet, on retourne la doſſiere, & on refrappe le coin : cette façon l'étend, & en même-temps ſes extrêmités ſe moulent ſur les bois ; on la ſurtaille enſuite par les bords, & on ajoute un pendant de cuir en-haut qui ſervira à la tenir à la ſellette, en l'attachant dans le trou de la courbe de derriere hors la main, lorſque le cheval ſera attelé.

La croupe du limonier eſt occupée par l'avaloire *D D*, compoſée de huit pieces. L'Avaloire.

Les deux pieces les plus conſidérables de l'avaloire ſe nomment *les bras d'avaloire*, *m*, *n* ; ils ſont de cuir blanc de bœuf, coupés quarrément, & chacun de huit pouces de large. Le bras d'avaloire d'en-haut *m*, qui paſſe ſur la croupe, aura cinq empans de long ; celui d'en-bas *n*, qui tourne autour de la croupe horiſontalement, en aura ſept. Pliez chaque bras ſur ſa largeur, non pas préciſément en deux, mais à un pouce près, que le deſſous aura de plus ; vous les brédirez chacun par les deux bouts dans deux gros anneaux de fer *o*, de cinq pouces de diametre ; chaque brédiſſure ſera de quatre points gradués & un point quarré. Les bras d'Avaloire.

Pliez enſuite en deux le bras d'en-bas ſur ſa longueur pour avoir ſon milieu, & vous regler pour poſer les branches d'avaloire.

Les branches d'avaloire 10, ſont au nombre de 4, deux de chaque côté du même cuir des avaloires ; chacune d'un pouce & demi de large ; elles ſont inégales en longueur ; les deux plus courtes auront quatre empans de long, & les plus longues deux pouces & demi de plus, parce que celles-ci doivent croiſer ſur les courtes branches & s'attacher plus loin ; la courte branche de chaque côté s'arrêtera au bras d'en-bas, vers le milieu de ſa moitié, au cuir de deſſus ſeulement, & la longue branche de même à ſix pouces du pli ci-deſſus fait au bras ; pliez enſuite le bras en-haut pour avoir pareillement ſon milieu ; vous mettrez à celui-ci cinq attaches, une au milieu pour la croupiere 12, les quatre autres pour les quatre branches. Toutes ces attaches doivent être paſſées au travers des deux doubles du cuir de l'avaloire ; vous fendrez enſuite le cuir de deſſus du bras d'avaloire d'en-bas, & celui du bras d'en-haut, tous deux à la diſtance d'un empan du gros anneau, & vous paſſerez dans ces deux fentes une courroie pareille à celles des branches, qu'on nomme *le couplet p*, vous en joindrez les deux bouts enſemble au milieu en-dehors, & vous les y nouerez avec le double nœud de coupliere, *Pl. 6*, *Fig.* 2. Les branches d'Avaloire. Le Couplet.

De crainte que les attaches ci-deſſus que vous avez miſes au bras d'avaloire d'en-haut qui traverſent ſon double cuir, ne bleſſent le cheval, vous ferez deux petits couſſinets larges comme la main ; le deſſus ſe fait en baſanne ; on le double de toile que l'on coud au-deſſus tout autour avec du fil, & on les emplit de paille ou de bourre. On les attache ſous le bras proche les branches de chaque côté ; vous fendrez le cuir du bras d'en-haut vis-à-vis de chaque

La ceinture d'Avaloire. couſſinet, pour y attacher une courroie nommée *la ceinture de l'avaloire q*; vous la paſſerez en premier lieu dans le trou hors la main de la courbe de derriere de la ſellette de limon, & la repaſſerez enſuite dans l'autre trou à la main, & vous la ramenerez à l'autre fente du bras où vous l'arrêterez : cette ceinture fait tenir l'avaloire à la ſellette.

Former l'Avaloire. On forme l'avaloire comme la doſſiere ci-deſſus, afin de lui faire prendre la tournure qu'elle doit avoir; pour cet effet, on lie enſemble les deux gros anneaux auxquels le bras d'en-haut & celui d'en-bas viennent aboutir; on fait entrer ſur la forme un de ces bras, on bat le coin, on retourne le bras, on renfonce le coin : on en fait autant à l'autre.

La Croupiere. La croupiere 12, ſe fait d'un ſeul cuir de deux empans & demi de long & de deux pouces de large; on le fend en deux par un bout, ce qu'on nomme *le fourchet*. Cette fente a ſept à huit pouces de long; on attache le culeron à ſes deux branches. *Le culeron* eſt de mouton tanné ou baſanne jaune, de trois pouces & demi de large & de deux empans de long; on le double d'un tiſſu qui eſt de la ſangle étroite; on le joint dans ſa longueur par une couture à ſurjet en fil; on le remplit de bourre, on le tourne en ovale, & on brédit le fourchet à ſes deux bouts. La croupiere ſe prend au milieu de l'avaloire au bras d'en-haut dans une attache qui y eſt paſſée.

La Chaîne. Enfin on met une chaîne de fer à chaque gros anneau; elle n'a pas d'autre nom que *la chaîne*; elle eſt compoſée d'une patte de fer, eſpece de crochet large qu'on ſerre à coups de marteau ſur l'anneau, & de cinq gros chaînons, au dernier deſquels on ajoute un crochet *. Lorſqu'on attelle le limonier, ce dernier chaînon, ou un des autres, ſe prend dans un très-gros clou à crochet enfoncé dans le limon, aſſez près de la doſſiere; il ſe nomme *le ragot s*. Le crochet du bout ſert à retrouſſer la chaîne ſur l'avaloire quand on dételle.

Le Baſcul. Le baſcul *t*, quand on en met un, eſt une courroie aſſez longue, pour que de la chambrure de la ſellette hors la main où elle eſt clouée, à côté de la ſouventriere, paſſant de deſſous en-deſſus du gros anneau, coulant ſur tout le bras d'avaloire d'en-bas où elle eſt ſoutenue par trois nœuds croiſés, *Pl. 6, Fig. 5*, pris dans ladite avaloire, elle aille ſe rendre à un anneau enchappé, cloué à côté de la boucle de la ſouventriere dans la chambrure à la main de cette ſellette, où elle ſera arrêtée.

Voici l'uſage de toutes les pieces principales du harnois de limonier. Les attelles ſervent à ſoutenir le collier; les mancelles attachées aux attelles operent le tirage de la voiture. La ſellette ſoutient la doſſiere qui embraſſe les limons; la ſouventriere aſſure la ſellette ſur le dos du cheval; la ſouventriere de limons les retient dans la montagne par le poids du cheval; l'avaloire lie le train de derriere du cheval aux limons par les chaînes qui ſervent auſſi de reculement; le baſcul eſt utile dans les deſcentes pour ſoutenir la croupe du limonier, & augmenter ſon appui : dans tout autre cas, il ne ſert à rien; c'eſt pourquoi pluſieurs n'en ont aucun beſoin.

ARTICLE

ARTICLE QUATRIEME.

Le Harnois des chevaux de devant.

PLUS les fardeaux dont on charge une voiture ſont conſidérables, plus il faut ateler de chevaux devant le limonier. Le cheval qui le précéde immédiatement, ſe nomme *le chevillier* ou *le cheval en cheville*, parce que ſes traits, *Pl.* 4, *x x*, *Fig.* 2, tiennent aux limons au moyen d'une cheville de bois *u*, *Fig.* 1, de chaque côté; celui d'enſuite qui eſt le troiſieme cheval, n'a point de nom particulier. Quand il termine l'atelage; mais s'il y en a d'autres devant lui, alors il acquiert le nom de cheval *de faute*, & les autres ne ſe nomment que par le nombre, comme le quatrieme, le cinquieme, &c. Les harnois de tous ces chevaux ſont les mêmes, mais bien moins compoſés que celui du limonier.

Premiérement, la bride de tout cheval de charrette eſt la même, ainſi que le collier garni de ſes atelles. La ſeule différence en ce qui regarde la bride, eſt que la rêne du limonier va, comme on a dit, ſe boucler à un anneau attaché à ſa ſellette, & qu'aux autres chevaux elle ſe réunit à une courroie de ſept à huit empans, terminée par le culeron, laquelle ſe nomme *demi-rêne à culeron*, *Pl.* 4, *e e*, *Fig.* 2. Les petites différences qui ſe trouvent au collier ſont 1°, que les billots des atelles, au lieu de porter les mancelles, portent les traits de corde; 2°, qu'on laiſſe dépaſſer au troiſieme bouton du collier un bout de leurs courroies pour, ce qui a été dit ci-devant, y attacher la couverture; 3°, qu'on attache derriere l'atelle à la main vers le milieu de ſa longueur un anneau de fer enchappé pour y paſſer la retraite, ce qu'on expliquera en détail; d'ailleurs, le reſte du harnois conſiſte en une couverture, un ſurdos, un faux-ſurdos, des fourreaux, une ſouventriere, & des traits de corde.

Tout le dos, *Fig.* 2, eſt garni d'une couverture de toile *a*; on prend d'une toile écrue de trois quarts de large, une aune de long, ce qui eſt ſuffiſant pour couvrir tout le dos du cheval; on la borde tout autour de liſieres de drap, *b b*, que l'on y coud avec de la couture de mouton blanc; on la brode avec du drap ou de la laine, principalement aux coins de derriere *c*; ou bien on la peint en noir. Les Bourreliers ont pour cet effet une feuille mince de cuivre, de deux pieds en quarré, ſur laquelle ſont divers deſſeins percés à jour: ils appliquent la feuille ſur la couverture, & avec une broſſe & du noir de Chapelier qu'ils paſſent ſur le deſſin qu'ils jugent à propos de choiſir, il ſe marque en noir ſur la toile.

La Couverture de toile.

Votre couverture en cet état, faites-y une fente au milieu à un empan du derriere, dans laquelle vous paſſerez une patte de cuir *d*. Pour faire cette patte, taillez un morceau de cuir en ovale, de quatre à cinq pouces de long,

La patte de la couverture.

au milieu duquel vous ferez deux fentes paralleles, ce qui formera une petite courroie qui sera la patte en question; vous la ferez passer de dessous en-dessus dans la fente de la toile, sous laquelle vous coudrez le reste du cuir ; ce sera dans cette patte que passera la demi-rêne à culeron *e e*, qui, en même-temps, empêchera la couverture de varier; & pour la maintenir d'ailleurs en sa place, vous l'attacherez au collier en trois endroits, par de longues attaches ou lanieres, que vous y coudrez à l'envers; celle du milieu *g* s'arrêtera au sommier, & les deux de côté *f*, iront se nouer au bout des courroies du troisieme bouton des atelles, *Pl.* 3, *Fig.* 1, *c c*.

Le Surdos. Le surdos *h*, ainsi nommé, parce qu'il passe sur le milieu du dos par-dessus la couverture, est fait d'un cuir de bœuf de deux pouces de large, & de six empans de long : il est destiné à soutenir les deux fourreaux auxquels on l'attache, comme on va voir.

Les Fourreaux. Les fourreaux *i i*, au nombre de deux, sont formés en tuyaux applatis; on les fait de cuir blanc de bœuf ou de cuir tanné ; ils auront quatorze pouces de long, & neuf pouces de large, avant d'être pliés du sens de leur longueur, ce qui fait quatre pouces & demi de large sur chaque face. Quand ils l'auront été, si on ne les juge pas assez de résistance, on les doublera en dedans avec du vieux cuir ; ensuite on les plie, on les bat sur le billot, on les ferme aux deux tiers par une couture (1), on les surtaille ; & pour les faire tenir au surdos, vous commencerez par entourer le fourreau à la main avec un des bouts du surdos, vers le milieu de la longueur dudit fourreau, c'est-à-dire plus en-devant qu'en arriere ; vous brédirez ce bout, puis vous l'attacherez au fourreau en-dessous avec un nœud croisé, *Pl.* 6, *Fig.* 5, & par-dessus avec une attache. A l'égard du fourreau hors la main, vous l'entourerez d'un boucletot, auquel viendra se boucler l'autre bout du surdos.

Les Traits. Les traits *x x x*, *Fig.* 1 & 2, de corde, qui atellent le chevilier à la voiture, & les autres chevaux l'un à l'autre, doivent avoir neuf pieds de long, la paire de traits pesant sept livres; ils se terminent par deux anneaux par le Cordier, faits avec les bouts repliés de la même corde ; on en passe un dans le billot du collier; celui-ci se nomme l'*œil du trait*, *y*, qui ensuite traverse le fourreau, & finit par l'anneau de l'autre bout, qui se nomme *la patte du trait*, *z*. Après avoir atelé le limonier, on passe la patte des traits du chevilier *y*, *Fig.* 1, au travers du bout du limon, jusqu'au de là d'un trou dans lequel on met une grosse cheville *u*, qui l'empêche de sortir. Le troisieme cheval s'atelle au second avec le billot à biller 2, *Fig.* 8, espece de cheville plate à crochet, que l'on passe au travers de la patte du trait du cheval de devant, & de l'œil de celui du cheval de derriere, auquel on la noue avec la petite courroie 3.

(1) L'autre tiers en devant reste ouvert pour donner passage à la souventriere, comme on verra ci-après.

La fouventriere de trait *k*, eſt une courroie de deux pouces de large & de quatre empans de long, qui s'attache aux traits de corde dans les fourreaux; on en tourne un des bouts autour du trait hors la main, & on l'y arrête avec une attache; on brédit à l'autre bout une boucle: on arrête pareillement au trait à la main, avec une attache, un contre-ſanglot d'un empan & demi de long, pour la boucler après l'avoir fait paſſer ſous le ventre du cheval audit contre-ſanglot. Cette ſouventriere d'un côté & ſon contre-ſanglot de l'autre, ſortent des fourreaux par l'ouverture du tiers qu'on a laiſſé ouvert à cet effet; lorſqu'on les a fermés, on rejoint les deux bouts de cette ouverture par une attache *o*. La Souventriere.

Le faux ſurdos *s*, eſt une courroie d'un pouce de large & de trois empans & demi de long, à un bout duquel on brédit un anneau de fer; ſon autre bout ſe joint par une attache au boucletot du fourreau hors la main: cette attache prendra le ſurdos & le faux-ſurdos, que l'on fait paſſer de droite à gauche par-deſſus la demi-rêne à culeron; ſon anneau pend librement à la main: cet anneau eſt deſtiné à ſoutenir la retraite. Le faux-Surdos.

Le cordeau eſt une médiocre corde qu'on prend de trois braſſes & demie, quand on n'a que deux chevaux à ateler, de ſix braſſes & demie pour trois chevaux, & de deux braſſes pour le quatrieme cheval, de deux braſſes pour le cinquieme, &c. Le Cordeau.

On fait paſſer le cordeau en double vers un de ſes bouts ſur la patte de l'atelle gauche du limonier; le bout court du redoublement va s'attacher à l'anneau ci-après de la retraite du chevillier; le long bout paſſe dans l'anneau de l'atelle du chevillier, & va s'attacher à l'anneau de la retraite du cheval de faute, &c.

On fait une poignée au cordeau, c'eſt-à-dire, qu'on le tourne en rond ſur lui-même nombre de tours, afin que le Chartier ait de la priſe pour l'empoigner; cette poignée doit ſe trouver entre le limonier & le chevillier.

Une retraite eſt une courroie d'un cuir ſimple, de cinq pieds de long, ayant un anneau de fer à un bout, lequel on attache au cordeau vers le vis-à-vis de la croupe du cheval, d'où elle paſſe en premier lieu dans l'anneau du faux-ſurdos, enſuite dans l'anneau enchappé cloué à l'envers de l'atelle du chevillier, d'où elle va s'attacher à l'anneau du mors, le tout à la main. La Retraite.

Quand le Chartier tire à lui le cordeau, toutes les retraites tirent les chevaux à gauche qu'il exprime par le mot *dia*; & pour les faire porter à droite, il ne peut ſe ſervir de rien que du cri *hue* ou *huriau* qu'il leur fait entendre.

Le licol des chevaux de charrettes ſe fait entiérement de cuir de bœuf, & comme celui des chevaux de carroſſe (*voyez* le Bourrelier-Carroſſier ci-après) excepté qu'il n'a point de frontail, & que la ſougorge paſſe dans un anneau de cuir attaché au-haut du deſſus de tête. Le Licol.

ARTICLE CINQUIEME.

L'Ornement du Harnois des Chevaux de Charrette.

On rassemble ici sous ce titre, les noms, la façon & la place des différents ornements exécutés par le Bourrelier au harnois des chevaux de charrette, afin qu'on puisse voir le tout d'un coup d'œil. Comme les petites bouffettes sont celles qui abondent le plus sur le harnois, on va commencer par leur description; puis viendront les grandes bouffettes, la peinture, les traces, &c.

Les petites Bouffettes.

Les petites bouffettes, *Pl.* 4, *Fig.* 3, se font toutes de laine filée, & en écheveau d'une ou de plusieurs couleurs; celles qu'on emploie le plus, sont le blanc, le jaune, le rouge, le bleu; ceux qui en voudroient d'autres, doivent en avertir le Bourrelier. Voici la façon d'une petite bouffette, qu'on suppose ici être des quatre couleurs susdites. Ayez un écheveau de chacune; coupez-le aux deux bouts; passez un point de fil à l'endroit auquel vous voulez que tienne la bouffette: prenez une moitié d'un des écheveaux; si vous voulez, par exemple, que le tour de la bouffette soit rouge, étendez à plat la moitié de l'écheveau rouge, posez par-dessus une épaisseur moins large d'une des autres couleurs: vous arrangerez ainsi vos quatre couleurs l'une sur l'autre. Vous porterez ensuite toute cette épaisseur de laine à l'endroit où est le point de fil ci-dessus, de façon que le tout passe au-delà dudit fil d'un pouce ou plus, selon la hauteur que vous voulez donner à la bouffette, dont ceci n'est encore que la moitié; puis reprenant votre fil, vous serrerez vos laines sur le cuir par quelques points qui se croiseront: cette manœuvre leur fera prendre le demi-rond. Le centre de la bouffette étant ainsi bien arrêté, vous couperez en deçà du fil tout l'écheveau à la même hauteur, ce qui vous donnera l'autre moitié, que vous releverez contre la premiere: elles se joindront très-bien, & formeront la petite bouffette entiere *Fig.* 3. Vous finirez par la surtailler, en arrondissant avec vos ciseaux pour la rendre bien réguliere.

L'aigrette *o*, *Pl.* 4, *Fig.* 1, est une petite bouffette pour la façon: elle se fait sur de la laniere de cuir; ensuite on la coud en dedans du haut d'un cuir de deux pouces de large, que l'on tourne en tuyau rond; on place ce tuyau debout sur le milieu du dessus de tête, où on l'arrête avec de la couture de mouton.

On met au fronteau, *Pl.* 4, *Fig.* 1, trois petites bouffettes, une au milieu, & deux à sa jonction avec les montants; aux aboutoires quatre petites bouffettes, deux à chacune en-devant.

Au cachenez trois petites bouffettes, une au haut du milieu, & deux aux coins.

A la croupiere cinq petites bouffettes, une au commencement du fourchet, deux à chaque côté du culeron.

A l'avaloire du cheval de limon, huit petites bouffettes & deux aux couplets, ce qui fait dix ; ſavoir, deux à chaque branche d'avaloire, & un à chaque couplet.

A la couverture des chevaux de devant *Fig.* 2, deux, une à chaque coin de derriere.

Ce qui fait vingt-huit petites bouffettes, en comptant l'aigrette : on met trois grandes bouffettes au-deſſous des trois petites du fronteau. On va expliquer la façon des grandes bouffettes.

La grande Bouffette.

La grande bouffette *Pl.* 4, *Fig.* 4, ſe fait d'une ou de pluſieurs couleurs, comme les petites : coupez, comme aux précédentes, vos écheveaux en deux : prenez un bout de fil d'archal de la groſſeur d'une moyenne ficelle, & de quelques pouces de long ; faites-le recuire au feu, pliez-le en *a*, & le tordez un tour pour former l'anneau *a*. Pliez le milieu de chaque bout *b b*, en équerre; vous en limerez les extrêmités en pointes ; arrondiſſez un morceau de cuir *c* en forme de bouton plat, d'environ un pouce de diametre; faites entrer les deux bouts de votre fil d'archal au travers de ce cuir vers ſa circonférence ; prenez une moitié d'écheveau, paſſez-la en biais juſqu'à ſon milieu dans le vuide que vous avez laiſſé entre le bouton de cuir *c* & l'anneau de fer *a* ; croiſez une pareille épaiſſeur ſur cette premiere, ſoit de la même couleur, ſoit d'une autre ; & ſi vous voulez trois couleurs, vous en croiſerez encore une autre entre les deux premieres. Les lignes ponctuées marquent comment il faut croiſer les laines. Cela fait, pouſſez le rond de cuir *c* juſqu'à ce qu'il vienne à preſſer les laines, & pour le tenir en place, recourbez les bouts du fil-d'archal contre ſon épaiſſeur en-dehors ; tournez en-haut l'anneau de fer *a* : les laines ſe rabattront alors ſur le cuir qu'elles recouvriront, & ledit anneau ſe trouvera au centre, au-deſſus duquel il paroîtra. Arrangez-les bien en rond autour du cuir au-deſſous duquel vous les ſerrerez en *d*, d'abord avec une ficelle que vous couvrirez enſuite par quelques tours de laine de couleur; il ſe formera une boule qui ſera la tête de la bouffette : vous ferez encore au-deſſous un ſecond étranglement en ſerrant vos laines un pouce plus bas en *e*, avec de la laine ſeulement ; le reſte de la longueur *f f*, formera une eſpece de houppe alongée, dont les couleurs ſeront également réparties dans tout le tour, à la différence des petites bouffettes où les couleurs forment des cercles ſur leur épaiſſeur.

Dans tout le harnois des chevaux de charrette, on ne met que trois de ces grandes bouffettes, qu'on place au fronteau de la bride ſous les trois petites bouffettes, qu'on y a attachées, qui leur ſervent, pour ainſi dire, de couronnement. Pour cet effet, on ſe ſert d'un fil-de-fer qu'on accroche à l'anneau de la grande bouffette par un bout, & qu'on enfonce par l'autre au travers du centre de la petite bouffette & du fronteau, derriere lequel on le rive.

La peau de bléreau en poil eſt encore une eſpece d'ornement ; on l'attache à la bride des chevaux de charrette ; on en met aussi une à l'avaloire du limonier. Celle de la bride entoure la ganache sans la serrer ; on coupe une peau de bléreau en étrécissant par les deux bouts, & on la place le poil en-dehors. Pour cet effet, en construisant la bride, vous aurez mis une attache au montant hors la main un peu au-dessus du fronteau, & une courroie arrêtée au milieu du dessus de tête sous le tuyau de l'aigrette ; maintenant vous passerez un des bouts du bléreau dans ladite attache hors la main, & ayant cousu une boucle à l'autre bout de la peau, vous la bouclerez à la main à la courroie qui sort de dessous l'aigrette. A l'égard de celle qui se met sur la croupe du limonier, vous la ferez tenir à son milieu à la croupiere par une attache, & pareillement à ses bouts où elle tombe sur l'avaloire.

Le Blereau.

On orne les bords des cuirs, principalement de ceux qui composent la bride, d'une espece de bordure, qu'on nomme *de la trace* ; & leurs milieux de compartiments répétés, auxquels on donne le nom *de bâtons rompus*. Pour vous préparer à exécuter ces deux especes de broderie, commencez par couvrir le cuir que vous voulez travailler avec du drap rouge, bleu, &c ; puis prenez *de la couture* : c'est ainsi que se nomment des bandes étroites ou lanieres de mouton blanc ; vous la taillerez par un bout en pointe alongée : cette pointe vous tiendra lieu d'aiguille ; vous percerez les bords du drap & du cuir avec une alêne fine près-à-près, & introduisant à mesure cette couture blanche par sa pointe dans les fentes de l'alêne, vous faites un rang de points en biais d'un bout à l'autre, auquel vous joignez un autre rang du sens opposé, *Fig. 5 & 6*, *a a a a*. On voit dans le milieu de la figure 5 entre les deux traces, ce qui se nomme *Bâtons rompus*, & dans la figure 6, les doubles bâtons rompus. Tout cela se fait avec de pareille couture : ce qui constitue les doubles bâtons rompus, est des points de laine noire *b b*, qu'on passe par-dessus, aux endroits où ils se croisent ; quelquefois on omet le drap, & on travaille le tout sur le cuir nud.

La Trace.

Les Bâtons rompus.

On brode ordinairement le milieu du cache-nez & des aboutoirs, la toile de la sellette du limonier & la couverture des chevaux de devant, ou bien on peint ces deux derniers comme il a été dit à leur article. A l'égard de la broderie, elle se fait par-dessus le drap dont on couvre les cuirs en laines de toutes couleurs, excepté le blanc qui est toujours de mouton blanc. Quant à la toile, on brode immédiatement dessus ; il se fait aussi des broderies toutes en lanieres de drap.

La Broderie.

On trace les dessins avec de la craie, & on les remplit en points devant toutes les rangées paralleles les unes aux autres, soit en largeur ou en longueur du dessin. Ceux qui se font le plus communément, sont ou les armes de France ou celles du Maître de l'équipage, ou bien des dessins de fleurs. On voit un aboutoire brodé *Fig. 7*, & la couverture du cheval de devant *Fig. 2*, dont le coin est brodé. Cette broderie n'est pas bien fine ; mais elle ne laiſſe pas d'avoir de l'éclat par la variété des couleurs, ſur-tout quand elle eſt neuve.

Les brédiſſures des bras d'avaloire au gros anneau du limonier, & les fourreaux des chevaux de devant, ont auſſi leurs parures, que les Bourreliers appellent *des Feſtons* : c'eſt une bande de drap rouge que l'on taillade en pointes, tant plein que vuide, qu'on attache avec de la couture blanche, tant au-deſſus de la brédiſſure qu'au bas des fourreaux, à l'endroit où ils ſont couſus. Feſtonner.

Enfin un ornement aſſez médiocre, mais qui s'exécute ſur le champ, dans l'idée d'interrompre l'uni du cuir ſur les courroies qui ont une certaine longueur, ou qui ſont très-larges, cet ornement, dis-je, ſe fait avec la rênette, inſtrument qui, par-tout où il eſt conduit, enleve la ſuperficie du cuir de la largeur d'une ligne & à la profondeur d'un quart; on s'en ſert pour faire des traits le long des bords des cuirs & des loſanges ſur leurs largeurs, que les Bourreliers nomment *des quarrés*; par exemple, on fait des quarrés aux enchapures des bras d'avaloire; on rênette en long à quatre rangs les branches d'avaloire, &c, le tout ſuivant l'idée de l'Ouvrier. Renetter.

Une parure utile, c'eſt de peindre les atelles à huile en telle couleur que l'on voudra, plus communément en rouge : cette façon conſerve & nourrit le bois. On orne ordinairement leurs pattes des mêmes deſſeins qu'on exécute en broderie ſur le reſte du harnois. Peindre les Atelles.

CHAPITRE QUATRIEME.

De l'atelage des Coches & des Fourgons.

Les harnois des chevaux qui s'atelent aux Coches, Charriots, Fourgons d'armée & autres Voitures de cette eſpece, ſont les mêmes en général que ceux des chevaux de devant des Charrettes; mais attendu qu'au lieu de deux limons ces voitures n'ont qu'un timon, il faut abſolument les ateler deux à deux, ce qui change la façon du tirage, & qui a fait ajouter au harnois des limoniers quelques pieces néceſſaires : c'eſt de ces pieces ajoutées dont on va particuliérement expliquer la diſpoſition.

Atelage des Coches.

Les Coches ſont d'anciennes voitures à quatre roues, à fleche & à timon, dont on ne ſe ſert plus que pour voyager d'une Ville à une autre, & y tranſporter hommes, paquets & marchandiſes; on les atele depuis deux chevaux juſqu'à ſix ou huit dans les mauvais chemins : à deux chevaux, il n'y a qu'un

Cocher; mais au delà il y a toujours un Postillon. Le Cocher ne monte point sur le siege; il monte en selle sur le cheval atelé à gauche du timon. Le cheval à sa droite se nomme *le Souverge*; le Postillon monte sur le dernier cheval à gauche qui termine l'atelage. La *Pl.* 4 aidera à comprendre ce qui suit.

Aux yeux des deux traits des limoniers, qui sont, comme on vient de dire, le porteur du Cocher & le souverge, on pose un anneau de fer pour mettre à chaque cheval un reculement: ce reculement est fait d'un fort cuir de bœuf, large de trois à quatre pouces.

Reculement.

Voici son chemin: on le passe dans un des deux anneaux de fer, puis par-devant le poitrail du cheval qu'il traverse, pour passer dans l'autre anneau: de là les deux bouts vont se boucler au gros anneau de l'avaloire, auxquels, pour cet effet, on a ajouté un ardillon; & afin qu'il se communique au bout du timon, on met à son milieu, en face du poitrail de l'animal, un crochet de fer qui s'accroche, quand on atele, à une chaîne de fer qui tient au bout du timon, afin que quand le cheval recule, l'avaloire attire le reculement, la chaîne, & par conséquent le timon en arriere.

Fourchets.

On met au souverge & au porteur un fourchet par-devant, dont les branches & la queue, prises ensemble, doivent avoir deux empans & demi de long; on en cloue les deux branches aux deux atelles de chaque collier du côté du col du cheval, au-dessous de la coupliere d'en-haut; on passe ensuite la queue qui doit être terminée par une boucle en arriere, par-dessous la croisée de la tête du collier. Le souverge seul doit avoir un second fourchet de trois empans & demi de long, dont on attachera les branches au bras d'en-haut de son avaloire; on en fait ensuite passer la queue sous la patte de sa couverture, d'où elle ira se boucler à la boucle de la queue du fourchet de devant. A l'égard du porteur, comme il a une selle, il suffit d'y attacher par-devant un contre-sanglot qui se boucle dans la queue du fourchet de devant, & par-derriere deux courroies qui, partant de l'avaloire, s'arrêtent aux crampons de la selle.

Tous les autres chevaux n'ont rien d'extraordinaire dans leurs harnois; les quatriemes s'atelent à une volée au bout du timon; les sixiemes, &c, ont au bout de leurs traits un crochet de fer qui s'accroche dans une maille de fer à l'œil du trait du suivant: tous les traits sont garnis de fourreaux.

Atelage des Fourgons.

Le Fourgon duquel on va décrire l'atelage, sert principalement à l'armée: c'est une voiture de transport, ordinairement fermée de planches, & couverte d'un toit de même matiere: le Fourgon n'a que deux roues, quoiqu'il ait un timon, ce qui exige une piece principale dans le harnois des chevaux de derriere. Cette piece se nomme *un Colleron*; ce colleron se passe sur le col du du porteur & du fouverge, & fert à tenir le timon, & par conféquent la voiture en équilibre : on y ajoute un reculement.

Le colleron eft compofé de deux cuirs de bœuf, feutrés de bafanne, c'eft-à-dire, de la bafanne entre les deux cuirs, le tout de quatre doigts de large & de quatre empans & demi de long. Le cuir qui fera le deffous doit être plus large d'un pouce de chaque côté que celui de deffus; on coud le tout enfemble, & on met un anneau de fer à chaque bout; on l'attache au milieu de chaque colleron qu'on arrête enfuite à la coupliere d'en-haut du collier, pour le fixer à l'endroit où il doit porter fur le col du cheval au-devant du collier; on arrête dans un des anneaux d'un bout du colleron une plate-longe d'un fimple cuir, qu'on noue enfuite au bout d'un long palonier, ou volée, arrêtée ferme fous le timon en travers à deux pieds & demi de fon bout, & dont on va attacher l'autre bout à l'autre anneau du colleron; on attache encore dans les anneaux du colleron deux autres plate-longes: ces deux dernieres, en partant des anneaux, fuivent en arriere la même route de celles des Coches ci-deffus, & vont fe boucler de même dans les anneaux de l'avaloire pour fervir de reculements; ou bien, en fupprimant ces plate-longes, on fe fert d'anneaux & de chaînes d'alliance. Les anneaux d'alliance font deux anneaux de fer enfilés l'un dans l'autre; on en paffe un à chaque atelle avec le billot au travers de la mortaife; l'autre refte en arriere: l'un reçoit un bout de la chaîne; on brédit à l'autre une longe qui va, comme ci-deffus, fe boucler à l'avaloire: le tout, tant la chaîne que la longe qu'on y ajoute, doit avoir cinq pieds & demi de long; de cette maniere le reculement, au lieu de prendre au colleron, part du collier: cette façon eft la plus ufitée.

Colleron.

Reculements.

CHAPITRE CINQUIEME.

Des Panneaux.

Panneau simple.

UN Panneau simple, en général, est une espece de petit matelas dont le dessus est de peau, le dessous de toile, le dedans garni de paille & de bourre; on le met en guise de selle sur le dos de l'animal, & on s'asseoit dessus. Il s'en fait pour plusieurs usages, & assez différents entr'eux pour exiger une description particuliere de chacun; tels sont le panneau de chevillier qui sert aux Chartiers & aux gens de la campagne, le panneau de Boucher, le panneau à troussequin, le panneau de riviere.

Le Panneau de Chevillier.

UN Chartier qui a une grande route à faire, ne pourroit y suffire sans monter de temps en temps sur quelqu'un de ses chevaux: c'est ordinairement le chevillier qui a la préférence, ce qui a occasionné le nom de *Panneau de Chevillier* à celui que l'on va décrire. Plusieurs gens de la campagne se servent de ce Panneau pour voyager plus à leur aise qu'à poil sur leurs montures.

PLANCHE 3.

Le dessus du panneau sera de basanne ou bien de peau de veau; il doit avoir deux empans & demi du devant au derriere, & trois empans d'un côté à l'autre. Si la peau n'est pas assez grande, on y ajoute des pieces.

Pliez la peau par la moitié le long du dos; taillez les côtés un peu plus étroits devant que derriere, arrondissez un peu les quatre coins; ensuite dépliant votre peau, & l'étendant à l'envers, vous le toilerez entiérement d'une vieille toile; puis vous l'appointerez aux quatre coins sur une toile neuve de Mortagne, laquelle vous tiendrez de deux doigts plus large tout autour que le dessus, pour donner place à la rembourrure ci-après; vous faufilerez cette toile au-dessus avec un fil simple; vous borderez ensuite votre panneau avec des bandes de la même peau qui fait le dessus: on ne borde point alors les quatre coins; ce ne sera que lorsqu'il sera presque achevé.

Pliez-le une seconde fois comme la premiere; faites le long du milieu une rentraiture avec de la couture de vache; vous la commencerez à quatre doigts du devant, & la terminerez à quatre doigts du derriere: cette rentraiture partagera la peau en deux côtés; faites-en deux autres sur la pente du panneau de chaque côté. Le bas des côtés d'un panneau se nomme *la pente du panneau*, & les intervalles entre deux rentraitures se nomment *des canons*: ils imitent en quelque façon la verge d'un collier. Ces canons sont représentés *a a*, *Pl.* 3, *Fig.* 1, sur un panneau de chevillier achevé: ils doivent avoir deux

Canons.

doigts de large. Faites encore un petit canon *b*, au-dessus des deux premiers : celui-ci n'aura qu'un pouce de large : empaillez les canons, ainsi que le devant & le derriere, avec de la paille longue que vous ferez entrer de part & d'autre par les coins que vous avez laissés ouverts exprès ; fendez ensuite dans son milieu la toile du panneau de deux doigts de long en travers, pour empailler le corps qui ne s'emplit que de menue paille. Quand le panneau est plein, versez par terre sur son plat la moitié de la forme à collier qui a une arrête *x*, *Pl.* 1, sur laquelle vous plierez votre panneau ; vous le battrez avec le dos du maillet, pour lui faire prendre la courbure qu'il doit avoir, & par le même moyen, vous lui dresserez deux arrêtes *g g* bien dégagées, l'une le long du devant, l'autre derriere. *Dresser une arrête*, en terme de Bourrelier, c'est pousser & approcher la paille le long des bords, & la contraindre à se presser & à s'amonceler entre le dessus & la doublure, jusqu'à ce qu'il paroisse le long du dessus une élévation aiguë comme le dos d'un couteau ; vous borderez enfin les quatre coins ou pointes *i i* ; vous plierez encore le panneau une seconde fois sur la forme ; il faut que les pointes en soient bien dégagées, c'est-à-dire, qu'elles ne soient pas trop chargées de paille.

Vous ferez ensuite les deux coussinures *c c*, qui s'attachent & se ferment sous le panneau ; (une coussinure peut se comparer, pour la forme, à un petit traversin de lit de repos) ; on les fait de toile de Mortagne ; chacune aura neuf pouces de large sur-toute la longueur du panneau ; vous coudrez les côtés de chaque coussinure à la doublure du panneau avec un fil en deux, à quatre pouces & demi l'un de l'autre, éloignant chacune d'un pouce de la rentraiture du milieu ; puis vous les remplirez de bourre, & les fermerez aux deux bouts.

Pour arrêter le panneau sur l'animal, vous vous servirez d'une sangle de cuir de bœuf *e*, à laquelle vous mettrez un anneau de fer *f* à chaque bout ; vous arrêterez une courroie *h* dans un des anneaux, laquelle se terminera en pointe par l'autre bout. Pour maintenir la sangle en sa place, vous aurez précédemment placé une attache *d d*, de chaque côté sur les canons, & lorsque vous voudrez sangler, vous passerez la courroie deux fois d'un anneau à l'autre, en serrant, puis vous la nouerez sur elle-même.

Le Panneau du Boucher.

CE Panneau sert aux Bouchers à transporter leurs viandes à cheval ; & comme leurs panneaux se construisent d'une peau entiere de veau passée en poil, le poil en-dehors, ils fournissent ordinairement cette peau toute fraîche sortant de dessus l'animal ; mais attendu qu'elle ne sauroit s'employer en cet état, le Bourrelier la prépare en la faisant tremper dans des eaux d'alun, ce qui dure une huitaine de jours ou environ, pour la travailler ensuite, c'est-à-dire, en racler la chair & la laisser sécher à demi.

La peau étant dans cet état, commencez par la plier en deux de la tête à la queue; taillez votre panneau : il doit avoir quatre empans de long, & la largeur de toute la peau par-devant. La figure 11, repréſente la moitié de la coupe d'un Panneau de Boucher; arrondiſſez les pointes de devant *a*, pendant l'eſpace de cinq pouces, & les échancrez de trois pouces du côté du ventre *b b*, le long duquel vous irez tout droit juſqu'à un empan du bout, où vous ferez encore une échancrure *c*, qui aura quatre pouces d'enfoncement; puis vous couperez droit juſqu'au bout *d*. Cette derniere partie fera le couſſinet, comme on verra ci-après; enſuite dépliant le panneau à l'envers, vous le toilerez en entier de vieille toile.

Fendez le milieu de la peau, à trois doigts du devant, de cinq pouces en long; vous fermerez cette fente par une piece de même longueur & de quatre doigts de large, pour y loger un pommeau ci-deſſous; fendez auſſi la peau à trois doigts du bout du couſſinet *d*, d'un travers de doigt. A cette fente vous coudrez un anneau enchapé; cet anneau arraſera le bout du deſſus de la peau : ſon enchapure ſera de cuir de Hongrie d'un empan de long, couſue par-deſſous en fil; elle aura à ſon bout couſu quatre doigts de large : appointez le panneau en entier ſur une toile neuve de Mortagne par les quatre coins avec un fil ſimple, en coupant la toile au pourtour; laiſſez-la déborder de huit pouces au-delà du devant, & de deux doigts au-delà du reſte du panneau; remployez un quart de pouce de cette toile, que vous faufilerez enſuite au-deſſus, excepté le devant; puis vous borderez les côtés & le derriere avec de la pareille peau.

Vous ferez une rentraiture le long du milieu du panneau avec de la couture de vache à grands points, de deux doigts de long, juſqu'au panneau; puis vous formerez, comme au précédent, les canons ſur les côtés par de pareilles rentraitures, ſavoir, une à deux doigts de la bordure des côtés, depuis les pointes de devant juſqu'à l'échancrure de derriere, une autre à deux doigts au-deſſus, & une troiſieme d'un empan de long au-deſſus de la précédente, éloigné de deux pouces. Les deux bouts s'étreciſſant en pointe, vous remplirez les deux grands canons avec de la paille droite par les pointes de devant qui ne ſont pas encore bordées, & pour empailler le petit d'au-deſſus, vous fendrez la doublure; rempliſſez enſuite le corps du panneau de menue paille par ces mêmes fentes.

Arçon. Le panneau étant à demi-plein, ſi le Boucher y veut un arçon, vous aurez un arçon de devant d'une ſelle ordinaire tout préparé, c'eſt-à-dire, nervé, collé & encuiré; (cette préparation ſera enſeignée dans l'Art du Sellier ci-après); vous le ferez entrer par le devant du panneau entre deux pailles, le haut de l'arçon bien droit au milieu du pommeau; continuez à mettre de la menue paille; paſſez trois points de fil double de chaque côté de l'arçon avec une grande aiguille, pour le retenir en ſa place, chambrez le deſſous de l'arçon vis-à-vis le garrot du cheval ſur la doublure; faufilez la doublure du devant

avec

avec la peau; bordez le devant, excepté les pointes; fendez la doublure en travers de deux doigts de long; achevez de remplir le panneau, & fur-tout le deffus & le deffous de l'arçon bien ferme; faites une arrête bien fine fur l'arçon, du refte, comme au précédent; dégagez bien les pointes, bordez-les, pliez le panneau deux fois fur la forme à collier.

Garniffez d'un porte-étrier de cuir, de deux doigts de large, & de trois empans de long, ayant un anneau à chaque bout; vous brédirez ces deux anneaux au porte-étrier avec de la petite couture, vous l'arrêterez enfuite au panneau avec trois attaches, favoir, au milieu dans la rentraiture près du pommeau, & les deux bouts fur les feconds canons; paffez enfuite une courroie de quatre pieds de long, & d'un pouce de large, dans chaque anneau du porte-étrier: ces courroies fe garniffent par un bout d'une boucle coufue en fil avec fon paffant taillé en pointe par l'autre bout: on les paffe dans l'œil de l'étrier, & on les boucle: c'eft ce qu'on nomme des *étrivieres*.

Coufez fur les canons à la main, avec de la petite couture de vache, deux contre-fanglots de cuir de bœuf, d'un pied & demi de long, d'un pouce de large, celui de devant près l'anneau du porte-étrier, l'autre à un empan plus en arriere; & fur les canons hors la main, à quatre doigts du porte-étrier, vous coudrez avec de la même couture, une fangle de cuir de bœuf de cinq empans de long, de quatre doigts de large; fendez-la par l'autre bout d'un pied de long; garniffez chaque branche d'une boucle à l'Angloife, ou demi-boucle, auxquelles vous bouclerez les deux contre-fanglots pour fangler le panneau fur le cheval.

La croupiere fera d'un pied de long, fendue d'un empan par un bout; vous coudrez le culeron à ces deux branches de fourchet, & deux petites bouffettes fur les coutures; vous mettrez à l'autre bout de la croupiere une boucle demi-ronde, coufue en fil: coufez avec cette boucle un contre-fanglot que vous pafferez dans l'anneau enchapé au couffinet du panneau, pour enfuite venir le boucler à cette boucle.

Le Panneau à Trouffequin.

CETTE efpece de panneau reffemble, autant qu'il le peut, à une felle à trouffequin faite par les Selliers: on y eft fort commodément, & le prix en eft moindre, ce qui engage plufieurs à s'en fervir.

Pour faire ce panneau, fervez-vous de l'une ou de l'autre des peaux qui s'emploient pour le panneau de chevillier ci-devant; coupez-le de la même longueur, enfin fuivez pour le corps du panneau prefque en tout fa conftruction; les différences qui fe trouvent en chemin font fi peu confidérables, que pour éviter les répétitions, on a mieux aimé faire ici un extrait fuccinct de cette conftruction, que de recommencer ce qui eft déja détaillé dans le panneau de chevillier ci-devant, ſe contentant de noter les différences à meſure qu'elles ſe rencontreront.

Quand on veut un couſſinet pour un porte-manteau, on taille la peau par-derriere en échancrant de chaque côté, comme au panneau de Boucher.

Appointer le panneau ſur une toile neuve de Mortagne, aux quatre coins laiſſer déborder la toile de deux doigts.

Faufiler la toile au panneau, le border de pareille peau excepté les pointes.

Faire une rentraiture au milieu.

Faire deux canons de chaque côté, les emplir de paille droite.

Emplir de pareille paille le devant par les pointes de devant.

Fendre la toile pour remplir le corps du panneau de menue paille.

Plier le panneau ſur la forme à collier.

Border les pointes.

Plier une ſeconde fois ſur la forme.

Afin de rendre ce panneau ſemblable à une ſelle, on ajoute une eſpece de pommeau taillé en forme d'un oiſeau, des battes & un trouſſequin, ſans qu'il y entre aucun bois; chacune de ces pieces taillées double de la même peau, on les coud enſemble, puis on les remplit de paille menue: on les coud au panneau chacune en ſa place.

Pour les conſtruire, après les avoir taillées, couſez par l'envers les deux morceaux de chaque piece, y joignant une laniere de mouton rouge entre-deux, que l'on prend dans la couture: on la nomme un *jonc*; retournez-les enſuite ſur la fleur, il paroîtra le long de la couture une ligne rouge.

Poſez l'oiſeau au milieu du devant ſur le bord, les battes à ſes deux côtés, & le trouſſequin à deux pouces du derriere.

Pour faire tenir toutes ces pieces, faites une fente à la peau du panneau de la longueur de la piece; couſez à l'envers avec le point à joindre ſes bords avec ceux de la fente; puis vous l'empaillerez, & vous en rapprocherez la fente à ſurjet: tout ceci ſe fait avant d'empailler le panneau.

Mettez au-deſſous des battes un anneau enchapé, couſu ſur les canons, pour paſſer les courroies d'étrier, qu'on nomme *étrivieres*; & derriere le trouſſequin, ou au bout du couſſinet, s'il y en a un, un anneau enchapé de quatre doigts de long; que l'anneau ſeul paroiſſe en deſſus, comme au panneau de Boucher ci-devant. Si vous avez taillé un couſſinet, vous attacherez deux courroies derriere le trouſſequin pour y lier le porte-manteau.

Vous ſuivrez pour la croupiere & le culeron le même procédé indiqué au panneau de Boucher ci-devant.

J'ai oublié de dire que pour aſſurer l'oiſeau dont le bec eſt en l'air, on met au bout du bec une attache qui va ſe rendre au panneau.

Nota. Que quelquefois on met des couſſinures comme au panneau de chevillier; que si on veut on rembourre le panneau avec de la bourre au lieu de paille ; & que pour les femmes qui montent les deux jambes du même côté, on fait hors la main un espece de dossier contigu au troussequin, qui coule le long du côté vers les battes pour leur soutenir les reins.

Collier & Panneau de riviere.

Le collier & le panneau des chevaux qui remontent les bateaux sur les rivieres, doivent être construits de façon à résister, autant qu'il est possible, aux dommages que l'eau peut leur causer, lorsque ces chevaux sont obligés d'entrer dedans & d'y cheminer, ce qui arrive assez fréquemment dans leurs routes; moyennant quoi, les différences de ces pieces aux autres du même genre sont assez considérables pour en faire ici un article particulier, en parlant d'abord de leur collier, & ensuite de leur panneau; ce qui terminera leurs harnois en général, & tout ce qu'on a à dire à cet égard.

1°. Les chevaux qu'on emploie à ce travail, sont de médiocre taille; c'est pourquoi leur collier est assez petit; 2°, ils sont toujours atelés deux à deux, chaque paire à part, qu'on nomme *une courbe de chevaux*, parce que chacun est attaché par des traits de corde à un palonnier courbé en-devant ec palonnier, attaché à une volée courbée de même, laquelle tient à la corde du bateau. A mesure que le bateau est plus grand ou plus chargé, on augmente le nombre des courbes de chevaux; & comme le Marinier Conducteur de sa courbe monte tantôt sur l'un & tantôt sur l'autre de ses chevaux, chacun doit avoir son panneau.

Le Collier.

Ce collier se fait de basanne, comme les autres; mais attendu qu'il est communément assez petit, on retranche de la peau en la coupant en long, à quatre pouces au-delà de sa vraie moitié; puis on plie en deux ce qui en reste, & en continuant, au lieu de faire le pli du col à rase du corps, comme il est marqué *Pl.* 2, *Fig.* II, ligne ponctuée, on l'avance sur le corps d'un empan ou environ, au lieu de rabattre le dos en deux triangles, comme on fait aux autres colliers; on le plie presque quarrément. Les fourniments se cousent aux bouts dudit pli, ce qui éleve cette couture à un empan du bas du collier, au moyen de quoi, entrant plus rarement dans l'eau, quand les chevaux se mettent à guay, elle n'est pas si sujette à se pourrir, & l'eau à pénétrer dans l'intérieur du collier (1). On acheve le collier comme à l'ordinaire; & quand il s'agit de le remplir, on enferme dans la verge une corde au lieu de paille, & on l'empaille en entier, sans jamais y mettre de bourre.

(1) Pour mieux concevoir ces différences, repassez la taille du Collier ordinaire à l'Article second du Chapitre troisieme.

A l'égard des atelles, en arrondiſſant leurs pattes, on les rabaiſſe aſſez, pour donner facilité au Marinier qui eſt aſſis de côté ſur ſon panneau, de voir ſon chemin par-deſſus. Les boutons qui attachent le collier aux atelles, ſeront de cuir noir; & au lieu de coupliere d'en-bas, on mettra deux bandes de fer l'une ſous l'autre, qu'on nomme *croiſſants de fer*, crochus par les deux bouts qu'on fera entrer dans le bois; on y mettra la houſſe de mouton comme à l'ordinaire.

Le Panneau.

Le panneau de riviere ſera de baſanne; il doit avoir un empan & demi de long du devant au-derriere, & la même meſure d'un côté à l'autre; que les deux bouts faſſent un peu la pointe, & que le panneau ſoit un peu plus étroit du devant que du derriere; le toiler de vieille toile; l'appointer ſur une toile de Mortagne; le border; faire une couture en travers à ſix pouces du devant, & une pareille à ſix pouces du derriere, *a a*, *Pl.* 3, *Fig.* III; le rentraire de cinq coutures en long entre les coutures *a a*, ce qui formera ſix canons; le rembourrer de paille; mettre deux couſſinures *b b* de toile, de neuf pouces de large; les remplir de paille; les fermer aux deux bouts avec deux ronds de baſanne, & de la couture de mouton rouge ſous le point de fil; la ſangle ſera de cuir noir à deux anneaux *c c*, dans l'un deſquels vous mettrez une courroie pour ſangler le cheval comme au panneau de chevillier ci-devant. La ſangle doit paſſer deſſus le panneau dans deux attaches *d*, ſous leſquelles vous mettrez un morceau de vache, afin que la ſangle n'uſe pas le panneau.

Le reſte du harnois ſera une couverture peinte ſur la croupe, des traits & porte-traits de corde, un cordeau arrêté au palonnier: le mors de la bride doit être de fer, ce qu'on nomme *un mors creux*.

CHAPITRE

CHAPITRE SIXIEME.

Les Bâts.

Le Bât en général eſt une eſpece de ſelle qui ſe met ſur le dos des bêtes de ſomme, pour y attacher les fardeaux dont on les charge; il eſt compoſé d'un bâtis de bois, auquel on joint un panneau rembourré. Il s'en fait de diverſes manieres pour les Chevaux, les Anes & les Mulets; pour les chevaux, on en conſtruit de deux eſpeces, le bât ordinaire & le bât de guerre; pour les ânes, on ne fait que le bât ordinaire. Le bât de guerre pour les mulets en temps de guerre leur eſt particulier. Le bât ordinaire pour les chevaux & les ânes, ſe nomme *Bât à boutonner*; celui de guerre pour les chevaux *Bât à fauſſes gouttieres* ou *Bât François*; le bât de guerre des mulets *Bât d'Auvergne.*

On va décrire tous ces bâts l'un après l'autre; quant au bât de mulet, on y joindra tout le reſte de ſon harnois, qui ne reſſemble à aucun de ceux qu'on a décrits ci-devant.

Tout bât eſt compoſé d'un fuſt & d'un panneau. Le fuſt eſt de bois, & toujours de quatre pieces, ſavoir, deux aubes & deux courbes. Il eſt du diſtrict du Bourrelier de faire les fuſts; mais comme il lui en vient de tout ébauchés des ventes des forêts, il n'a plus qu'à les perfectionner & les ajuſter avec l'aiſſette & la rape à bois, ſuivant l'uſage qu'il en veut faire. La courbe deſtinée au-devant *a*, *Fig.* 3, doit toujours être de deux pouces plus étroite que celle du derriere *a* *. Pour aſſembler le fuſt, après avoir fait entrer les courbes dans les engravures des aubes, on cloue les aubes *b*, *b* à chaque pointe des courbes, avec cinq clous de quatre, comme il eſt dit de la ſellette de limon. Voilà en général le fuſt prêt à recevoir le panneau. Les autres circonſtances qui s'y joignent, ſeront détaillées dans la deſcription de chaque bât, dont on va donner la conſtruction. PLANCHE 3.

Le Bât de Cheval à boutonner.

Ce bât eſt le plus ordinaire; il eſt même le ſeul dont ſe ſervent communément les gens de Campagne; il eſt compoſé, comme tous les autres, d'un fuſt & d'un panneau.

Le fuſt étant monté, il s'agit de le mettre en état de recevoir le panneau; pour cet effet, vous percerez deux trous de vrille au travers des courbes, un à celle de devant au-deſſus du garrot, l'autre vis-à-vis à la courbe de derriere & deux autres trous, un au milieu du bas de chaque aube ſur la pente proche Fuſt.

le bord ; clouez ensuite à un pouce du haut de chaque courbe, en-dehors, une bande de fer de deux doigts de large, ayant un crochet à son milieu ; il faut, en la clouant, mettre un petit rond de cuir sous la tête des clous, afin de les bien assurer.

Panneau. Pour faire le panneau, commencez par prendre la mesure du fust ; puis ayant mouillé & étiré une peau de mouton tannée entiere, telle qu'il vous la faut, pliez-la par la moitié sur la chair de la tête à la queue pour la tailler ensuite selon votre mesure.

Afin que le panneau soit assez grand & ample, il doit déborder le fust au-delà des courbes de quatre doigts par-devant & de trois doigts par-derriere : cet excédent est ce qu'on nomme *la châsse du panneau* ; il faut encore qu'il ait assez de profondeur pour toucher sous les courbes quand il sera en place, & qu'il ait par les côtés un empan de pente au-delà des aubes. Si la peau n'est pas assez ample en ces endroits, ce qui arrive souvent, prenez-en deux morceaux le long du col de l'animal que vous avez dû retrancher d'abord, pour équarrir votre panneau ; vous les y coudrez à l'envers avec du fil en deux poissé, mettant un petit jonc dans la couture ; vous la surtaillerez, & vous arrondirez en douceur les pointes & la pente pour la grace ; vous toilerez, c'est-à-dire, vous doublerez le panneau en entier de vieille toile, puis vous mettrez les façures.

La Châsse.

Les Façures. Ce qu'on nomme *les Façures*, est des bandes de toile de Mortagne, de cinq pouces de large, qui se mettent à l'envers le long des bords du panneau tout autour, où vous les y appointerez. Les façures des pentes doivent dépasser d'un pouce celles du devant & du derriere ; vous mettrez entre ces façures des pentes & le panneau, 6 morceaux de basanne de cinq pouces de long, c'est-à-dire, trois de chaque côté, savoir deux aux coins, & une au milieu de la pente ; appointez-les tous du côté de la fleur ; cousez tout autour ensemble la peau du panneau & la vieille toile ; repliez un peu en-dedans les façures du devant & du derriere ; vous y ferez deux petites rentraitures de toute leur largeur avec de la couture de basanne ; puis revenant aux pentes, vous prendrez deux petites baguettes de la longueur des pentes du panneau ; vous les entourerez de paille droite qui excede leur longueur de six pouces par chaque bout ; vous entourerez cette paille avec un fil simple, le cordant tout le long de la baguette ; vous releverez la façure de la pente pour arrêter la baguette au panneau, par une couture qui l'entourera ; vous commencerez & finirez cette couture en prenant dedans les six pouces de paille, dépassants les baguettes, que vous aurez précédemment dû plier à chaque bout sur les façures de la chasse devant & derriere.

Vous emplirez le panneau de paille droite ; pour cet effet, commencez par mettre sous les baguettes une petite mise de paille, puis étendez le panneau par terre, l'envers en-dessus ; mettez-vous à genoux, posez une regle de bois le long du milieu ; puis prenant à pleine main de grosses mises de paille droite, vous les lierez de deux liens de paille ; vous mettrez deux de ces mises de chaque côté en long jusques dans les baguettes de la pente, puis une en travers sur les chasses du devant & du derriere, pour leur donner de la rondeur ; observez, en plaçant les mises, de mettre toujours leurs liures en-dessous ; achevez de remplir de cette façon le reste du panneau bien ferme, & uniment de chaque côté par-dessus les deux mises en travers ci-dessus.

Relevez le panneau de terre, & ployez-le par la moitié ; vous rabattrez ensuite les façures des pentes des côtés sur les mises de paille, & vous les coudrez d'un fil en deux non poissé, avec les façures des châsses, & vous refournirez de petites mises de paille sur les pentes pour bien unir le tout.

Les Boutons.

Pour boutonner ce panneau, c'est-à-dire, y faire les boutons piqués qui ont donné à ce harnois le nom de *Bât à boutonner*, prenez un gros carrelet que vous enfilerez de ficelle en deux poissée, avec laquelle vous ferez des boutons en traversant pour chacun le panneau de dessous en-dessus, & passant en-dessus sous chaque point avant de le serrer un peu de laine de toutes couleurs, vous en ferez deux rangs sur les pentes ; éloignez d'un pouce d'un bouton à l'autre le second rang à trois pouces du premier, puis vous chambrerez le garrot avec la même ficelle d'un empan de long sur quatre pouces de large, faisant les points d'un pouce de long, & vous mettrez aux deux côtés deux boutons pour agrément : on voit *Pl.* 5, *Fig.* 1, *a a*, un panneau boutonné.

Joindre le Panneau au fust.

Il s'agit maintenant d'attacher solidement le panneau à son fust ; commencez, en le mettant en sa place, par le poser, de maniere qu'il déborde un peu plus en-devant que par-derriere ; puis pour l'attacher en-haut au milieu des courbes, & l'y joindre en-dessous, vous passerez devant & derriere dans la rentraiture du milieu du panneau une longue attache de cuir, delà dans le trou fait ci-devant au-haut de chaque courbe, allant & revenant ; vous finirez par en corder le bout sur elle-même, *Pl.* 3, *Fig. B*, *a* ; écartez-le ensuite au moyen de deux bâtons ; placez alors & clouez les *Dagornes* : c'est le nom qu'on donne ici à de petites courroies de vieux cuir de bœuf, au nombre de quatre ; vous les passerez d'abord aux quatre coins du panneau, ensuite vous les croiserez dans le trou que vous avez fait aux aubes au-dessous des pointes des courbes : il faut prendre dessous les grosses mises de paille du devant & du derriere ; puis croisant l'un sur l'autre les deux bouts de chacune, vous les clourez de part & d'autre le long de la pointe de la courbe, avec trois broquettes *b b*, de chaque côté ; vous passerez aussi une attache au travers du milieu de la pente, & dans le trou du milieu du bas de l'aube où vous l'arrêterez avec un double nœud.

Dagornes.

Otez les bâtons qui écartoient le panneau ; corrompez avec une pince les mises de paille, puis vous passerez avec une grande aiguille à réguiller, quatre points de moyenne ficelle des deux côtés du panneau à raſe les bords des aubes du-haut & du-bas ; puis vous le rembourrerez bien uniment de bourre de veau, & ſerrerez les ficelles à meſure que vous rembourrerez deſſous ; & afin de bien incorporer la bourre avec la paille, vous la piquerez à meſure avec la broche à piquer.

Rembourrer.

La garniture de ce bât conſiſte en une ſangle, une toile pour couverture, deux crochets de fer & une croupiere.

La Sangle.

La ſangle, *Pl.* 5, *Fig.* 1, *b*, & *Pl.* 3, *A*, *dd*, ſera de cuir de bœuf, de quatre doigts de large, & de cinq empans de long ; vous la fendrez par un bout en fourchet, & vous la clouerez vers le milieu de l'aube hors la main ; vous coudrez à chaque extrêmité du fourchet une boucle enchapée ; vous clouerez vers le milieu de l'aube à la main, plus en-devant qu'en arriere, deux contre-ſanglots de même cuir de deux empans de long, à quelque diſtance l'un de l'autre, qui ſerviront à boucler les deux branches du fourchet de la ſangle.

La Croupiere.

La croupiere, *Pl.* 3, *Fig. A*, *cc*, doit être double : ſa branche hors la main ſera la plus longue ; elle ſera couſue à un des bouts du culeron : elle doit traverſer les arcades des deux courbes, tourner autour de l'attache du panneau *a* *Fig. B*, à la courbe de devant, & retourner enſuite ſe joindre à la main à la courte branche, pareillement couſue à l'autre bout du culeron, dont on couvre les coutures avec deux petites bouffettes.

La Toile.

La toile, *Pl.* 5, *Fig.* 1, *cc*, pour couvrir la croupe de l'animal, doit avoir juſqu'au culeron, qu'elle ne doit pas déborder, un pied & demi, & deux pieds trois quarts de l'autre ſens ; elle eſt ordinairement peinte en noir : on la cloue vers le bas de la courbe de derriere, & pour qu'elle prenne bien le rond de la croupe, on plie en biais par-deſſous de chaque côté la partie que l'on va clouer ; obſervez de mettre ſous les clous de la couture de mouton rouge. Si on veut qu'elle ſoit façonnée à fleurs, c'eſt-à-dire, bordée, alors on la borde à plat d'une liſiere de drap, couſue avec du mouton blanc, & deux petites bouffettes pendantes à chaque coin.

Les Crochets.

Les crochets, *Pl.* 3, *Fig. B*, *e*, & *A*, *ee*, tiennent chacun en-dehors au-haut des courbes à un croiſſant de fer qu'on y cloue.

On ſe paſſe aſſez ſouvent à cette eſpece de bât du poitrail & du baſcul ou feſſier ; cependant ſi on veut les y ajouter, on les trouvera décrits au ſuivant.

Le Bât François à fauſſes gouttieres, ou de guerre.

QUOIQUE ce bât ſe conſtruiſe en pluſieurs parties, comme le précédent, on ne laiſſera pas de le décrire en entier, mais plus ſuccinctement pour les pieces qui ſe reſſemblent ; ce ſera à cet égard une eſpece de récapitulation.

Il eſt compoſé, comme le précédent, d'un fuſt & d'un panneau : on nomme le fuſt dont on ſe ſert ici, *Fuſt Normand*, qui, quoiqu'il ſoit fait comme les autres, eſt cependant plus dégagé & plus ouvert; on l'aſſemble & on le garnit comme le précédent; mais comme il eſt principalement fait pour la guerre, on y ajoute deux vertevelles de fer. La vertevelle, *Pl.* 3, *Fig. C*, *a*, eſt ici un anneau de fer de deux pouces en quarré, qu'on arrête en dedans de chaque courbe avec deux clavettes à tête de piton. Pour mettre cet anneau en place, on commence par faire quatre trous de vrille deux à deux, au-deſſous du croiſſant du crochet ordinaire; on paſſera au travers de ces trous de dedans en-dehors les deux pointes de chaque clavette, dont les têtes ſoutiennent la charniere de l'anneau pour qu'il roule librement; ainſi les courbes ſont garnies par-dehors d'un crochet avec ſon croiſſant, & par-dedans de cet anneau : ces vertevelles ſont deſtinées à ſoutenir les malles ou coffres ſuſpendus, comme on verra ci-après.

Fuſt Normand.

Vertevelles.

Pour faire le panneau de ce bât qui ſe nomme *à fauſſes gouttierres*, *Fig. A*, *gggg*, prenez une peau de cochon ou de truie; elles ſont communément plus grandes: il faut la mouiller, l'étirer, la laiſſer égoutter, la ployer en deux ſur ſa longueur, & enſuite la tailler. La pente & la châſſe, comme le précédent; on prend la tête & le collet de la peau pour refournir le deſſus, parce que les peaux ne ſont jamais aſſez larges pour faire un panneau un peu ample; on appointe ces pieces au ventre de l'animal avec un fil ſimple; on les coud enſuite du côté de la chair, un jonc de mouton rouge entre-deux; on retourne le tout; on bat la couture, on la ſurtaille; on arrondit la pente, la châſſe, les quatre pointes.

Le Panneau.

On coud une toile à couverture d'un pied de large ſur la pente tout du long, ainſi que ſur la châſſe; cette toile ſe coudra à un pied au-deſſus du bas de la pente avec un fil en deux poiſſé, obſervant que cette toile ſoit bien égale à la peau le long du bas de la pente : on met les façures de toile neuve de Mortagne, même largeur du précédent; on les appointe & les coud au panneau un jonc de mouton blanc entre la couture; on coud le derriere du panneau; on ne coud que la vieille toile avec la façure ſur les pentes des deux côtés, parce que le cuir ne ſe recoud qu'après que le panneau eſt plein. La couture ſe fait à ſurjet avec un fil en deux poiſſé; on partage le panneau en deux par le milieu avec deux rentraitures de la largeur de la façure, une devant, l'autre derriere; on met deux baguettes aux côtés entortillées de paille droite; on les coud, on remplit le panneau comme le précédent, on le boutonne à la toile qui eſt couſue à la pente; on le traverſe & on le boutonne ſur la façure : tous ces boutons ſont en-deſſous, ils ſe font comme les précédents; on n'y met qu'un brin de laine, on rabat la peau ſur la pente; on coud ſur la baguette avec du mouton blanc à quatre doigts de la pente, en tournant par-devant & par-derriere; on repouſſe bien le panneau, on le chambre ſur le garrot proche la rentraiture, comme le précédent; on le met dans le fuſt avec les attaches & dagornes ; on y pique la bourre ; que la rembourrure ſoit bien ferme ; bien dégager l'arrête & les côtés.

Le Poitrail. Garniſſez ce panneau d'un poitrail, *Pl.* 3, *Fig. A*, *h h*, de cuir de bœuf, de ſix empans de long, & de deux doigts de large ; clouez-en un bout ſur l'aube hors la main ; mettez à l'autre bout une boucle demi-ronde dans une enchapure de cinq pouces de long, que vous y coudrez avec de la couture ; vous clouerez l'enchapure à l'aube à la main en biais, pour que le poitrail prenne bien le rond de celui du cheval.

La Sangle. Faites une ſangle de cuir de bœuf *d d*, de cinq empans & demi de long, de quatre doigts de large ; clouez-la par un bout à l'aube preſque dans le milieu hors la main ; taillez-la à l'autre bout en fourchet, d'un empan & demi de long : chaque branche ſera garnie d'une boucle enchapée couſue en fil ciré ; clouez ſur l'aube à la main deux contre-ſanglots de cuir de bœuf d'un pouce & demi de large, ſur deux empans de long, pour y boucler le fourchet.

Le Feſſier. Faites un feſſier ou baſcul *f f*, de ſix empans de long, de deux doigts de large, de cuir de bœuf, garni d'une boucle à demi-ronde par chaque bout, couſue avec mouton rouge ; vous le feutrerez, c'eſt-à-dire, le doublerez avec de la baſanne, entre laquelle & le deſſus vous le remplirez de bourre en entier ; clouez quatre contre-ſanglots de cuir de bœuf de deux empans de long, de deux doigts de large, deux à chaque aube en arriere, pour boucler les boucles du feſſier.

La croupiere comme au précédent.

La Toile. La toile qui couvre la croupe, ſera façonnée à fleurs, & bordée par-derriere d'une liſiere ſur laquelle on fera des bâtons rompus avec de la couture de mouton blanc, une petite bouffette pendante aux deux coins ; clouer la toile le long du bas de la courbe de derriere, depuis le défaut de ſon arcade de chaque côté ; mettez une petite frange ſous les clous, & au milieu de cette toile une attache qui ira rendre à l'attache de derriere qui joint le panneau à la courbe.

Courroie de Feſſier. Afin de ſoutenir le feſſier à la hauteur convenable, on fait une fente dans chaque courroie de la croupiere, vis-à-vis l'une de l'autre, pour y paſſer une courroie d'un demi-pouce de large *i i*, dont on arrête les deux bouts au feſſier, à un empan & demi de ſes deux boucles.

Courroie de Malle. Pour porter les valiſes ou ballots, lorſqu'on charge le bât, on a quatre courroies, chacune de neuf pieds de long, larges de trois doigts ; on les nomme *Courroies de malle* ; on les garnit par un de leurs bouts d'une boucle à roulon avec ſon paſſant, & par l'autre bout on les taille un peu en pointe ; on brédit à chaque courroie à un empan & demi de ladite boucle, avec de la couture de vache, un fort crochet, avec lequel on accroche la vertevelle ; on met auſſi deux de ces courroies à chaque vertevelle ; delà elles prennent la malle d'où elles vont ſe boucler à la boucle à roulon. Si on veut placer une

Pailletes. troiſieme valiſe au milieu du bât, on ſe ſert de deux *pailletes* ; c'eſt ainſi qu'on nomme, en cette occaſion, deux courroies de cuir de bœuf, de huit pieds de long chacune, & d'un pouce & demi de large, chacune garnie d'une boucle; on en paſſe une de chaque côté des attaches du panneau qui prend la malle entre le panneau & les courbes où elle ſe boucle.

Nota. Que la bride du cheval de bât pour la guerre eſt à-peu-près la même que celle du cheval de charrette, les ſeules différences ſont qu'on y ajoute des porte-mors & un mors ſemblable à celui du cheval de ſelle, qu'on ne met que deux grandes bouffettes au fronteau, & que l'on fait à la rêne un bouton qu'on paſſe dans le crochet du bât. Bride de guerre.

CHAPITRE SEPTIEME.

Du Bât d'Ane: Remarques ſur ſon Collier.

LE Bât d'Ane eſt abſolument pareil, proportions gardées, pour le fuſt, comme pour le panneau, à celui ci-devant qui ſe nomme *Bât à boutonner.*

Il n'en eſt pas de même de ſon collier; on eſt obligé de le faire de façon qu'il s'ouvre en deux par le bas, attendu que cet animal ayant la tête groſſe proportionnellement à ſon col qui eſt court & mince, le collier, après avoir paſſé la tête, ſe trouveroit trop large, & tourneroit ſur ſon col: voici comme on évite cet inconvénient. On coupe le bas du collier par le milieu; on ferme les deux côtés coupés par une piece de même peau, & pour rapprocher & rejoindre tant le collier que les atelles, on met au collier d'un côté une boucle & de l'autre un contre-ſanglot pour le ſerrer quand il eſt en place. A l'égard des atelles, on y cloue le long du bord extérieur de chacune au-deſſous du bout du ſommier, un croiſſant qui ſuit le contour de l'atelle juſqu'au bout, où un de ces croiſſants fait charniere avec l'autre, c'eſt-à-dire, qu'il n'a qu'un charnon qui ſe place entre les deux; de l'autre une cheville de fer paſſée au travers les tient enſemble. Cette cheville a une tête dans laquelle on paſſe une petite courroie que l'on cloue à une des atelles, moyennant quoi, lorſqu'on veut mettre le collier, on déboucle le contre-ſanglot, on ôte la cheville; le collier s'ouvre; on le paſſe par-deſſus le col, & on le referme.

Nota. Qu'il ſe rencontre quelquefois des chevaux de charrette auxquels on eſt obligé, par les mêmes raiſons, de faire de ces colliers.

CHAPITRE HUITIEME.

Le Harnois du Mulet d'armée équippé en guerre.

Les mulets réussissant beaucoup mieux à porter qu'à tirer, le cheval leur est inférieur pour la premiere de ces deux fonctions, autant qu'il leur est supérieur pour la seconde.

Lorsqu'on emploie le mulet aux voitures, si c'est à la charrette, on lui met les mêmes harnois des chevaux de charrette ; si c'est au carrosse, on se sert des harnois de carrosse. Il s'en trouve aussi qu'on peut monter ; alors on leur met le harnois du cheval de selle, ou on les monte à cru : mais le théâtre de la guerre est celui où ils se distinguent le plus. Ils y sont préférés aux chevaux de somme dont ils épargnent le nombre, attendu qu'ils portent bien plus pesant, qu'ils ont la jambe plus sûre, qu'ils tiennent long-temps sur pied, & qu'ils sont d'une moindre nourriture ; aussi les y considere-t-on beaucoup plus qu'ailleurs ; & pour montrer l'estime qu'on en fait, on les équippe avec distinction ; ils y sont très-sensibles, si on en croit les Muletiers, qui prétendent les affliger quand ils ont fait quelque faute, en leur ôtant leur rang ou quelques unes de leurs parures : on va voir qu'elle est leur magnificence par le détail que l'on va faire de tout ce qui compose leur harnois & ses ornements.

Le Licol.

Le licol du mulet est composé d'un dessus de tête, d'une museliere, d'un fronteau, d'une sous-gorge appellée *Lyonnoise* ; le tout de cuir de bœuf en blanc, & de chaînes de fer.

Le dessus de tête, *Pl.* 3, *Fig.* IV, *a a a a*, qui fait le tour de la tête jusqu'au dessus de la bouche de chaque côté, aura deux doigts de large & quatre empans & demi de long ; il sera renetté à quatre raies en longueur. La museliere *b*, aura dix pouces de long & quatre doigts de large à son milieu, d'où elle ira en diminuant du haut jusqu'aux deux bouts ; elle sera renettée en quarré. Le fronteau *c*, aura un pouce de large & deux empans de long ; la lyonnoise *d d*, aura un pouce de large & six empans de long. La longue chaîne de fer *e e* doit avoir cinq mailles, & être terminée par un anneau à chaque bout. La courte chaîne *f*, n'aura que deux mailles & un anneau à chaque bout, c'est-à-dire, que toutes les deux partiront des anneaux du dessus de tête, & finiront chacune par un anneau.

Pour faire le licol, arrêtez dans les anneaux qui soutiennent les chaînes, les deux

deux bouts du dessus de tête & ceux de la muselière, en les y cousant d'abord à demi-jointure avec un fil en deux poissé; puis vous les brédirez ensuite proche l'anneau avec de la couture de mouton rouge, à trois points & un point quarré; & avec la même couture vous ferez une croix & trois points de billot, *Pl. 6*, *B*; cousez ensuite au-delà desdites enchapures deux lacets de vache *i i*, qui iront en biais du dessus de tête à la muselière; tournez vos points de couture en rond; mettez au milieu du dessus de tête un passant *h*, d'un pouce de large, cousu en fil; vous passerez dedans la lyonnoise; vous le croiserez vers la moitié de la ganache du mulet par un nœud quarré *g*, expliqué *Pl. 6*, *Fig.* 8; vous en arrêterez ensuite les bouts aux anneaux où les chaînes de fer sont arrêtées; vous ferez passer la longue chaîne dans l'anneau de la courte, & vous attacherez à l'anneau de fer du bout de cette longue chaîne une ou deux longes de cuir.

Façon du Licol.

La Bride.

La bride du mulet est composée d'un dessus de tête, d'un fronteau garni de trois plaques de cuivre, d'un fourchet, d'une sous-gorge, d'un mors de fer, d'une paire de rênes, d'un moreau avec son dessus de tête, d'un plumet, de flots & de simousses.

Pour le dessus de tête, prenez une courroie de cuir de bœuf en blanc, *Pl.* 3, *Fig.* V, de cinq empans de long, sur un pouce & demi de large; mettez une boucle à chaque bout, & par-dessous la boucle un contre-sanglot de six pouces de long, & pour l'épaisseur que ledit dessus de tête doit avoir, mettez quatre cuirs de même largeur & d'un empan & demi de long; depuis chaque boucle au bout de cette longueur, vous retrancherez un cuir, ainsi l'épaisseur ne sera plus que de trois cuirs pendant deux empans de long; appointez le tout avec des clous de quatre; puis cousez à deux rangs avec du fil en quatre brins poissés; en faisant ces coutures, vous arrêterez dans les cuirs à la distance de quatre doigts de la boucle à la main, un passant d'un pouce de large, couvert de mouton rouge; vous couvrirez du même mouton la bride depuis chaque boucle pendant deux empans. Quand la bride sera cousue, vous la battrez sur le billot, & la surtaillerez; puis vous la plierez en deux par la moitié; vous brédirez au-dessous du pli les deux côtés ensemble avec quatre points de gros fil, en tournant, ce qui se nomme *faire la tête de la bride*, & vous ne laisserez au-dessus de la brédissure que l'espace nécessaire pour passer dedans par la suite une attache; vous placerez à un empan au-dessous de ce milieu deux flots, un de chaque côté.

Dessus de Tête.

Pour faire le fronteau, *Pl.* 3, *Fig.* V, *a a*, il vaut mieux se servir d'un bout de traits de chevaux de carrosse, que de cuir neuf, qui est plus sujet à s'étendre; ces traits sont composés de trois cuirs; vous en prendrez donc un bout de deux empans de long; vous le couvrirez en entier de mouton rouge; vous

Fronteau.

le coudrez par le milieu à demi-jointure, pour prendre en même-temps le mouton de dessus & de dessous; à chaque bout dudit trait, vous coudrez un morceau de cuir de bœuf de la largeur du fronteau, & de six pouces de long; vous couvrirez ces morceaux par-dessus de mouton rouge; ils servent de chaque côté du fronteau à envelopper la têtiere de la bride: arrêtez ensuite le fronteau sur la testiere, à cinq pouces de la tête de chaque côté, avec un clou de quatre.

Les Plaques. La bride du mulet se décore de trois plaques rondes de cuivre; ces plaques sont, comme on les voit disposées, *Pl.* 5, *Fig.* III, *b b b*, à desseins repoussés au ciseau; c'est souvent les armes du maître, son chiffre ou autres desseins; chacune, *Pl.* 3, *Fig.* V, *b b*, a cinq pouces de diametre, tenant à charniere à une lame platte de même métal *e*, de deux pouces & demi de long, sur deux pouces de haut; celle du milieu *b b*, est sur le front qu'elle couvre; les deux autres lui tiennent lieu d'aboutoires, & toutes les trois lui servent d'ornement: ces plaques rondes sont chacune percées vers le bord des deux côtés des charnieres, de quatre trous deux à deux, pour passer un lacet dans chacun, comme on va voir. Pour attacher d'abord celle du milieu en sa place, clouez sa lame platte à quatre clous jaunes sur le milieu du fronteau; engagez dessous les deux branches d'un fourchet de cuir *c c*, d'un empan de long, qui se termine en une pointe par son autre bout. Ce fourchet se recouvre en entier de laine de toutes couleurs, fabriquées comme plusieurs petites bouffettes qui feroient un corps contigu; clouez ensuite de même les deux plaques de côté, les charnieres sur le morceau de cuir qui recouvre la testiere, duquel on a parlé ci-dessus; vous tresserez avec de la couture de mouton rouge douze lacets; vous en passerez quatre *d d*, deux à deux, dans les trous de chaque plaque ronde, d'où vous les irez arrêter au fronteau avec un point & demi de fil; entourez le dessus de tête, depuis la tête jusqu'au fronteau, des deux côtés, avec du galon de laine, ce qui se nomme les *Simousses*; vous clouerez le bout de ce galon de chaque côté sur le bout du fronteau, d'où pendra un flot; clouez aussi en cet endroit un morceau de cuir rouge d'un pouce de large avec trois clous jaunes, l'un au bout de la simousse, l'autre sur la testiere, le troisieme au milieu dudit morceau; vous passerez le bout pointu du fourchet ci-dessus dans la tête de la bride par deux fois, & l'arrêterez.

La Sous-gorge. La sous-gorge sera de cuir de bœuf de cinq empans de long & d'un pouce de large, renettée, percée & en pointe par un bout, ayant à son autre bout une boucle cousue avec du mouton rouge & son passant: cette sous-gorge sera arrêtée sur la tête de la bride, comme il suit; prenez un fil d'archal recuit; faites en serrant quelques tours au-bas de la tête, ce qui lui donnera l'aspect d'un gros bouton *e*, *Pl.* 3, *Fig.* 5, & de peur que le fil d'archal ne remonte, enfoncez par-dessus un clou jaune de chaque côté, sous lesquels, avant de les clouer, vous placerez un petit morceau de drap rouge: quelquefois, pour plus de magnificence, on met fur la tête par-deffus la fous-gorge un petit fourchet à quatre branches, garni de laine, d'où pendent quatre flots; vous attacherez un flot aux deux côtés du fronteau contre le dernier lacet de la plaque de côté. *Voy. Pl.* 5, *Fig.* II & III.

Le mors du mulet eft une petite tringle de fer, *Pl.* 3, *Fig.* VI, retournée en équerre par les deux bouts, finiffant en deux anneaux de fer; vous pafferez dans ces anneaux les deux contre-fanglots de la bride, pour les boucler aux boucles du bas du deffus de tête; vous brédirez aux mêmes anneaux, avec du mouton rouge, une paire de rênes de cuir de bœuf, d'un pouce de large & de toute la longueur du cuir, auxquelles vous ferez un bouton de mouton rouge à un empan du bout. Le Mors.

Le moreau, *Pl.* 5, *Fig.* II, *a*, eft une efpece de filet à mailles quarrées, travaillé en forme de panier rond, qui doit avoir feize pouces de diametre & autant de profondeur; on le fait avec de la corde de fpart, de la dimenfion d'une groffe ficelle. Le fpart eft un *gramen* ou herbe, imitant le jonc, très-commune en Efpagne; on en fait de la corde. Le moreau doit renfermer tout le bas de la tête du mulet jufqu'à la hauteur d'une mufeliere : il eft fufpendu par un deffus de tête dont on va parler: on met dedans un peu de foin pour amufer l'animal en chemin : on le maintient à la hauteur convenable par un deffus de tête qu'on lui ajoute de quatre empans & demi de long; pour cet effet, on commence par coudre au moreau à fes côtés, un peu plus en-devant qu'en arriere, avec du fil, deux boucles demi-rondes enchapées, & leur paffant; ce deffus de tête fera de cuir de bœuf & de la largeur defdites boucles, pointu par les deux bouts; vous le recouvrirez en entier d'un galon de livrée que vous coudrez d'un petit fil dans le milieu; vous le bouclerez aux fufdites boucles, & le pafferez par-deffus la bride du mulet, fans l'arrêter en aucun endroit. Pour orner le moreau, vous coudrez fur le haut du devant un morceau quarré *b*, de drap façonné, à fleurs, avec une couture à furjet, faite de mouton blanc; vous mettrez fous le point aux côtés & au bas une longueur d'une autre étoffe, garnie d'une petite frange, que vous coudrez fur la piece de drap; vous coudrez auffi le drap par-deffous la frange avec une pointe de fil en deux; vous mettrez deux flots au moreau, un de chaque côté, entre la piece de drap & l'enchapure. Le Moreau.

Le Bât du Mulet, nommé Bât d'Auvergne.

CE Bât eft compofé d'un fuft de bois, nommé la *felle*, *Pl.* 3, & d'un panneau nommé la *forme*.

La felle eft compofée de deux courbes, *Pl.* 3, *Fig.* VII, *a a*, & de deux élèves *b b*, qui tiennent la place des aubes dans les autres bâts. Les courbes auront quatre pieds de tour; elles auront cinq pouces de large depuis la pointe jufqu'à quatorze pouces au-deffus, & enfuite fix pouces de large au tournant de la courbe ; chaque courbe eſt de deux pieces entées & engravées à mi-bois l'une ſur l'autre & clouées.

Le Fuſt. Les éleves faites avec de la volige, auront deux empans de long & un pied de large. Pour préparer les éleves, c'eſt-à-dire, pour leur donner de la cambrure en-deſſous, on leur fait prendre cette forme en les préſentant au feu ; enſuite on les cloue ſous les courbes avec ſix clous de quatre pour chacune ; il faut que l'éleve aille en-haut juſqu'à l'engravure du dedans des courbes, & en-bas juſqu'à leurs pointes, où elle doit être un peu arrondie. Les courbes doivent être placées ſur les éleves à ſix pouces de diſtance l'une de l'autre : il faut avancer l'éleve par-devant aſſez pour qu'il y ait une fois autant de châſſe que par-derriere. Lorſque l'éleve n'eſt pas aſſez large, on lui en ajoute au-deſſus une petite *x*, de deux doigts de large, qui ne dépaſſera la courbe de devant que de deux pouces ; on percera la courbe de huit trous, quatre de chaque côté, ſavoir deux en-bas au-deſſus de la pente, & deux autres au-deſſus de l'éleve ; on verra leur uſage par la ſuite.

La Forme. La forme du bât *c c c c*, ſe fait avec de la groſſe toile forte & de réſiſtance. Pour la conſtruire, lorſque le fuſt de la ſelle eſt aſſemblé, pliez la toile par la moitié, & vous la couperez comme on taille le deſſus d'un panneau ordinaire, en vous réglant pour ſa longueur du devant au-derriere ſur celle des éleves, que vous paſſerez cependant de quatre doigts par-derriere, & ſeulement de deux doigts par-devant. A l'égard de ſa largeur, il faudra la faire dépaſſer auſſi de quatre doigts au-delà du bas des éleves, & qu'elle ſuive exactement le deſſous des courbes ; vous en arrondirez les pointes au prorata de celles des éleves. On appelle *la châſſe*, ce qui déborde le devant & le derriere, & la *chargeoire*, ce qui dépaſſe le bas des éleves ; ainſi, la forme aura (en termes de Bourrelier) deux doigts de châſſe par-devant, quatre doigts par-derriere, & la chargeoire aura quatre doigts de chaque côté.

Quand la forme eſt taillée comme il vient d'être dit, vous ferez quatre paillons : c'eſt de groſſes miſes de paille droite ; les deux que vous deſtinez au-devant & au-derriere ſeront d'un-pouce de diametre ; vous entourerez ceux-ci de groſſe ficelle, dont les tours ſeront à un pouce l'un de l'autre ; les deux des chargeoires n'auront qu'un demi-pouce de diametre ; vous les renfermerez toutes dans la toile, à laquelle vous les faufilerez ; ainſi la forme ſera bordée tout autour avec des paillons ; en faufilant les paillons du devant & du derriere, ajoutez ſur le haut des faces devant & derriere un morceau de toile de Mortagne neuve, de ſix pouces de large au milieu, finiſſant en pointe par les deux bouts. Ces pieces ſe nomment *les brayes de la forme d d* : celle du devant eſt de deux morceaux joints enſemble par une couture ; on les appointe ; on ficelle le bas pour leur donner de la rondeur ; on recouvre celle de devant d'un morceau de mouton rouge : la braye de derriere n'eſt que d'une piece, & n'a point de mouton rouge.

Couvrez

Couvrez enſuite la forme d'une peau entiere de mouton noir ; étendez-la bien ſur le deſſus de la forme ; que le derriere de la peau qui eſt le plus large ſoit ſur le paillon de derriere ; vous ne coudrez cette peau que ſur les paillons de devant & de derriere. Ces coutures ſe font à ſurjet, depuis le haut juſqu'au niveau des éleves, le reſtant ſur les quatre pointes à point plat. Comme on ne taille ni ne coud cette peau par les côtés, il faut faire enſorte que le bord du ventre de l'animal puiſſe ſe cacher ſous les éleves de la ſelle ; vous mettrez enſuite la forme ſous la ſelle, la faiſant toucher par-tout ſous les courbes ; percez deux trous de petite vrille *y y*, à chaque coin, aux pointes des éleves, pour y arrêter la forme à la ſelle avec un nœud, *Pl. 6, Fig.* IV, en patte d'oie, & trois à quatre trous le long de la pente *z z z*, de chaque éleve pour y arrêter la pente de la forme, en paſſant la ficelle au travers du paillon de la chargeoire.

Le tout ainſi préparé, il eſt temps de commencer le rempliſſage de la forme par l'empailler premiérement aux deux bouts avec le fer à Bâtier, donnant une belle rondeur aux faces & aux brayes ; enſuite vous remplirez le corps de la forme avec de groſſes miſes de paille droite, que vous ferez prendre dans l'empliſſage des brayes ; il ne faudra pas que la forme ſoit trop gonflée de paille, mais qu'elle ſoit empaillée bien uniment. L'empaillement achevé, il faut ſe mettre à préparer la bourre qui doit ſervir, après la paille, à rembourrer tout le bât.

On ne ſe ſert point d'autre bourre que de celle qui provient de la laine de mouton. Les Bourreliers l'appellent de la *bourre blanche* : cette bourre blanche eſt ce que les Lainiers tirent de deſſus leurs étoffes, lorſqu'ils les préparent ſur la perche avec le chardon à Bonnetier, pour la mettre au point néceſſaire : pour rembourrer le bât de mulet, il faut la battre juſqu'à ce qu'elle devienne très-diviſée, douce & légere comme de la mouſſe, d'abord avec des baguettes comme la bourre ordinaire, & enſuite avec le bat-à-bourre, *Pl.* 1, *Fig. AA* ; pour cet effet, il faut être au moins deux avec chacun un bat-à-bourre ſur le même plancher, que les cordes en ſoient bien fines, & battre chacun à ſon tour bien promptement, juſqu'à ce qu'il y en ait une braſſade, c'eſt-à-dire, une quantité ſuffiſante, ſuivant la proportion du bât que l'on veut remplir ; alors on prend une planche de la longueur du bât qu'on aura mis à portée, avec laquelle on ſerre & foule la braſſade ; enſuite ſe mettant à genoux près du devant du bât, on l'enleve toute entiere, dont on remplit tout le bât ; on la preſſe bien ſur les brayes devant & derriere pour relever leurs mottes, c'eſt-à-dire, pour renfler & arrondir les faces de la forme. Si le bât ne ſe trouve pas aſſez plein, on le recharge ſur la chargeoire, c'eſt-à-dire, qu'écartant avec le fer à Bâtier la bourre le long des chargeoires, on en enfonce de nouvelle tant qu'on en peut faire entrer, & on la foule enſuite à grands coups de genou ; car il faut que cette rembourrure en général ſoit tellement preſſée que, quoiqu'elle ne ſoit ni couſue ni couverte, elle ne puiſſe ſe déranger ; prenez enſuite du fil-agor ou ſeizenne (terme de Cordier) : c'eſt une eſpece de ficelle que vous enfilerez dans une grande aiguille à Bâtier de deux pieds de long ; percez en-dessus au défaut des paillons devant & derriere, & traversant les mottes, vous ressortirez à huit pouces ; on fait ainsi quatre points par-derriere & trois par-devant ; on serre ces points au moyen d'un petit serre-point destiné à cet usage ; on finit par bien unir les mottes, en les frappant du plat du fer à Bâtier ; puis on les plume bien uniment, ainsi que toute la rembourrure.

Il s'agit maintenant de garnir le bât de tout ce qui doit l'accompagner, tant pour le service que pour l'ornement.

L'Enrênoire.

On place & on cloue l'enrênoire *e*, composée d'un petit morceau de bois tourné, creusé d'une petite coche au milieu, dans laquelle on brédit une courroie de deux empans de long ; elle est en pointe au bout que l'on brédit, & fait la fourche par l'autre bout ; on passe cette fourche entre la forme & le dessous du milieu de la courbe de devant, pour être cloué en dedans de ladite courbe : ce petit bâton est destiné à attacher les rênes de la bride & le collier de sonaille.

Les Clefs.

Ce qu'on nomme les *clefs du bât f*, se placent une par-devant, l'autre par-derriere, & s'arrêtent en dedans des courbes ; chacune est composée d'une courroie d'un pouce de large, & de deux empans de long ; on passe un anneau de fer au travers ; puis en pliant en deux cette courroie, l'anneau se trouve au milieu, où on le brédit par un point tourné ; on passe le cuir de dehors en dedans sous le milieu de la courbe, & on le cloue en dedans comme l'enrênoire ci-dessus.

Les Gances.

Il faudra mettre quatre gances en différents endroits de la forme : ces gances se font avec de la ficelle à points coulés sur la longueur qu'on veut donner à la gance ; on en fait cinq, les croisant un peu l'un sur l'autre, & on les entoure de la même ficelle avec un point noué d'un bout à l'autre, *Pl. 6*, *Fig.* IX, *a a* ; on en fera deux longues de deux pouces, *Pl.* 3, *Fig.* VII, dont l'une *g*, sera au haut de la forme de devant, au travers de laquelle on fera passer l'enrênoire, afin de l'empêcher de se déranger ; l'autre *h*, semblable à la premiere, se mettra au-haut de la forme de derriere pour les cavalons & cordons ci-après, & deux courtes, savoir, une de chaque côté de la forme de devant sur son paillon, vis-à-vis des trous percés dans la courbe près de l'éleve, pour maintenir le poitrail & le poitraillon ci-dessous.

PLANCHE 5.

Le Poitrail, le Tablier, le Poitraillon, le Cuir de dessus.

Le poitrail, *Pl.* 5, *Fig.* II, *c*, le tablier *d*, le poitraillon & le cuir de la petite sonnaille, font l'un avec l'autre un tout ensemble, dont le tablier tient le devant : le poitrail est un cuir de six pieds à six pieds & demi de long & d'un pouce de large, faisant la fourche jusques vers les deux tiers de sa longueur par le bout hors la main & brédi par l'autre bout à une boucle demi-ronde, qui doit boucler le poitraillon. Le poitraillon est un cuir de trois empans de long & de deux doigts de large, entier jusqu'au tiers de sa longueur ; le reste est fendu en fourchet : le bout entier se boucle à la main dans la boucle demi-ronde du poitrail ci-deſſus. Le tablier eſt un morceau quarré de toile rouge, de cinq empans en tous ſens; on le garnit horiſontalement de trois ou cinq rangs de franges, leſquelles s'étagent & enjambent l'une ſur l'autre. Le cuir de la petite ſonnaille ou cuir de deſſus qui enferme le haut du tablier entre lui & le poitrail, doit avoir trois pouces de longueur de plus que la meſure du tablier.

On attache le haut du tablier le long du cuir du poitrail, commençant à ſa boucle demi-ronde; on ajoute par-deſſus le cuir de la petite ſonnaille, nommé *le cuir de deſſus*, qui ſe brédit par ſes deux bouts au cuir du poitrail, les brédiſſures paſſant aux coins du tablier. Le poitraillon s'ajoute *à la main*, en ſe bouclant à la boucle demi-ronde du poitrail; delà on paſſe ſon fourchet dans la gance de la forme; on fait enſuite entrer ſes branches dans les trous de la courbe, au-delà deſquels on les noue d'un nœud quarré, *Pl. 6*, *Fig. 8*; d'autre part, le fourchet du poitrail ſe paſſant de même dans la gance de la forme *hors la main*, on le fait pareillement entrer dans les deux trous de la courbe de ce côté, où on les arrêtera avec un nœud quarré.

La ſangle, *Pl.* 3, *Fig.* VII, *k k*, dont on ſe ſert, eſt une ſangle ordinaire de quatre pouces de large & de cinq pieds de long; on coud en fil à un de ſes bouts, un gros anneau enchapé, & à l'autre bout, qui étant la fin de la ſangle, ſe termine en une eſpece de frange faite avec les bouts des ficelles avec leſquelles elle eſt tiſſue, on prend cette frange avec un entrelacement de pluſieurs rangs de nœuds d'un petit cordeau de deux pieds de long, au bout duquel on attache un petit anneau: on arrête à la ſangle, au-deſſus de ce petit cordeau, une grande courroie de cuir de bœuf d'un pouce de large. Lorſqu'on veut ſangler l'animal, on poſe la ſangle ſur la ſelle entre les deux courbes, & pour la ſerrer ſous le ventre, on paſſe pluſieurs fois la grande courroie d'un anneau à l'autre: on finit à la main par un nœud plat, *Pl. 6*, *Fig. A*. La Sangle.

Le ſous-ventre, *Pl.* 5, *Fig.* II, *e*, eſt compoſé d'un morceau de toile de Mortagne, ordinairement de la couleur du fond de la livrée du Maître de l'équipage; ſa longueur de devant en arriere eſt d'un pied deux pouces, & ſa largeur d'un côté à l'autre ſera de deux pieds & demi. Cette toile eſt ourlée tout autour, & garnie de trois petites franges de laine de toutes couleurs, une à chaque bord, & une au milieu: on fait une petite gance aux quatre coins pour ſuſpendre ce ſous-ventre par quatre fils-agor, chacun de deux pieds de long; on les attache d'abord aux gances, puis par-devant aux cuirs de la courbe qui tiennent le poitraillon & le poitrail, & par-derriere aux polieres ci-deſſous. Le Sous-ventre.

On n'ajoute jamais de croupiere à ce harnois; mais pour en tenir lieu dans les deſcentes, on garnit la croupe d'une fauchere. La fauchere, *Pl.* 3, *Fig.* IX, *b b*, eſt une eſpece de tringle quarrée de bois, contournée comme on voit encore *Pl.* 5, *Fig.* II: elle a un bon pouce & demi d'épaiſſeur en tous ſens, tournée à ſon La Fauchere & les Polieres.

milieu en arc rentrant, & par les bouts courbée en-dedans, gagnant l'équerre : on la suspend derriere la croupe qu'elle traverse ; à environ un pied au-dessous de la queue, on la joint au bât par des courroies qu'on nomme les *Polieres*. (On tire les faucheres du Pui en Velay). On la garnit de deux rangs de clous dorés à grosse tête, qu'on appelle *clous de fauchere*, l'un sur le dessus, l'autre sur le côté en-dehors ; on perce un trou à quatre doigts de chaque bout, pour attacher la fauchere au bât : on prend deux courroies d'un pouce de large & de six pieds de long : on les fend en fourchet à un de leurs bouts ; le bout simple se passe & s'arrête dans les trous des bouts de la fauchere : on fait passer ensuite les deux branches du fourchet au travers des trous qu'on a faits ci-devant à la courbe de derriere de la selle, au-dessus des éléves, ou on les noue l'une à l'autre en-dedans d'un nœud droit, *Pl. 6, Fig. A.* C'est ces courroies qu'on nomme, comme on vient de le dire, les *Polieres*, *c c*, *Pl. 3*, *Fig.* IX.

Jusqu'à présent, en parlant des pieces nécessaires au harnois du mulet, on a expliqué en même-temps ce qui s'y ajoute pour les décorer ; maintenant on va détailler toutes celles qui ne sont que de pur ornement : on commence par l'embellissement de l'avant-main de l'animal.

Le Galon.

Pour parer la face du devant de la forme, on attache une petite bouffette, *Pl.* 3, *Fig.* 8, *a*, au milieu du bas de sa braye, & on coud du galon de laine de deux doigts de large en compartiments *b b b*, sur toute cette braye : ce galon est ordinairement celui de la livrée du Maître de l'équipage.

La petite Sonnaille.

Tous les mulets d'un équipage ont la petite sonnaille, *Pl.* 5, *Fig.* II, *f*, c'est-à-dire, onze ou treize petites sonnettes faites exprès pour cet usage : elles sont applaties en ovale, & d'un pouce de haut. Au lieu de sonnettes, on met également des grelots ; on attache l'une ou l'autre de ces sonnailles le long du cuir de dessus le tablier dont on a parlé ci-devant ; on les y espace à égale distance : on les attache avec du fil de fer, & dans chaque intervalle on fait un nœud avec de la couture de mouton rouge.

Le Collier de Sonnaille.

Tous les mulets ont aussi un collier tel qu'on va le décrire ; mais de le garnir avec des sonnettes du double plus grandes que celles qu'on vient d'expliquer, est une espece de distinction qui ne s'accorde qu'aux favoris, & qui sûrement flatte plus le Muletier que les animaux qu'il conduit, à cause du choix qu'il fait de ceux qu'il aime le mieux, imaginant qu'ils y sont sensibles. Le collier *g*, est fait d'une courroie de bœuf de six empans & demi de long, & de deux doigts de large : on met à un bout une boucle cousue avec de la couture de mouton rouge & un passant.

L'autre bout est percé pour se boucler à la susdite boucle ; on garnit cette courroie avec de la peau de bléreau en poil, qui ait un empan de large, & toute la longueur de la courroie ; sur ce bléreau on attache au moins onze grosses sonnettes ovales, de deux pouces & demi de long, & de deux pouces de diametre, espacées de quatre en quatre pouces par des bouts de fil-d'archal,

auxquels

auxquels on fait traverser le bléreau & la courroie, & passer dans un bouton de cuir, où on les rive ordinairement: la sonnette du milieu a quatre pouces de haut & trois pouces de diametre. Ce collier ainsi garni se nomme le *Collier de sonnaille.* Pour arrêter ce collier sur le col du mulet qu'il doit entourer, on a une courroie de deux empans de long, fendue en fourchet dans la longueur d'un empan; on fend vers le haut du collier les deux côtés vis-à-vis l'un de l'autre, à un empan du bout percé. Ces deux fentes servent à passer les deux branches du fourchet dont on vient de parler, que l'on noue ensuite l'un à l'autre avec le nœud quarré, *Pl. 6*, *Fig.* VIII; l'autre bout de ce fourchet se fend en boutonniere de quatre doigts de long, pour faire entrer dedans l'enrênoire qui, par ce moyen, attache le collier au bât.

La grosse Sonnaille.

La grosse sonnaille est un gros cléran, *Pl. 5*, *Fig.* III, *a*, ou cloche mince de fonte, égale en largeur du haut en-bas, formant un ovale applati de dix pouces de long, son ouverture est de six pouces en long, & de quatre pouces en large; son battant est un os rond & creux de huit pouces de long, dans lequel passe une courroie prise à un crochet, qui est au fond, laquelle, après avoir traversé l'os, doit être terminée par une bouffette pendante; on l'attache au milieu du collier, d'où elle pend sur le tablier, rendant un son obscur, quand le mulet est en marche.

Le gros Grelot.

Le gros grelot est de fonte, de forme sphérique, de trois à quatre pouces de diametre, fendu en-dessous, attaché comme le précédent au milieu du collier: toutes ces sonneries se font au Puy en Vélay.

Le collier de sonnaille est toujours pour le premier mulet.

La grosse sonnaille ou clape, pour le second.

Le gros grelot, pour le troisieme.

Cet ordre se répete de trois en trois mulets.

Tous les mulets d'un équipage portent la petite sonnaille ci-devant attachée au poitrail, sans en excepter les trois dont on vient de parler.

Les deux Plumets.

Les deux plumets dont on décore les mulets, pour paroître sur la scene, au théâtre de la guerre, se placent l'un à leur tête, *Pl. 5*, *Fig.* II, *a*, l'autre sur la forme au-dessus du garrot *b*; tous les deux sont composés d'un bâton rond, fourni par le Brossier, de trois pieds de long & d'environ un pouce de diametre; les plumes ne commencent qu'à un pied d'un bout: le reste, jusqu'à l'autre bout, est garni de plusieurs rangs de plumes, étagés en rond & en élargissant du bas en-haut; ces plumes sont de queue de coq. Au plumet de tête, les plumes doivent être plus courtes qu'à celui de bât. Pour les soutenir, on cloue à tous les deux sur le bâton, au défaut des plumes, une courroie de deux empans de long: tous les deux se placent à la main. Le bâton de celui de tête passe dans la sous-gorge, de là sous la têtiere de la bride; le bout va enfin s'arrêter dans le passant au-dessus de la boucle du montant de la bride (ci-devant dans la description de la bride), & le bout de sa courroie s'arrête à la boucle du moreau. Pour mettre le plumet du bât, on fend le haut de la forme à la main à quatre doigts de l'enrênoire ; on y enfonce environ à moitié le bâton du plumet ; on fend du bout de sa courroie trois pouces de long, pour la passer dans l'enrênoire.

Nota. Que dans un équipage de mulets un peu nombreux, les plumets du premier de tous sont en plumes blanches.

La croupe du mulet a sa décoration particuliere ; on va la commencer par le couvre-chef.

Le Couvre-chef.

Le couvre-chef, *Pl.* 3, *Fig.* IX, *a a*, est un morceau de galon de laine ordinairement de la livrée du Maître de l'équipage, de trois pouces de large, garni d'une petite frange de laine de couleurs par chaque côté, & de cinq pieds & demi de long, sous lequel on attache en différents endroits un cuir de bœuf de deux doigts de large ; le tout doit passer par-dessus la croupe, & être cloué aux deux bouts de la fauchere de trois clous de broquette, sous lesquels on met de petits morceaux de mouton rouge ; on attache le cuir au galon, directement au milieu, avec un point de couture de mouton rouge, qu'on noue d'un nœud droit. Des deux côtés de ce nœud droit, on fait une fente au cuir, chacune de quatre doigts de long ; & à côté de ces fentes, on fait un point de mouton rouge qui servira à arrêter le cordon avec le nœud droit, & à quatre doigts des deux bouts deux autres, pour arrêter le cavalon.

Le Cordon.

Le cordon *d d d*, est fourni par le franger : il est de laine de couleurs qui se rapportent à celles du couvre-chef; il est rond & de trois quarts de pouce de diametre ; il doit avoir dix pieds de long. On le plie en deux par la moitié qu'on arrête & noue à la quatrieme gance *e* dont il a été parlé dans la construction du bât, laquelle a été attachée au milieu du haut de la forme de derriere, entre son paillon & la courbe; de là, on en fait passer chaque branche dans les fentes en long ci-dessus, faites à côté du nœud droit du milieu du couvre-chef, où elles s'arrêtent avec un nœud droit ; on les fait ensuite remonter en les croisant au-dessous du couvre-chef, aux côtés de la forme sur le paillon, à un empan du milieu de chaque côté, où on les arrête avec un point de ficelle.

Le Cavalon.

Le cavalon *e e e*, est un galon de laine pareil en tout au couvre-chef, excepté que la petite frange ne doit commencer qu'à un pied de son milieu de part & d'autre ; il aura cinq pieds & demi de long ; on le plie par la moitié, on l'attache à la gance susdite par-dessus le cordon ; puis on en passe les deux côtés dans les fentes des bouts du cuir du couvre-chef, où on les arrête avec un nœud droit : ils doivent ensuite dépasser de quatre doigts au-delà du couvre-chef.

On terminera tout cet ornement par huit flots, deux au bout du couvre-chef, deux petits flots aux retours des deux branches du cordon, deux grands flots au bout de leurs retours, sur le paillon de la forme de derriere, & enfin deux aux deux bouts du cavalon.

Les cordes à charger terminent tout l'attirail du mulet : elles consistent en deux chargeoires, une corde à biller & une corde de chargeoire. Les chargeoires sont deux cordes, chacune de deux pieds de long, qu'on passe de la courbe de derriere à celle de devant, dans les trous précédemment faits à ces deux courbes, & dont on arrête ensuite chaque bout par un nœud ordinaire, à la main & hors la main. Les Cordes à charger. Les Chargeoires.

La corde à biller aura sept brasses & demie de long ; on la passe d'abord sous la chargeoire hors la main, de là dans la clef de derriere, dans la chargeoire à la main, dans la clef de devant ; puis on la ramene sous la chargeoire à la main, de sorte qu'elle fait tout le tour du bât. La Corde à biller.

La corde de chargeoire aura de même sept brasses & demie de long ; on fait vers le milieu de celle-ci deux gances à deux pieds de distance l'une de l'autre ; ces gances se font de la même corde pour en former un anneau à la distance susdite. La Corde de chargeoire.

Dans le temps qu'on éleve les malles pour charger, on pose ces deux gances en tendant leurs intervalles en travers vers le haut des deux courbes à la main ; on jette les deux bouts de la corde par-dessus la malle à la main ; on la passe par-dessous la malle hors la main, par-dessus celle-ci, par-dessous à la main ; amener aux gances & nouer : voilà les malles ou ballots liées ensemble. Il s'agit maintenant de les attacher ferme au bât ; pour cet effet, on rejette les deux bouts à la main de la corde à biller, précédemment restés sous la chargeoire par-dessus ; on tord le tout ensemble avec la bille ; on en fait autant hors la main. Les billes ou garrots sont des bâtons qui doivent avoir trois pieds de long, & être un peu cambrés ; on leur fait un trou à quatre doigts d'un de leurs bouts, dans lequel on fait passer une grosse ficelle, qu'on attache à la chargeoire pour les retenir.

Comme la bourre blanche remplit tout le dedans du bât à l'uni du bas des éleves, & qu'elle est extrêmement foulée, il ne peut y avoir que la charge, qui, par sa pesanteur, puisse la creuser & lui faire prendre la forme du dos du mulet. Pour y parvenir, on lui met son bât, & on le charge de plusieurs sacs remplis de cailloux jusqu'au poids de 300 livres ou environ, & on le promene ainsi à différentes fois, jusqu'à ce que la place du dos soit suffisamment creusée.

La grande couverture se met par-dessus la charge ; elle aura six pieds en quarré ; on la fait de drap, ordinairement de la couleur du fond de la livrée ; on la borde & on la brode plus ou moins magnifiquement : elle s'arrête au poitrail & à la fauchere par quatre bouts de ficelle qui prennent aux coins de la couverture. *V. la Pl. 9, Fig. B*, où est un rang de mulets avec leurs couvertures. La grande Couverture.

Barde.

Pour la Flandriere, *voyez* l'Art du Coffretier.

CETTE Barde eſt une eſpece de panneau qui ſe met à la guerre ſur le dos d'un mulet, & qui lui ſert de bât pour porter uniquement un très-grand coffre conſtruit par le Coffretier : ce coffre ſe nomme *Flandriere.* On dit qu'il a été imaginé en Allemagne ; on s'en eſt beaucoup ſervi dans les guerres de Flandre : il ſert à porter toutes les proviſions de bouche, le vin, la viande, la vaiſſelle, le linge de table, & ſert encore de table à manger pour plus de douze perſonnes : voici la deſcription de la barde qui eſt du diſtrict du Bourrelier.

Prenez une forte toile neuve ; donnez-lui ſept pieds de long en quarré ; pliez-la par la moitié, ce qui ne fera plus que trois pieds & demi de large, ſur ſept pieds ; couſez enſemble les deux bouts doublés ou pentes de la toile ; laiſſez ouvert le troiſieme côté qui fera le derriere ; on le coudra par la ſuite ; retournez la toile, afin que les coutures ſe trouvent en dedans. Dans cet état, pliez encore par la moitié du ſens de ſa largeur ; vous ſuivrez ce ſecond pli par une couture ſimple qui traverſera les deux doubles de la toile, obſervant de faire vers le bout de cette couture une petite chambrure ou garrot d'un doigt de large de chaque côté ; faites enſuite un pli du même ſens de cette couture au milieu de chaque moitié qu'elle partage, & ſuivez ces deux plis par deux coutures pareilles : ces trois coutures partageront la barde en quatre canons, qui peuvent avoir chacun vingt pouces de large ; rempliſſez-les de bourre blanche, puis forcez de paille par-deſſus la bourre, pour que les canons ſoient bien fermes, & rembourrez bien uniment ; vous fermerez enſuite le derriere par une couture à ſurjet.

Formez enſuite ſur la barde deux paillons en travers, l'un devant, l'autre derriere. Pour faire ces paillons, on coud à quatre doigts du devant & du derriere une longueur de toile, de huit pouces de large, les deux côtés de la longueur à trois pouces l'un de l'autre ; ils ne doivent deſcendre qu'à quatre pouces de la pente ou extrêmité de chaque côté de la barde. Quand les deux bords de la toile ſont couſus, on remplit le milieu de paille bien ferme, ce qui éleve ces paillons de quatre pouces ; on en ferme les bouts avec de la ficelle.

Prenez enſuite une peau de vache noire à grain, entiere ; mouillez-la, & l'étendez ſur la barde. Quand elle eſt bien étendue, coupez tout autour proche des bords ; puis vous la coudrez ſur la barde avec fil ciré, obſervant qu'elle ne faſſe point de plis, & qu'elle porte bien au pied des paillons qu'elle doit envelopper, & au travers deſquels vous paſſerez enſuite deux rangs de boutons de laine de toutes couleurs, l'un au-deſſous de l'autre, le premier au bas des paillons, l'autre au-deſſous avec de la ficelle, pour les rendre encore plus fermes.

Paſſez

Passez & brédissez une enrênoire de bois, au milieu d'une courroie de deux pieds de long en pointe par les deux bouts, pour les passer au-dessus du garrot au travers du paillon; après quoi vous les nouerez du nœud quarré: on passe la bride du mulet dans cette enrênoire.

Faites au paillon de derriere une gance de ficelle.

Mettez quatre anneaux de fer, deux aux coins des paillons de devant, & deux à ceux de derriere; vous arrêterez chacun avec une courroie d'un pied & demi de long, que vous passerez au travers du paillon; vous brédirez à chacun des anneaux du devant une grande courroie de cuir de Hongrie, de deux pouces de large, & à ceux de derriere une boucle enchapée pour boucler les courroies de devant, afin qu'elles embrassent les bouts de la flandriere, pour la maintenir en place, quand son arcade est enchâssée entre les deux paillons.

On fait tenir à cette barde toute la garniture du mulet, comme à un bât; le tablier s'arrête au travers du paillon de devant, hors la main, avec le nœud quarré, le poitraillon de même de l'autre côté; par-derriere, on passe le cordon & le cavalon dans la gance dont on vient de parler: ils doivent être un peu plus courts qu'au bât. Les polieres de la fauchere passeront dans les anneaux du paillon de derriere: on met la sangle & le sous-ventre comme à un bât: on galonne le paillon de devant de la livrée du Maître de l'équipage.

CHAPITRE NEUVIEME.

La Bâtine ou Torche.

CETTE piece est la plus simple du métier; ce n'est, pour ainsi dire, qu'une longue coussinure de toile empaillée, pliée ensuite en deux parties égales, accolées & retenues au moyen de quelques cuirs traversants, cousus de distance en distance, terminée par une croupiere & arrêtée sur le dos de l'animal, soit âne ou cheval, avec une sangle; elle sert à porter des sacs ou à monter le Paysan.

Pour un cheval ordinaire, prenez trois quarts un seize, *Pl. 6*, *A 2*, dans la longueur d'une toile écrue de trois quarts de large, forte & de résistance; étendez-la sur une table, pliez-la de carne en coin *B*, comme on a coutume de plier un mouchoir de col; par cette façon, l'excédent qui est ici un seize, n'entre point dans le quarré, dont le pli *C C*, fait la diagonale; vous couperez d'un bout à l'autre le long du pli, ce qui séparera la toile en deux triangles échancrés quarrément par un de leurs angles, à cause du seizieme de surplus; joignez exactement & cousez ensemble le côté de chaque triangle, opposé auxdits seiziemes, & vous aurez un grand triangle *D 3*, équarri par

PLANCHE 6. La Toile.

les deux extrêmités de sa base ; échancrez de quatre doigts le sommet de chaque petit triangle réunis *E E* ; rapprochez les échancrures que vous continuerez à coudre jusqu'au bout. Ces échancrures, quand la bâtine sera achevée, formeront une élévation au-dessus du garrot de l'animal, afin qu'elle n'y porte pas.

Votre toile ainsi disposée, étendez-la à terre de toute sa longueur la couture en-dedans; commencez à l'empailler par le milieu, y mettant de la paille droite en liaison à tête-bêche par le gros bout, de maniere que le tout soit bien égal d'épaisseur, & bien uni, pour qu'il ne s'y forme point de grosseurs (que les Bourreliers appellent des *nœuds*) , qui puissent blesser l'animal; enfermez cette paille, quand il y en aura assez, en joignant par un point le sommet du grand triangle à sa base *F*, exactement dans le milieu ; appointez de même de distance en distance les côtés jusqu'aux bouts bien exactement, mettant toujours de la paille à mesure ; vous fermerez ensuite le tout par une couture à surjet, les points près-à-près avec un fil en deux ciré: faites ensorte que la tête qui est le devant de la bâtine, soit bien relevée; c'est cette couture qui est apparente le long des côtés: la torche en cet état, pliez-la exactement par la moitié *G* 4 *G*, en approchant les côtés l'un de l'autre, observant que les deux bouts *H*, soient bien égaux, afin que l'échancrure du garrot se rencontre juste au-bas du milieu de la tête, dont, pour l'affermir, vous serrerez les deux côtés avec une petite aiguille à réguiller & du petit fil en deux, comme on ferme à-peu-près la tête d'un collier de charrette.

Vous couperez ensuite en arrondissant un morceau de basane *I*, que vous échancrerez par le milieu pour répondre à l'échancrure du bas de la torche ; vous le coudrez sur sa face du devant avec un petit fil; vous mettrez sous cette couture en guise d'agrément de la couture de mouton rouge ; vous ferez deux morceaux ronds de pareille basanne, dont vous fermerez les deux bouts de la torche; ensuite pour joindre solidement & faire tenir ensemble les deux côtés, vous ferez trois traverses de cuir *L*, *L*, *L*, chacune de quatre doigts de large & d'un empan & demi de long, que vous coudrez en travers d'un côté à l'autre. Pour les joindre ensemble, vous mettrez la premiere à un empan de la tête ; à celle-ci, en cas que la bâtine serve à monter dessus, vous ajouterez à chaque bout un anneau enchapé pour y passer des courroies d'étriers; vous garnirez sous chaque anneau d'un petit morceau de cuir pour l'empêcher, ainsi que les porte-étriers, d'endommager la toile; la seconde sera cousue entre la premiere & la troisieme, qui se posera à un empan des bouts ; il faudra que cette derniere traverse ait deux fentes en long qui doivent se trouver sur les deux jambages de la torche, pour y passer une gance de cuir de trois pouces de long. On coud toujours cette derniere traverse bien ferme & serré avec un petit fil en deux ciré, & sous le point une couture de mouton rouge : cousez les gances bien solidement aux bâtines sur lesquelles on monte.

Les Traverses.

On attache ordinairement ſur le haut de la tête une petite poignée *M*, faite avec de la couture de vache tortillée comme la croiſée d'un collier; on la recouvre quelquefois de drap. La Poignée.

Vous terminerez toute la garniture de la torche par une croupiere & une ſangle: faites une croupiere de deux empans & demi à deux branches avec ſon culeron à l'ordinaire, garni de deux petites bouffettes; vous l'arrêterez dans les gances par un nœud coulant. La ſangle ſera de tiſſu de quatre doigts de large, garnie par un bout d'une boucle à roulon enchapée, & une courroie à l'autre bout; on paſſe cette ſangle par-deſſus la bâtine, & on la ſerre ſous le ventre. Croupiere & Sangle.

CHAPITRE DIXIEME.

Différents Colliers pour les chevaux de Chaiſe.

Il ſe rencontre des chevaux de brancard qui ont la peau ſi fine ou ſi facile à s'écorcher avec le poitrail de leurs harnois, dont le cuir à plat eſt toujours plus dur qu'une peau rembourrée, qu'ils en deviennent hors d'état de ſervir; pour éviter cet inconvénient, il faut ſe déterminer à préférer au poitrail, & même au faux-poitrail, un collier léger & dégagé. Il s'en fait de pluſieurs ſortes, dont l'un ſe nomme *Collier à la Flamande*, l'autre *Collier à tringle* ou *à l'Angloiſe.*

Pour faire le collier *à la Flamande*, on a des ateles étroites & ſans pattes, c'eſt-à-dire, toutes droites & égales au haut, peintes en noir & vernies; on fera avec de la peau de veau ou de mouton noirs, un petit collier bien dégagé & à la maniere ordinaire; mais il ſera entiérement rembourré de crin; il s'ouvrira en-bas comme le collier d'âne ci-devant, par des croiſſants à charniere; & pour le rendre plus agréable à la vue, on garnira chaque atele de deux rangs de clous dorés, un le long du bord extérieur du haut en-bas, l'autre de même au bord intérieur; on joindra le collier aux ateles avec des boutons plats; c'eſt-à-dire, qu'après avoir paſſé le cuir noir du bouton au travers de la verge, au lieu de le repaſſer par-deſſus, on fera couler le cuir le long de la verge en-dedans; & la traverſant une ſeconde fois de dedans en-dehors, on le fera ſortir ſur l'atele pour un ſecond bouton, &c. Tous ces boutons ſeront couverts de clous dorés. Collier à la Flamande.

Pour ſatisfaire ceux qui ne ſauroient s'accoutumer à voir un cheval fin & léger portant un collier à ateles de bois, à l'imitation de celui d'un cheval de charrette, on a emprunté des Anglois, plus ſuſceptibles que nous d'une pareille dégradation, la maniere dont ils font, dans ce cas, un collier ſans ateles de bois, se servant à leur place de tringles plates de fer, d'un pouce & demi de large ; ces tringles sont bien moins apparentes que les ateles, & soutiennent également le collier. On en va faire la description.

Collier à Tringles.

Le collier *à tringles* ou *à l'Angloise* s'ouvre par en-haut, ou par en-bas si on veut : il sert au même usage du précédent ; ses ateles sont des tringles de fer tournées, comme on voit *Pl. 6*, *Fig.* X, *b b*, terminées par un anneau quarré à chaque bout. On pose chaque tringle sur un morceau de vache noir *a* ; on laisse dépasser en-haut le cuir de deux pouces, & on commence à couper par quatre pouces de large, tant en-dehors qu'en dedans, sans compter la largeur de la tringle, dont on suivra le contour en-dedans, toujours à la même distance ; mais en-dehors on s'en éloignera en douceur & insensiblement jusqu'à un empan de l'anneau de côté *c* ; puis on se rapprochera de même jusqu'au bout, où il n'y aura plus que deux pouces de distance : il faudra que le cuir au bout de cette tringle, la dépasse d'un pouce. Sur cette piece ainsi taillée, coupez-en une pareille en basane noire, qui la déborde un peu ; puis pour cacher la tringle, coupez, en la suivant d'un bout à l'autre, un morceau de vache noir ; entourez-en le dessus de la tringle, & cousez-le à la grande piece de pareille peau que vous avez taillée la premiere, à laquelle vous coudrez ensuite la basane noire : vous embourrerez entre ces deux dernieres avec du crin.

On joint le collier en-bas par une coupliere passée dans les deux anneaux du bas de la tringle : on passe les traits du cheval dans les deux anneaux de côté, & on attache les deux d'en-haut avec une courroie à boucle, que l'on cache ensuite au moyen d'un morceau de cuir taillé en ovale, de six pouces de long, aux deux bouts duquel se cousent deux petites courroies qui se bouclent à deux petites boucles attachées de part & d'autre au-haut du collier.

SECONDE

SECONDE SECTION.

DU BOURRELIER-CARROSSIER.

CETTE branche de la Communauté des Bourreliers s'adonne uniquement à la conſtruction du harnois des chevaux de Carroſſe, Berlines, Chaiſes & autres voitures de tranſport pour les hommes ; à monter ces voitures ſur leur train, & à ajouter à tous ces ouvrages les ornements qui les accompagnent : leur travail eſt moins varié, moins rude & plus délicat que celui des précédents.

Leurs outils ſont expliqués dans le Chapitre premier, ainſi que les matériaux dont ils ſe ſervent : on les retrouvera ici, à meſure qu'on avancera dans le détail de leur travail.

CHAPITRE ONZIEME.

Des Fils, de leurs préparations & des Coutures.

LE Bourrelier commence, pour quelque choſe que ce ſoit, par couper ſon cuir & diſpoſer ſes pieces en longueur & en largeur ; pour cet effet, après l'avoir étendu ſur l'écoffret, qui eſt une table ſuffiſante, il en examine le fort & le foible, afin de les faire ſervir dans ſon ouvrage, de maniere que le fort ſoit employé à la conſtruction des pieces qui fatiguent le plus, & le foible à celles qui n'ont beſoin que d'une médiocre réſiſtance. On ne ſauroit donner de regle juſte pour cette coupe, ſinon qu'il faut tirer de ſon cuir le meilleur parti qu'il eſt poſſible, afin que tout en puiſſe ſervir, ſoit à une choſe, ſoit à l'autre, ſuivant l'épaiſſeur & la force qui convient aux ouvrages qu'on doit exécuter. Il eſt conſtant que le dos de l'animal eſt toujours le plus fort, quoique le côté du ventre ſoit quelquefois plus épais ; du reſte, c'eſt une expérience.

Sur la coupe du cuir.

Ces Bourreliers ne font preſque que d'une ſorte de couture, qu'ils nomment *couture piquée*, laquelle eſt à-peu-près la même que celle que le Cordonnier nomme *couture lacée* ; la ſeule différence eſt qu'il ne fait aucun enlacement, ni nœud : c'eſt auſſi la même que le Bourrelier-Bâtier appelle *couture à joindre*, à l'exception que celui-là ne ſe ſert que d'aiguilles, au lieu que celui-ci n'emploie que la ſoie de ſanglier, à l'inſtar des Cordonniers, obſervant l'un

Coutures piquées.

comme l'autre, en croiſant leurs aiguilles ou leurs ſoies dans les trous de l'alêne, de paſſer la droite la premiere, & la gauche en deçà.

Soie de Sanglier.

Pour lier les ſoies à l'aiguillée effilochez-en un bout, c'eſt-à-dire, arrachez des brins du bout de l'aiguillée, afin de l'amincir en pointe allongée, que vous retordrez enſuite ſur la cuiſſe; prenez une ſoie de ſanglier, ſéparez-la en deux par ſon bout mince, un peu au-delà de la moitié de ſa longueur; puis avançant la pointe de votre aiguillée entre les deux ſéparations, & même un peu au-delà de l'endroit où elles ceſſent, tordez le tout enſemble, mais chaque brin l'un après l'autre, afin d'en laiſſer un des deux ſans le joindre par le bout à un travers de doigt près; prenez enſuite une alêne, percez au travers de l'aiguillée au-deſſous, & tout auprès du bout de la ſoie reſté en l'air; retirez l'alêne, & prenant l'extrêmité de la ſoie non diviſée qui eſt le gros bout, vous l'abaiſſerez pour l'amener au trou de l'alêne; vous le ferez paſſer au travers, & le lierez en-haut juſqu'à ce que vous l'ayez ramené tout droit, comme il étoit auparavant. On peut recommencer pour plus de ſolidité cette derniere opération une ſeconde fois, en faiſant un trou d'alêne au-deſſous du premier; mettez de même une pareille ſoie à l'autre bout de l'aiguillée, & alors elle ſera garnie de deux ſoies, une à chaque bout.

Les coutures piquées noires, blanches & brédiſſures s'exécutent par ceux-ci de la même maniere que celles de leurs confreres les Bâtiers: *voyez* au Chapitre ſecond les titres *Couture à joindre*, *à demi-jonction* & *Brédiſſure*. Seulement aux coutures blanches qui, outre l'utilité, ſervent ſouvent de décoration, les points ſe font très-courts & près-à-près, de façon qu'ils paroiſſent contigus, n'étant qu'à un quart de ligne l'un de l'autre.

Comme les coutures ſont ordinairement d'une grande étendue, on prépare de gros pelotons de fil blanc ou brun, de dix à douze aunes, juſqu'à dix ou douze brins; il s'agit de retordre enſemble tous ces brins à la groſſeur d'une ficelle plus ou moins forte. Quand l'Ouvrier les a raſſemblés en peloton ſur ſa main, il les paſſe en double dans un crochet ſellé dans la muraille; puis s'éloignant juſqu'à ce qu'il ſoit arrivé aux deux bouts, il les tend l'un & l'autre; il en tourne un trois tours autour du pouce gauche, met le bras par-deſſus au-delà du coude, comme s'il vouloit s'y appuyer, porte l'autre bout ſur le bas de la cuiſſe vers le genou, où appuyant le plat de la main ſur le fil, il le tord en la pouſſant en avant, & continuant cette manœuvre ſans quitter ſa place, le fil va ſe tordant juſqu'au crochet. Quand il le juge ſuffiſamment cordé, il en fait autant à l'autre double; puis il revient en devidant les deux fils ſur ſa main, & les cirant ou avec de la poix pour les coutures noires, ou avec de la cire pour les blanches, (on va expliquer ces coutures) & les liſſe, ſi le fil eſt brun & poiſſé, avec un morceau de cuir; & s'il eſt blanc, avec un linge; enfin il les pelotonne, & les met à part pour s'en ſervir.

Tordre le Fil.

Coutures noires.

Les coutures noires, appellées ainſi, quoiqu'elles ne ſoient que brunes, se font avec le fil gros poissé avec de la poix noire & du suif fondu mêlés ensemble, ou bien, pour que l'ouvrage en soit plus agréable à la vue, avec de la poix grise: voici comme elle est composée: sur une livre de poix de Bourgogne, demi-livre de poix-résine, & un quarteron de suif ou graisse, moins quand il fait chaud. La premiere recette est la meilleure pour la solidité de l'ouvrage: le suif n'est ajouté que pour rendre la poix plus coulante; c'est pourquoi on doit en mettre moins en été qu'en hiver; les coutures noires, n'ayant aucun agrément, s'emploient pour la solidité dans la jonction des cuirs.

Coutures blanches.

Les coutures blanches sont, pour ainsi dire, les coutures d'ornement; elles se font uniquement avec le fil de Cologne blanc, quoique, suivant l'idée, on pourroit en employer de toutes autres couleurs; mais cela arrive rarement: elles expriment les desseins & contours tracés sur les pieces; alors les points piqués doivent être si proches l'un de l'autre, qu'ils donnent l'apparence d'un trait contigu & relevé: ces desseins plus ou moins recherchés rendent les harnois agréables à la vue en leur ôtant l'uniformité.

Il se trouve des cas où les Bourreliers se servent avec l'aiguille & le fil du simple surjet ou autre couture commune.

Brédissure.

La brédissure est une espece de couture commune aux deux Bourreliers; elle leur est également nécessaire, principalement pour enfermer les boucles & anneaux aux bouts des courroies: *voyez* au Bourrelier-Bâtier précédent comment elle se fait.

CHAPITRE DOUZIEME.

Des divers Atelages.

Des voitures à quatre roues.

A Toute voiture à quatre roues ayant un timon, les chevaux sont toujours atelés deux à deux à côté l'un de l'autre; il est nécessaire que les harnois des chevaux attachés immédiatement au timon, ayent quelques pieces de plus que ceux de devant: on nomme ceux-ci *timoniers*, *chevaux de timon*, *chevaux de derriere*; les deux qui les précedent s'appellent les *quatriemes*, quand ils terminent l'attelage; quand ceux-ci sont conduits par un Postillon, leurs traits se communiquent avec ceux des chevaux de timon; mais s'ils n'ont point de Postillon, on les atele à une volée qui tient au bout du timon, ainsi ils sont *chevaux de volée*; mais ce nom ne leur est principalement donné que lorsqu'on atele à six ou huit chevaux; alors le Postillon est absolument nécessaire. L'atelage est donc composé des chevaux de timon, des chevaux de volée, des *sixiemes* & des *huitiemes*: ces quatre derniers n'ont point d'autre nom, ſi ce n'eſt que ceux qui terminent l'atelage, s'appellent *chevaux de devant* ou *du Poſtillon.*

Une autre eſpece d'atelage n'eſt que de trois chevaux, deux au timon, le troiſieme atelé à un palonnier placé au bout du timon: c'eſt ce qu'on nomme *une arbalête.*

Il y a des voitures légeres à quatre roues, tirées par un ſeul cheval renfermé dans une eſpece de fourche, qui tient à l'avant-train, appellée *une limoniere*: cet équipage ſe nomme *une demi-fortune.*

Depuis quelque temps, en mettant un avant-train à limoniere attaché à une Chaiſe de poſte, on en fait une voiture à quatre roues; alors on atele dans la limoniere le cheval de brancard, celui du Poſtillon à ſa gauche attaché à un palonnier, comme à l'ordinaire, & quelquefois un troiſieme cheval à un autre palonnier à droite.

Si, au lieu de limoniere, l'avant-train a un timon & un ſiege du Cocher, on ſe ſert de la Chaiſe comme d'un Carroſſe.

Les harnois des chevaux qui tirent les voitures à deux roues, ſont différents, en quelques circonſtances, de ceux à quatre roues; ces voitures ſont les Chaiſes de poſte; & depuis quelque temps les Cabriolets, les Chaiſes, s'atelent à deux chevaux, quelquefois à trois d'un même rang; on en met un entre les brancards de la Chaiſe; celui-ci ſe nomme *le cheval de brancard.* On atele l'autre à un palonnier hors des brancards à gauche; c'eſt celui que le Poſtillon monte; il ſe nomme *le bricolier*, *le cheval du Poſtillon*, *le cheval de côté*; le troiſieme, lorſqu'on en met un, s'atele à droite, comme le cheval du Poſtillon à gauche.

Le Cabriolet n'a qu'un cheval dans les brancards, que le propriétaire a coutume de mener lui-même de dedans la voiture.

CHAPITRE

CHAPITRE TREIZIEME.

Les Ouvrages du Bourrelier-Carroſſier.

COMME les pieces de harnois qui conviennent à tous chevaux de Carroſſe, doivent marcher ici les premieres, c'eſt par elles qu'il convient de commencer; elles ſe réduiſent au licol & à la bride: mais les harnois qui ſe poſent ſur leurs corps, dont la deſtination eſt de les attacher aux différentes voitures, peuvent ſe diviſer en harnois des voitures à quatre roues, & harnois pour les voitures à deux roues; ainſi, après avoir expliqué le licol & la bride, on commencera les harnois de Carroſſe par celui des chevaux de timon, comme étant le plus compoſé, & enſuite on ira à tous les autres.

Explication de quelques Termes.

AVANT d'entrer en matiere, il eſt bon de donner l'explication de quelques Termes qu'on trouvera répandus dans le diſcours, ſavoir, *la bordure*, *le faux-bord*, *le blanchet*, *la couſſinure*.

La bordure eſt un morceau de cuir de veau ou de vache, qu'on taille aſſez large pour paſſer ſous la piece de harnois, & ſe redoubler en-deſſus le long de chaque côté d'un demi-pouce, & être enſuite arrêtée d'un bout à l'autre le long du bord de ſon redoublement avec une couture piquée.

Le faux-bord eſt en deux courroies de même cuir, d'un pouce de large, avec leſquelles on borde la piece avec une pareille couture.

Le blanchet eſt un bout de courroie d'un pied de long ou plus, qu'on ajoute vers les bouts taillés en pointe de quelques pieces, par-deſſus les cuirs qui les compoſent, & que l'on perce pour les ardillons des boucles: il y a des pieces où l'on fait aller le blanchet d'un bout à l'autre.

La couſſinure eſt en certaines pièces le cuir de deſſous, qu'on tient plus large de demi-pouce de chaque côté, que ceux de deſſus: elle ne ſe borde jamais.

ARTICLE PREMIER.

Le Licol.

TOUTES les pieces du licol ſont de cuir de bœuf hongroyé, & toutes d'un pouce un quart de large.

La têtiere, trois pieds huit pouces de long.

La muſeliere, trois pieds deux pouces.

Les deux jouieres, chacune treize pouces.

Une ou deux longes, de huit pieds de long.

Un anneau de fer.

Les cuirs de la têtiere & de la muſeliere qui paſſent dans l'anneau de fer, où elles ſe redoublent, ſont arrêtés & ſerrés à l'endroit du doublement par un bouton de cuir : ce bouton eſt une eſpece de brédiſſure entrelacée, qui enveloppe les deux portions de cuir en les traverſant.

Les jouieres ſe brédiſſent d'un bout à la têtiere, de l'autre à la muſeliere.

ARTICLE SECOND.

La Bride.

La bride ſe fait en cuir noir, paſſé au ſuif; elle eſt compoſée des parties ſuivantes.

La têtiere a deux pouces de large, & un pied ſix à ſept pouces de long.

Les deux montants ont chacun un pouce de large & dix pouces de long.

Le frontail a un pouce de large, & un pied de long.

Les deux œilleres ont chacune cinq pouces en quarré.

La muſeliere & la *ſous-barbe* qui ne font qu'un, ont un pouce de large & un pied trois pouces de long.

La ſous-gorge a un pouce de large & deux pieds de long.

Les deux porte-mors ont chacun un pouce de large & huit pouces de long.

Le trouſſe-crin a un pouce de large & deux pieds de long.

Les rênes ont un pouce de large & ſept pieds de long, d'un ſeul cuir.

Têtiere. La têtiere & tous les autres cuirs de la bride ſont ſimples, excepté les œilleres qui ont deux cuirs ; ils ſeront tous bordés, excepté les porte-mors, le trouſſe-crin, & les rênes : pour former la têtiere, pliez le cuir par le milieu de ſa longueur, puis fendez-le depuis chaque bout en deux parties égales chacune juſqu'à trois pouces du milieu, ce qui fera ſix pouces qui ne ſeront pas fendus.

Pour le deſſus de tête, chaque branche de devant ſe boucle aux montants, & celles de derriere à la ſous-gorge.

Montants. Les montants coulent le long des joues ; ils ſeront terminés à un bout par une boucle ; celle qui doit boucler en-haut la branche de devant du fourchet ſera la plus grande ; celle du bout d'en-bas qui eſt plus petite, bouclera le porte-mors ci-deſſous.

Porte-mors. Les porte-mors, un de chaque côté, ſe couſent en-bas à l'envers des montants, à trois pouces au-deſſus de la petite boucle ; ils doivent traverſer l'œil du mors de dedans en-dehors, pour le soutenir, & se boucler à la petite boucle du montant.

La museliere & la sous-barbe d'une seule piece doivent passer entre le cuir du porte-mors, & l'envers du montant; pour cet effet, on laisse le cuir du porte-mors assez long pour donner passage, & soutenir ces pieces en leurs places; & on lui fait deux coutures l'une au-dessus, l'autre au-dessous du passage de la sous-barbe; ce qui forme une espece d'anneau de cuir: avant de boucler la sous-barbe à laquelle est attachée la boucle qui la ferme, on la passe dans un petit anneau de fer vague. Museliere & sous-barbe.

La sous-gorge entoure la ganache vers le gosier; on la passe dans l'anneau vague susdit: elle est précédemment garnie de deux boucles, une à chaque bout qui vont boucler aux deux branches de derriere des fourchets de la têtiere. Sous-gorge.

Le frontail traverse le front au-dessus des yeux; on le redouble de chaque côté derriere le fourchet de la têtiere, où on le coud, & on le traverse d'un point au milieu du fourchet. Frontail.

Les œilleres se posent aux montants vers le haut, vis-à-vis des yeux; on les y coud en-dedans à deux rangs de couture noire. Œilleres.

Le trousse-crin sert à envelopper le toupet de crin qui tombe sur le front du cheval; on le taille en étrécissant par un bout; on roule l'autre bout en forme de bouton; on fait une fente au milieu du dessus de tête; on passe le trousse-crin dedans de dessous en-dessus; on rassemble le crin, & on le tourne autour jusqu'à bout où on le noue. Trousse-crin.

Les rênes d'une seule piece servent à tenir la tête du cheval dans une belle situation, sans cependant lui gêner la bouche; on les passe dans la gargouille du mors; pour cet effet, on leur met à six pouces de chaque bout une boucle enchapée; on fait entrer le bout dans la gargouille, & on le boucle; quelquefois on fait les rênes de deux pieces pour pouvoir les allonger ou raccourcir suivant le besoin; alors on place une courte rêne au mors, à laquelle, à un pied de distance, on met une boucle dans laquelle on boucle la grande rêne. Rênes.

ARTICLE TROISIEME.

Le Harnois des chevaux de Timon.

LE harnois des chevaux de Carrosse, principalement des chevaux de timon, peuvent être divisés en pieces du tirage, en pieces de suspension, & en pieces de différents usages.

Pieces du tirage.

La chaînette de timon pour reculer & tourner.
Le poitrail pour avancer.
Le reculement pour fortifier le recul.
Les deux traits pour avancer.
L'avaloire d'en-bas pour soutenir le recul.

Pieces de suspension.

Coussinet pour soutenir les bras de bricole.
Bras de bricole pour soutenir le gros anneau de devant.
Barres de poitrail pour soutenir le poitrail.
Trousse-chaînette de timon pour suspendre la chaînette de timon.
Grande croupiere & culeron.
Avaloire de dessus & surdos pour soutenir le gros anneau de derriere & les fourreaux.
Barres de derriere pour soutenir l'avaloire d'en-bas.

Fourreaux.

Sous-ventriere.
Trousse-queue.
Sac à queue.

Pieces de différents usages.

Les guides.
Enrênure à l'Italienne.
Plate-longe pour les rueurs.

PLANCHE 7.

La chaînette de timon *A*, *Fig.* I, est composée de trois cuirs blancs & un noir bordé; elle a un pouce un quart de large, & quatre pieds & demi de long; on coud à un de ses bouts une boucle & son passant; on y boucle l'autre bout, & on entoure le tout par-dessus d'un anneau de cuir, fait d'un simple cuir, qu'on place au-dessous de l'endroit où est la boucle, & qui rapproche à l'aise l'un de l'autre les deux doubles de la chaînette: on nomme cet anneau le *bouton de la chaînette*; ce bouton est vague, & n'est point attaché; ce n'est autre chose qu'un coulant, qui fait faire au bout de la chaînette une espece de gros anneau de cuir. On passe cette chaînette d'une part dans le reculement, où elle est vague, & d'autre part du côté du bouton au bout du timon, d'où elle ne sauroit sortir au moyen de la courroie de timon, dont on parlera dans la garniture des voitures ci-après: son usage est de contenir les chevaux à égale distance du timon, & d'y communiquer l'effet du reculement ci-dessous.

Poitrail. Le poitrail, *Pl.* 9, *Fig.* III, est composé de trois cuirs, celui de dessous, nommé la *Coussinure a a*, est de cuir de vache, de quatre pouces & demi de large; celui de dessus, nommé le *fond*, *b b*, de trois pouces un quart, & par-dessus un blanchet *c c*, d'un bout à l'autre d'un pouce trois quarts; sa longueur est de quatre pieds deux pouces; on en retourne trois pouces à chaque bout pour les brédir aux deux gros anneaux de devant. On le voit en place *Pl.* 7, *Fig.* I.

Nota.

Nota. Quelques-uns veulent que les coussinures du poitrail & de l'avaloire d'en-bas ci-après soient redoublées du sens de leur longueur, comme les avaloires des chevaux de charrette; son usage est d'être poussé par le poitrail & les épaules du cheval, quand il marche en avant, ce qui fait tendre les traits & avancer la voiture.

Reculement. Le reculement *D*, *D*, *D*, *Pl.* 7, est composé de trois cuirs d'égale largeur, deux blancs & un noir lissé & bordé; il a un pouce de fond, c'est-à-dire de large, & dix pieds & demi de long; il passe devant le poitrail où il reçoit la chaînette de timon, puis de chaque côté au travers des fourreaux, d'où il va se boucler aux gros anneaux de l'avaloire d'en-bas, qu'il dépasse ensuite d'un pied, pour qu'on puisse le rallonger en cas de besoin; ce surplus se prend dans un passant attaché à l'avaloire d'en-bas, près de l'endroit où elle est brédie à son gros anneau.

Les gros anneaux. *Nota.* Que comme on vient de parler des gros anneaux de fer du poitrail & de l'avaloire d'en-bas, il est bon d'être instruit qu'ils ne sont pas de largeur égale, ceux du poitrail ayant trois pouces & demi de diametre de dehors en-dehors, & ceux de l'avaloire un demi-pouce de moins.

Traits. Les traits *E*, *E*, *E*, sont composés d'autant de cuirs que le reculement, & disposés de même; ils ont un pouce & demi de large & six pieds quatre pouces de long. Le trait de chaque côté se boucle dans le gros anneau du poitrail, & son bout dépassera en devant d'un pied & demi. Ce surplus entre d'abord dans un passant attaché près de la brédissure du poitrail audit anneau, & à huit pouces au-delà dans *un dé*. Le dé, *Pl.* 6, *Fig. m*, est un anneau de fer demi-rond, ayant la forme d'un D romain; on le coud au poitrail par le côté où il est droit; (le reculement y passe aussi). L'autre bout des traits qui doivent embrasser les deux bouts des paloniers, se brédit à un anneau de fer totalement quarré & un peu cambré; son nom est la *boucle à trait*. Avant de placer le bout dont on vient de parler, on l'aura passé au travers de la boucle à trait, qu'on aura fait descendre ensuite jusqu'en bas, pour que ce bout se termine en un gros anneau de cuir, qu'on passe sur le bout du palonier, quand on atelle: les traits ne servent de rien, quand on recule; leur usage est de faire avancer & tourner.

Avaloire d'en-bas. L'avaloire d'en-bas *R*, *Pl.* 7, & *Fig.* IV, *Pl.* 9, est composée de deux cuirs, savoir, une coussinure *a a*, de trois pouces de large, & un fond *b b*, de deux pouces de large; on y ajoute, si on veut, un blanchet *c c*, de treize lignes de large d'un bout à l'autre: elle se brédit à ses deux gros anneaux; son usage est d'appuyer la croupe du cheval, dont le poids, contraignant le reculement, soulage beaucoup l'animal qui s'appuie dessus, quand il s'agit de reculer la voiture ou de descendre une montagne.

Remarque.

TOUTES les pieces que l'on vient de décrire sont, pour ainsi dire, les travailleuses : c'est par elles que la voiture est mise en mouvement. Le poitrail & les épaules du cheval renferment sa principale force pour tirer ; c'est pourquoi, elles doivent être & sont effectivement suspendues à la hauteur du milieu de son poitrail, excepté les traits qui descendent plus ou moins bas, selon que les roues de devant le sont ; ainsi, plus les roues de devant seront hautes, plus le cheval employera sa force avec avantage pour lui & pour la voiture : suivent les pieces de soutien, selon la division qu'on en a faite.

Le Coussinet.

Le coussinet, *Pl.* 9, *Fig.* V, est un petit panneau recouvert d'un quarré long, qu'on nomme *la couverture du coussinet*, *Fig.* VI, & *Pl.* 7, *Fig.* I, *F*; le dessus du coussinet se fait de veau noir, & le dessous *a a* en toile ; la peau aura quatorze pouces de long sur cinq pouces de large, & la toile dix-sept pouces de long & huit pouces de large. La couverture du coussinet qui se fait à part, doit être de cuir gras de veau ; on la double d'un vieux cuir : elle aura vingt pouces de long sur sept pouces de large ; on la borde entiérement de veau. Pour faire le coussinet, on commence par coudre la toile tout autour à l'envers du veau ; cette couture se fait à surjet avec le fil de Bretagne noir ; on chambre ensuite le milieu en largeur par quelques grands points de fil. La chambrure *c*, sera de deux pouces & demi de large dans tout le travers du coussinet ; on fait deux fentes en long à la peau du dessus, une à chaque moitié du panneau, par lesquelles on fera entrer le crin & la bourre avec lesquels on les remplit. La peau du côté de la fleur, fera le dessus du coussinet ; la toile portera sur les épaules du cheval, & la chambrure *c*, se trouvera au-dessus du garrot. On verra au titre suivant comment on fait tenir au coussinet sa couverture. L'usage du coussinet est de tenir le bras de bricolle, les barres de poitrail, les trousse-chaînettes de timon, & la grande croupiere : sa couverture attache les rênes de la bride, & soutient les guides.

Couverture de Coussinet.

Bras de Bricolle.

Le bras de bricolle *G*, *Pl.* 7, aura trois pieds huit pouces de long & un pouce de large ; il passe entre le coussinet & sa couverture du sens de leur longueur, & va s'attacher de part & d'autre aux deux gros anneaux du poitrail : il est d'abord composé d'un bout à l'autre de deux cuirs, un blanc & un noir lissé ; mais comme dans l'espace qu'il parcourt entre le coussinet & sa couverture, on lui ajoute un second cuir blanc, il a trois cuirs dans cet espace ; c'est à ces cuirs blancs, sous le coussinet, qu'on coud du côté qui regarde le dos du cheval *une boucle enchapée*, destinée à boucler la grande croupiere ; plus du côté du col deux pareilles boucles posées en biaisant, chacune à cinq pouces du milieu ; celles-ci boucleront les deux barres de poitrail ci-dessous ; ensuite ayant passé deux attaches en double au travers des cuirs du coussinet à côté de sa chambrure, on les fera traverser les trois cuirs du bras de bricolle, au-dessus desquels on les nouera de deux nœuds ; on passera de même au travers du milieu de la couverture une attache qui arrêtera une petite courroie à boucle qui doit servir à tenir les rênes de la bride ; & à sept pouces des bouts de la couverture, on passera pareillement les courroies, nommées *porte-anneaux*, parce qu'elles tiennent deux anneaux de cuivre ronds, dans lesquels on fait passer les guides; on fera sortir l'attache de chaque anneau de dedans en-dehors au milieu des bouts de la couverture; puis rentrer en-dessous dans le bras de bricolle à sa sortie du coussinet ; le bras de bricolle se boucle par ses deux bouts à un *boucletot*, attaché à un gros anneau du poitrail, de chaque côté: son usage est de soutenir les gros anneaux du poitrail à la hauteur convenable.

Barres de Poitrail.

Ler barres de poitrail *C*, au nombre de deux, sont composées d'un cuir de bœuf, lissé, de deux pieds de long sur un pouce & demi de large ; elles se brédissent à un anneau de cuivre enchapé cousu au poitrail, en avant, près du dé de fer, (*voyez* les traits ci-dessus), & vont se bouoler aux deux boucles cousues en biais sous la couverture du coussinet (*voyez* le bras de bricolle ci-dessus); elles servent à maintenir le poitrail en sa place.

Trousse-chaînette de Timon.

Le trousse-chaînette de timon *H*, est une laniere ou courroie étroite d'un pied de long, qui s'attache au coin de la couverture du coussinet dans le bras de bricolle ; dans une paire de harnois, on place l'un à droite, l'autre à gauche; on fait à un bout un bouton roulé, & une fente vers son attache : son usage est, lorsqu'on dételle, de prendre la chaînette de timon pour la tenir relevée.

Grande Croupiere & Culeron.

La grande croupiere *N*, & le culeron *O*, sont deux pieces que l'on joint l'une au bout de l'autre; la grande croupiere est composée d'un cuir lissé, bordé de veau; elle a trois pieds huit pouces de long en comptant neuf pouces de *fourchet*; ce qu'on nomme ainsi, est une entaille faite au bout de la croupiere, de neuf pouces de profondeur, évidée en triangle, ce qui la partage en deux branches qui vont s'écartant l'une de l'autre ainsi d'un pouce & demi de large, qu'on donne à la grande croupiere depuis la boucle qui l'attache au bras de bricolle sous la couverture du coussinet, jusque vers l'avaloire de dessus dont on va parler ; on doit la tailler en élargissant en douceur jusqu'au bout, afin que le fourchet ait deux pouces & demi d'ouverture. Le culeron aura un pied huit pouces de long, & deux pouces & demi de large; on le rembourre, on le coud, & on le termine par une boucle à chacun des bouts, qui se boucleront aux branches du fourchet. La grande croupiere soutient les surdos & l'avaloire de dessus, & au moyen de son culeron empêche le coussinet de se porter trop en-devant, sur-tout dans les descentes.

Avaloire de dessus & Surdos.

L'avaloire de dessus *L*, & les surdos *K*, *I*, sont composés d'un cuir lisse, bordé d'un pouce un quart de large, chacun d'une seule piece ; l'avaloire aura quatre pieds de long; le surdos *K*, trois pieds dix pouces; le surdos *I*, trois pieds huit pouces de long; on ne compte ici que deux ſurdos, parce que c'eſt la mode actuelle. Les ſurdos & l'avaloire de deſſus doivent traverſer le dos du cheval par-deſſus ou par-deſſous la grande croupiere, à diſtance à-peu-près égale les uns des autres, le premier ſurdos paſſant à deux ou trois pouces du couſſinet. Lorſqu'on les fait paſſer par-deſſus, on leur coud, à l'endroit du paſſage, un cuir de même largeur, dans lequel on enferme la croupiere; ſi on veut qu'ils paſſent par-deſſous, alors on double toute la grande croupiere d'une couſſinure, entre laquelle on les arrête avec des points de couture. Les bouts de l'avaloire de deſſus vont ſe boucler à un boucletot paſſé dans le gros anneau de l'avaloire d'en-bas, & ceux des ſurdos à des boucles enchapées couſues aux fourreaux. L'avaloire d'en-haut ſert à maintenir le gros anneau d'avaloire en ſa place, & les ſurdos à ſoutenir les fourreaux.

Fourreaux. Les fourreaux *V*, au nombre de deux, ſont chacun d'un ſeul cuir de bœuf liſſé, de ſix pouces de large & de quatorze pouces de long; on les plie en double ſur leur longueur, où on les coud d'un bout à l'autre; ils ſervent, étant attachés aux ſurdos, à ſoutenir le reculement qui paſſe librement au travers.

Barres de derriere. Les deux barres de derriere *M*, une de chaque côté de la croupe, reſſemblent pour leur largeur & leurs cuirs aux barres de poitrail ci-devant; on les attache en biais ſous la grande croupiere vers la croupe du cheval, à trois pouces de l'avaloire de deſſus, d'où elles vont ſe boucler à une boucle enchapée dans un anneau de métal arrêté à l'avaloire d'en-bas, à un pied de ſa brédiſſure, au gros anneau d'avaloire; leur uſage eſt de ſoutenir l'avaloire d'en-bas en ſa place.

Les pieces qui ſuivent ont chacune un uſage particulier.

Souventriere. La ſouventriere *X*, eſt un cuir ſimple, de deux pieds & demi de long, attaché d'un bout à un des gros anneaux du poitrail, paſſant ſous le ventre du cheval & allant ſe boucler à un boucletot au pareil anneau de l'autre côté; quand elle eſt ſerrée, elle empêche le harnois de varier à droite ou à gauche.

Trouſſe-queue. Le trouſſe-queue, *fig.* 8, eſt un morceau quarré de gros cuir, de ſept pouces de long ſur quatre pouces de large; à gauche près des deux coins ſur ſa largeur on coud deux boucles *c*, & vis-à-vis à droite deux courroies *b*; on trouſſe & replie la queue du cheval pluſieurs fois ſur elle-même; on l'entoure enſuite avec ce morceau de cuir; on la ſerre avec les boucles & leurs courroies: au milieu du haut de ce trouſſe-queue, près de ſon bord eſt paſſée une laniere de cuir *d*, ayant un bouton roulé à un bout, & une fente à l'autre, pour le faire tenir au culeron; cette piece ſert à empêcher les chevaux de ſe ſalir la queue dans les boues.

Le Sac à queue. Le ſac à queue *Q*, eſt un étui de cuir, qu'on taillera de vingt pouces de long ſur un pied de large; on l'arrondit en le couſant ſur ſa largeur par un bout

bout à un rond de pareil cuir ; on taille les côtés en mourant jusqu'à l'autre bout, les diminuant chacun de deux bons pouces ; on les coud ensemble ; on attache à six pouces près du haut, qu'on ne ferme point, une boucle & un contre-sanglot pour serrer le sac en cet endroit ; on met aussi à la croupiere deux contre-sanglots & deux boucles au haut du sac qui bouclent lesdits contre-sanglots ; & pour tenir ce sac ferme & tendu, on lui ajoute par-dehors du haut en-bas un blanchet, sur lequel on place quelquefois, en guise d'ornement, un rang de boucles dorées, bouclées avec leurs courroies ; il sert, comme le précédent, à garantir la queue de la boue. Le trousse-queue est d'un plus grand usage.

Les guides avec lesquelles le Cocher conduit ses chevaux, sont au nombre de deux ; la guide droite, & la gauche ; on les fait d'un cuir simple, d'un pouce de large ; la droite a douze pieds & demi de long, & se termine par une boucle dans laquelle se bouclent sous le même ardillon deux courroies du même cuir, celle de dehors de cinq pieds quatre pouces de long, l'autre en dedans de sept pieds neuf pouces, ayant chacune une boucle brédie à neuf pouces du bout. La guide gauche n'a que deux pieds & demi de long, & deux boucles, une à chaque bout ; l'une de ces boucles sert à boucler la guide droite ; l'autre boucle reçoit également deux courroies dans les mêmes proportions de celles de la guide droite. Les Guides.

Afin que les deux chevaux s'apperçoivent de l'intention du Cocher, & y obéissent au même instant, après avoir bouclé les guides droite & gauche ensemble, on fait passer la plus courte branche de chacune au travers des anneaux de dehors de la couverture de coussinet, d'où on les amenoit se boucler à la gargouille de la branche extérieure du mors, ou à l'anneau du touret ; mais maintenant on les boucle dans l'anneau à l'Angloise attaché à l'œil du mors. Les plus longues branches se passent dans l'anneau de dedans de ladite couverture, d'où celle de la guide droite va rendre à la branche intérieure du cheval hors la main, & réciproquement du cheval hors la main au cheval à la main, se croisant en chemin.

Depuis quelque temps, plusieurs ont adopté une maniere de guider les chevaux préférable à celle qu'on vient de décrire. A celle-ci, qui se nomme *l'Enrênure à l'Italienne*, les branches des guides sont égales, & vont au mors de chaque cheval, qu'on peut, par ce moyen, conduire à part, suivant sa bouche ; & pour les lier ensemble, la communication de l'un à l'autre se fait par deux *italiennes*, nom qu'on donne à deux simples cuirs d'un pouce de large & de quatre pieds huit pouces de long, qui se prennent d'une part dans un anneau attaché exprès sous la couverture du coussinet dans le bras de bricolle où elles se passent, & de l'autre part vont se boucler en se croisant de l'un à l'autre cheval, comme les précédents. Enrênure à l'Italienne.

La plate-longe pour les rueurs n'est point essentielle au harnois du timonier ; Plate-Longe.

elle ne s'y ajoute que lorſque le cheval a la mauvaiſe habitude de ruer, à cauſe du danger où eſt le Cocher d'en être bleſſé dangereuſement.

En commençant ſa deſcription par la partie qui entoure la volée, elle eſt composée de trois cuirs, deux noirs & un blanc dans le milieu ; ſa largeur eſt d'un pouce trois quarts, & ſa longueur de deux pieds & demi, juſqu'à la groſſe boucle enchapée, où elle s'arrête, formant un gros anneau de cuir, après lequel elle a vingt pouces de long juſqu'à ſon fourchet ; elle n'a plus que deux cuirs depuis le commencement du fourchet, dont chaque branche aura cinq pieds trois pouces de long & un pouce un quart de large. A huit pouces du bout de chacune, eſt une boucle enchapée qui ſe boucle aux gros anneaux du poitrail ; le fourchet a deux traverſes d'un cuir ſimple ; celle qui eſt la plus près du bout en eſt à trois pieds : elle aura ſeize pouces de long ; la ſeconde qui ſera à dix pouces de la premiere aura un pied de long : cette plate-longe fait très-bien ſon effet, & on ne doit jamais négliger d'en mettre, pour peu qu'on voye le cheval diſpoſé à ruer dangereuſement.

ARTICLE QUATRIEME.

Le Harnois des chevaux de devant.

PLANCHE 7.

LE harnois des chevaux de devant, *Fig.* II, comprend celui des quatriemes ou des chevaux de volée, des ſixiemes & huitiemes : il eſt bien plus ſimple que celui des chevaux de timon, n'ayant ni reculement ni avaloire ; il conſiſte dans les pieces ſuivantes, pareilles aux mêmes des chevaux de derriere.

Un couſſinet *a*.

Un poitrail *b*.

Deux barres de poitrail *c*.

Un bras de bricolle *d*.

Un ſurdos *e*.

Une grande croupiere *f*, & ſon culeron *g*.

Deux trouſſe-traits *h*.

Deux porte-traits *k*, des ſixiemes & huitiemes, deux porte-traits de volée *n*.

Deux traits de volée *l l*.

Deux traits de ſixiemes & de huitiemes *m m*.

La ſouventriere *o*.

Les porte-traits de ſixiemes ou huitiemes ſont néceſſairement plus longs que ceux du timon, & partent de la grande croupiere, attendu qu'il n'y a point d'anneau d'avaloire.

Quand l'atelage eſt de quatre chevaux ſans Poſtillon, on attache une volée au bout du timon, aux paloniers de laquelle on atelle les deux chevaux de devant avec des traits pareils à ceux des chevaux de timon, mais qui auront sept pieds de long. Si on fait le même atelage de quatre avec un Postillon, les traits des quatriemes seront tout droits, c'est-à-dire, ne se termineront point en un rond, comme ceux des chevaux de derriere, & seront de longueur inégale; car ceux du cheval, à la droite du Postillon, auront huit pieds de long, & ceux de celui du Postillon huit pieds & demi; & comme tous ceux-ci doivent se boucler aux chevaux de timon, il est nécessaire d'allonger leurs traits par-devant; pour cet effet, on leur ajoute des faux traits de deux pieds de long; ces faux traits se terminent à un de leurs bouts par une boucle à trait (*Voyez* ci-dessus au titre *les Traits*), & à l'autre bout par une boucle à chaînette de timon; on défait le trait ordinaire; on le fait passer dans la boucle à trait, puis on le remet en sa place. Les boucles à chaînette à l'autre bout des faux traits, sont celles où se boucleront les traits des quatriemes.

A six chevaux, les traits des quatriemes auront sept pieds de long; ceux des sixiemes dix pieds, ainsi que ceux des huitiemes.

Les guides, pour les quatriemes, auront dix pieds, & pour les sixiemes en cas de huitiemes, quatorze pieds; toutes ces guides communiquent à celles du Cocher; pour cet effet, on commence par coudre à trois pouces en deçà des branches des guides du timon une boucle enchapée, à laquelle on boucle les guides des quatriemes, après les avoir fait passer dans un anneau attaché au milieu du dessus de tête des timoniers; celles des sixiemes aux guides des quatriemes, en cas de huitiemes, & au-dessus de tête des quatriemes.

Le harnois du cheval du Postillon a de plus une selle & un dessus de selle. (*Voyez* ci-dessous les harnois de chaise).

CHAPITRE QUATORZIEME.

Les Harnois des chevaux de Chaiſe.

Les chevaux de Chaiſe qui ſont originairement au nombre de deux, ne peuvent avoir leurs harnois ſemblables l'un à l'autre, n'étant pas eux-mêmes appareillés comme le doivent être les chevaux de Carroſſe, attendu que les fonctions de chacun exigent des qualités différentes ; car l'un doit être un cheval étoffé, leger & allongé, l'autre ramaſſé & moins conſidérable ; le premier ſe nomme *le cheval de brancard*, parce que ſa place eſt entre les deux brancards de la Chaiſe, qu'il doit ſoutenir ; le ſecond monte le Poſtillon ; auſſi eſt-il nommé *le porteur* : on le nomme encore *le bricolier* ou *le cheval de côté* : on va détailler le Harnois de chacun à part, commençant par celui du cheval de brancard.

Harnois du cheval de Brancard.

Planche 8.

A, La ſellette. *Fig. I.*
B, Le poitrail.
C, Les deux barres de poitrail.
D, Les deux contre-ſanglots.
E, Les deux gros anneaux du poitrail.
F F, Les deux traits.
G, La croupiere & ſon culeron.
H, L'avaloire.
I, Le gros anneau de l'avaloire.
K, Les deux petites barres.
L, Les deux barres d'avaloire.
M, Les deux reculements.
O, La longe de main.

La façon de la ſellette ſera décrite ci-après dans l'Art du Sellier, attendu que quoique les Bourreliers ſoient en droit de la conſtruire, ainſi que le Sellier, néanmoins cette manœuvre s'éloignant de leur pratique ordinaire, & le Sellier y étant accoutumé, ils les reçoivent de lui, & y ajoutent le reſte du harnois.

Garniture de la Sellette.

Le Sellier aura percé, en faiſant la ſellette, vers le milieu de chaque côté, deux petites mortaiſes éloignées l'une de l'autre de deux pouces & demi, deſtinées à y paſſer *les courroies de doſſiere X*, qui doivent fixer la doſſiere de la chaiſe en ſa place ; chaque courroie aura ſeize pouces de long ; on la paſſera de dehors en-dedans dans la mortaiſe de devant ; on la fera reſſortir par celle de derriere ; le bout de devant eſt garni d'une boucle. Quand la doſſiere eſt poſée, on boucle ces courroies qui l'embraſſent & l'empêchent de varier ſur la ſellette. *La courroie à rêner Y*, s'attache au milieu du haut de la ſellette ; on commence par enfoncer en cet endroit un petit crampon quarré de fer, d'un pouce d'ouverture ; après quoi, on paſſe au travers de ce crampon une petite courroie de ſeize pouces de long ; on l'y redouble, & on coud le redoublement au haut du crampon. A un bout de cette courroie qui ne ſera éloigné que d'un pouce dudit crampon, on attachera une boucle, à laquelle

laquelle l'autre bout viendra se boucler quand on aura mis les rênes de la bride entre-deux : *les anneaux des guides* qui s'attachent sur la sellette de chaque côté en devant, servent à soutenir les guides, ordinairement de tresses de soie rondes ou plates, qui s'ajoutent quelquefois à la Chaise de poste & toujours au Cabriolet, afin que celui qui est dedans, puisse conduire lui-même le cheval de brancard. Pour poser ces anneaux, on a, ce qui s'appelle, un lacet, qui est une petite bande de métal pliée en deux, formant une espece d'anneau, dont les deux jambes en pointes se touchent sans se joindre ; on fait entrer l'anneau des guides dans celui-ci ; puis enfonçant ses deux queues rassemblées dans un trou qui traverse l'arçon, on les rive à l'envers, laissant à l'anneau des guides la liberté de se mouvoir.

Lacets pour attacher les anneaux des guides à la sellette.

Le poitrail comme celui des chevaux de Carrosse.

Les deux barres de poitrail de même ; on les arrête à la sellette, en les bouclant à une boucle enchapée, clouée à l'arçon de devant à trois pouces du haut.

Les deux contre-sanglots se clouent sur les bandes d'arçon, & vont se boucler à un boucletot pris dans le gros anneau.

Les traits de cinq pieds de long s'attachent au gros anneau du poitrail.

La croupiere avec son culeron, se boucle dans une boucle enchapée, clouée au milieu de l'arçon de derriere.

L'avaloire comme celle d'en-bas des chevaux de Carrosse.

Les deux petites barres prises dans le gros anneau de l'avaloire, se bouclent à une boucle enchapée, clouée à l'arçon de derriere à quatre pouces du haut.

Les deux barres d'avaloire, comme aux chevaux de Carrosse.

Les deux reculements, chacun de trois pieds & demi de long, s'attachent d'une part au gros anneau de l'avaloire, & de l'autre (lorsqu'on atelle) à un crampon enfoncé dans les brancards de la Chaise.

La longe de main est une simple courroie de six pieds de long & d'un pouce de large ; on l'attache aux branches de la bride : le Postillon la tenant à sa main, s'en sert pour guider le cheval de brancard.

Harnois du Bricollier, Fig. II.

CE cheval a plusieurs épithetes ; il s'appelle *le porteur*, parce que le Postillon le monte ; *bricollier*, parce qu'il tire la Chaise en biaisant ; & *cheval de côté*, attendu qu'il est hors du plan de la Chaise : sa place est toujours à gauche du cheval de brancard : comme porteur, il est sellé, & comme étant attaché à la Chaise, il lui faut un harnois qui se lie avec sa selle : cette selle sera expliquée dans l'Art du Sellier ci-après ; mais attendu que le reste de son harnois ne peut se faire que par le Bourrelier, c'est ici sa place.

a, Un poitrail.
b b, Un deſſus de ſelle.
c, Deux boucletots.
d d d, Deux traits.
e, Un ſurdos.

Le poitrail comme le précédent.

Le deſſus de ſelle eſt en deux pieces : une à droite, de deux pieds dix pouces de long ; l'autre à gauche, d'un pied de long : la droite eſt d'un cuir liſſé, bordé de treize lignes de large : elle ſe brédit à un anneau de cuivre enchapé au poitrail à un pied en avant du gros anneau : la gauche eſt de même cuir ; elle ſe termine en une boucle, à laquelle ſe boucle la piece droite. Quand elles ſont jointes, le Poſtillon les poſe ſur ſa ſelle le long des battes en-dedans : le deſſus de ſelle ſert à ſoutenir le poitrail en ſa place.

Les deux boucletots ont chacun quatre pouces de long ; on les coud d'un bout aux gros anneaux du poitrail : leur boucle eſt une demi-ronde ; elle ſe boucle à un contre-ſanglot attaché ſous la ſelle.

Les deux traits ſont de trois cuirs, deux blancs & un noir bordé ; ils ont quinze lignes de large & ſept pieds & demi de long ; ils ſont brédis par un bout au gros anneau du poitrail.

Le ſurdos ſe fait d'un cuir liſſé, bordé d'un pouce & demi de large, & de quatre pieds quatre pouces de long à droite : il eſt brédi ſur lui-même, formant un anneau, au travers duquel paſſe le trait qu'on arrête en place par une attache qui, après l'avoir traverſé, ſe noue autour : la même choſe s'opére à gauche par un boucletot arrêté de même, auquel le ſurdos ſe boucle ; ce ſurdos paſſe entre les deux cuirs de la croupiere.

CHAPITRE QUINZIEME.

De la Garniture des Voitures.

C'EST au Bourrelier-Carrossier à suspendre sur le train du Charron toutes les Voitures à roues qui transportent les hommes d'un lieu à un autre, & à les garnir de tous les cuirs nécessaires à cette suspension : ces voitures sont les Coches, les Carrosses, les Berlines, les Chaises, &c; mais quoique les Coches & les Carrosses ayent rang d'ancienneté sur les Berlines, ces dernieres ont tellement prévalu par leurs avantages, en comparaison des premiers, qu'elles ont presqu'anéanti les Carrosses.

Garniture de la Berline.

La courroie de timon.
Les deux ronds de palonier.
Les soûpentes & leurs fourreaux.
Les soûpentes de marche-pied & garniture.
Les deux traits le long du brancard.
Les courroies des pieds corniers.
Les courroies de guindage.
Le porte-siege.
Les courroies de côté du siege.
La courroie & mains de derriere.

PLANCHE 14. Courroie de Timon.

La courroie de timon *a*, *Fig.* III, est une laniere de cuir de demi-pouce de large, garnie d'une petite boucle par un de ses bouts; on la noue vers sa boucle à l'anneau qui est au haut du crochet du timon; elle sert, lorsqu'on a enfilé les deux chaînettes de timon jusqu'au crochet, à leur barrer le passage, pour empêcher qu'elles ne sortent de leurs places; ce qui se fait en passant le long bout de cette courroie au travers d'un trou *x*, fait dans le timon au-dessous du crochet, d'où l'ayant fait sortir on l'amene boucler à sa petite boucle.

Ronds de Palonier.

Les deux ronds de palonier *b*, sont deux gros anneaux de cuir, qui embrassent les bouts de la volée & le milieu de chaque palonier: le rond de palonier se fait d'un seul & même cuir blanc, tourné quatre fois en rond sur lui-même; on en amincit insensiblement les deux bouts, afin qu'ils ne forment point d'épaisseur; on met par-dessus un cuir noir lissé, & le tout se coud à quatre rangs de couture noire.

Soûpentes.

Les soûpentes de la voiture *c c*, au nombre de deux, ont communément quatorze pieds de long & quatre pouces de large; elles se composent de cinq cuirs blancs cousus en long, à six rangs paralleles de couture noire, avec fil poissé; on les brédit à la traverse de devant, d'où elles coulent sous les brancards de la Berline, passant au travers d'une *bride de fer* quarrée, mise à chaque pied cornier sous la voiture devant & derriere, & vont se rendre à un cric attaché à la traverse de derriere où on les fait tenir; & afin que la caisse de la voiture ne puisse pas couler en-devant ou en arriere sur les soûpentes, on les traverse sous chaque portiere avec un tire-fond qu'on visse dans le bois; on recouvre les soûpentes avec des enveloppes de cuir, qu'on nomme *des fourreaux*: ces fourreaux sont au nombre de quatre, parce que chacun cesse où chacune commence à entrer sous la voiture; ils se font d'un cuir noir lissé, bordé de vache; les pentes du bordé se lacent l'une à l'autre par-dessous; chacun couvre la partie de la soûpente qui est en-dehors jusqu'à la caisse de la voiture devant & derriere. Quand la voiture est à ressorts, les soûpentes ne sont composées que de trois cuirs de Hongrie bordés de vache, & s'attachent aux ressorts: on ne leur met point de fourreaux.

Soûpentes de Marche-pied.

Les soûpentes de marche-pied *d d*, une pour chaque marche-pied, auront trois pouces & demi de large & six pieds & demi de long, parce qu'elles se redoublent & passent ainsi sous la planche du marche-pied, ce qui réduit chaque côté à la longueur d'un pied jusqu'à la planche; elles sont composées de trois cuirs de Hongrie & un cuir lisse bordé; elles s'attachent vis-à-vis de chaque portiere autour de deux boulons de fer qui sortent horizontalement des brancards.

Traits de Brancard.

Les deux traits le long des brancards sont composés de deux cuirs, un blanc & un lisse bordé; ils ont chacun un pouce de large & huit pieds de long; ils s'attachent par-devant au côté d'en-dedans du brancard à un anneau de fer, qui tient au boulon qui traverse le brancard vis-à-vis la traverse de parade, & par-derriere par un petit cric posé au bout du brancard: ces pieces ne sont pas anciennes; elles servent à adoucir les mouvements de la voiture de bas en-haut & des côtés, en se prêtant à celui des guindages, dont on va parler, lesquels, tant les petites que les grandes, précédemment entouroient le brancard même, comme on voit en *e e*, *f f*.

Petites Courroies de Guindage.

Les quatre petites courroies de guindage des pieds corniers *e e*, une au-dessous de chacun, ont un pouce de large & trois pieds de long; elles sont composées d'un cuir noir lisse bordé, & s'attachent chacune à un anneau quarré, mis à côté des brides ci-dessus, (*voyez* les soûpentes de la voiture); elles tournent autour des traits le long du brancard, comme les suivantes; elles se bouclent à elles-mêmes.

Grandes Courroies de Guindage.

Les quatre grandes courroies de guindage ou de côté *f f*, ont un pouce de large & six pieds de long; elles sont composées de deux cuirs, un blanc & un noir lissé, bordé; elles sont prises dans un anneau quarré, de fer, placé au haut des pieds corniers devant & derriere, & descendent embrasser les deux traits le long du brancard: on embrasse aussi chaque courroie redoublée par un bouton ou coulant; on met une boucle à un bout, & sous cette boucle, à l'envers, un passant; on passe l'autre bout dans le passant, de là dans l'anneau quarré, puis dans la boucle en-haut; puis on fait couler le bouton en-bas pour resserrer l'ouverture.

Porte-siege.

Le porte-siege de Cocher est composé de deux branches de cuir blanc, & de de quatre traverses du même cuir : les deux branches ont chacune cinq pieds de long & un pouce & demi de large, s'attachant dans les anneaux quarrés du porte-siege de fer, arrêtés sur les montants de devant ; les quatre traverses ont chacune deux pieds de long, même largeur des branches ; on les redouble & on les attache d'une branche à l'autre à distances égales : ce porte-siege sert à soutenir l'espece de dessus de banquette, sur laquelle le Cocher s'asseoit.

Courroie de côté du siege.

Les courroies de côté du siege qui le serrent vers les deux bouts, sur le porte-siege, ont de large un pouce deux lignes, & six pieds de long ; elles sont d'un cuir blanc ; leurs bouts s'attachent aux porte-sieges de fer par plusieurs tours.

Courroie de derriere.

La courroie de derriere pour les Laquais *g*, a un pouce de large & quinze pieds de long ; elle est d'un cuir lissé, bordé ; on forme aux deux bouts de cette courroie deux poignées *h*, comme on va voir ; pour cet effet, le Sellier aura mis vers les deux coins de derriere de l'impériale quatre crampons, espacés 2 à 2, à six pouces de distance l'un de l'autre ; on brédit d'abord l'un des bouts de la courroie au premier crampon ; on forme la poignée de huit à neuf pouces de bas, en relevant la courroie, qu'on fait passer au travers du second crampon, auquel on la brédit pour former la poignée, suivant la mesure susdite ; on prend l'autre bout de la courroie pour la relever, & la brédir de même aux deux crampons de l'autre bout de l'impériale : cette courroie & ses poignées, ainsi disposées, servent à aider les Laquais à monter derriere la voiture, & à les y affermir.

Garniture de la Chaise de poste.

La dossiere.
Les deux soûpentes de derriere.
Les deux soûpentes de devant.
Les deux courroies de crémaillere.
La courroie de ceinture.
Les deux traits de dessous.
Les deux marche-pieds.
La courroie de portiere.
Les trois courroies de cerceau.
Le rond de palonier.
La croisée de palonier.
La courroie de palonier.
Les deux enchapures de palonier.
Les deux poignées de derriere.
Les fourreaux & couvertures de ressort quand ils sont bordés ; mais c'est l'ouvrage du Sellier quand ils ne le sont pas.

PLANCHE 14. Dossiere.

La dossiere *a*, *Fig.* I (*), est une piece de cuir placée près du bout des brancards, destinée à les soutenir sur la sellette de harnois du cheval de brancard : elle aura deux pouces & demi de large & six pieds & demi de long, composée de deux cuirs blancs & d'un noir lissé, bordé de vache ; on brédit à deux pieds de chaque bout une boucle enchapée & son passant ; on tourne ces

(*) Les deux Figures de la Chaise de poste sont mal tournées dans cette Planche, à cause du palonier qui devroit y être à gauche, comme il paroîtroit en regardant au travers du papier.

bouts par-dessous les brancards, les passant dans un crampon de fer qui y est attaché, de peur que la dossiere ne se dérange ; & on les boucle.

Nota. Que les ressorts à écrevisse étant préférables à tous les autres, on a pris ici une Chaise garnie de ces ressorts.

Soûpentes de derriere. Les deux soûpentes de derriere *b*, *b*, *Fig.* II, sont chacune de deux pieces, c'est-à-dire, la soûpente & le contre-sanglot qui font ensemble dix pieds de long sur trois pouces & un quart de large, sans compter la bordure ; elles se composent de trois cuirs blancs, un cuir lissé & la bordure de vache : les ressorts à écrevisse ont à leurs bouts élevés une barre de fer en forme du haut d'un T romain, tourné du sens de la longueur de la Chaise, moitié en arriere, moitié en devant, terminé par un crochet à chaque extrêmité ; on fait une fente à un bout de la soûpente, par laquelle on l'accroche au crochet de derriere de ladite traverse ; on l'amene ensuite à un crampon de fer, attaché au brancard de derriere du corps de la Chaise, au travers duquel l'ayant passée on va la boucler au contre-sanglot accroché pareillement au crochet de devant de la traverse : ce contre-sanglot aura trois pieds & demi de long, garni d'une grosse boucle. Ces trois cuirs sont cachés ici par le haut des fourreaux de ressort **.

Soûpentes de devant. Les deux soûpentes de devant *c*, *c*, *Fig.* II, sont pareilles aux précédentes pour la quantité & la largeur des cuirs ; mais elles n'ont que quatre pieds & demi de long, lesquels redoublés, ne font que deux pieds un quart ; elles passent de chaque côté dans un crampon qui est au bas du corps de la Chaise, d'où elles tournent autour de la traverse de devant, & se bouclent en-dessus à elles-mêmes.

Courroies de crémailleres, & fourreaux. Les deux courroies de cremailleres & leurs fourreaux *b*, *b*, *b*, *Fig.* I, & *d*, *d*, *d*, *Fig.* II, les courroies ont un pouce & demi de fond, c'est-à-dire, de large, & neuf pieds & demi à dix pieds de long ; elles partent d'un petit cric *e e*, *Fig.* II, attaché au bout de derriere des brancards, passant sur les consoles de fer à deux branches *f*, *f*, *Fig.* II, élevées sur chaque brancard vers leurs extrêmités postérieures ; de là traversant la cremaillere de fer *c*, *Fig.* I, attachée au-dessus du pied cornier de derriere, accompagnées en cet endroit de leurs fourreaux ; elles finissent au brancard près du marche-pied, où elles sont liées de plusieurs tours ou brédies à un crampon. *Les fourreaux* *z*, *Fig.* I, ont un pied un quart de long & huit pouces de large, qui, étant pliés par la moitié en longueur, ne font que quatre pouces à chaque face ; on joint le redoublement par une couture que l'on borde par-dessus ; on les arrête en place aux courroies par une attache à chaque bout : ces fourreaux garantissent leurs courroies du frottement de la cremaillere.

Courroie de ceinture & fourreaux. La courroie de ceinture *g g g g*, *Fig.* II, est pareille aux précédentes pour la quantité & la largeur des cuirs ; elle aura sept pieds de long : son milieu passe dans un ou deux anneaux de fer, attachés au milieu de la planche de derriere *h h h*,

Fig. II, d'où elle va se rendre à deux pareils anneaux mis au brancard de chaque côté, à six pouces plus en arriere que les précédentes ; elle a aussi deux fourreaux qui la garantissent du frottement des coins de la Chaise : ceux-ci n'ont que neuf à dix pouces de long ; ils se travaillent & s'arrêtent comme les précédents : les courroies de cremaillere & celle-ci concourent à adoucir les secousses de côté de la Chaise.

Traits de dessous.

Les deux traits de dessous *d*, *d*, *d*, *Fig.* I, bouclent les traits du harnois du cheval de brancard ; ils sont pareils en tout aux courroies de cremaillere ci-dessus : ils ont chacun huit pieds de long ; ils prennent depuis l'échantignole de la roue, & vont par-dessous le brancard soutenus par quatre attaches de distance en distance, jusqu'au dessous du cerceau, où ils se terminent par leurs boucles ; on les fait quelquefois de corde recouverte de cuir.

Marche-pieds.

Les deux marche-pieds *i*, *i*, *Fig.* II, & *e*, *Fig.* I, ont chacun sept pieds de tour & trois pouces de fond ; ils sont composés de trois cuirs blancs & un noir, lissé & bordé ; on les brédit à chaque bout autour du brancard, puis on les cloue dessus à un pied & demi l'un de l'autre.

La Courroie de portiere.

La courroie de portiere *f*, *Fig.* I, sur laquelle tombe la portiere, quand on l'ouvre, s'attache par ses deux bouts à un support de fer, posé debout sur chaque brancard ; elle a trois pieds de long & un pouce un quart de fond : elle est composée d'un cuir noir bordé.

Les trois courroies de cerceau.

Les trois courroies de cerceau *l*, *l*, *l*, *Fig.* II, sont destinées à affermir le cerceau *m*, & le tasseau *n*, *Fig.* II, & *h h*, *Fig.* I, qui est joint en leurs places ; elles sont toutes trois égales pour les cuirs & leurs largeurs à la précédente : deux prennent au milieu du cerceau en-dehors, & la troisieme part du haut du tasseau : celle-ci sera un peu plus courte que les deux autres ; elles vont se clouer toutes trois sur les brancards à un pied & demi en avant, celle du cerceau à droite, & à gauche celle du tasseau, à côté de la courroie du cerceau, qui vient au brancard gauche.

Le rond de palonier.

Le rond *o*, *Fig.* I & II, du palonier du cheval de côté, est pareil en tout à ceux des paloniers de Carrosse ; *voyez* ci-devant.

La croisée de palonier.

La croisée de palonier *p*, *Fig.* II, est composée de deux cuirs blancs & un noir bordé ; elle a un pouce & demi de fond & cinq pieds & demi de long ; on la passe au travers du rond, d'où on va l'attacher par chaque bout sous chaque brancard *q q*, ligne ponctuée, *Fig.* II, vis-à-vis de la traverse de devant : cette courroie communique à la Chaise le tirage du palonier.

La courroie de palonier.

La courroie de palonier *r*, *Fig.* II, qui sert à le soutenir à hauteur convenable, est un simple cuir de deux pieds de long, qui passe au travers du rond où il se redouble, & va s'attacher sur le brancard à la main près le bas du tasseau.

Enchapures de palonier.

Les deux bouts du palonier *s s*, *Fig.* II, sont garnis d'une enchapure avec ſa boucle: ces enchapures autour du palonier n'ont que deux cuirs ; on en met un troiſieme depuis le palonier, juſqu'à la boucle pour fortifier.

Poignées de derriere. Les deux poignées de derriere *x*, *Fig.* I, pour les Laquais, ſont d'un cuir bordé de dix-huit pouces de long, redoublées & brédies chacune à deux crampons à l'impériale (*voyez* la Berline ci-deſſus). La courroie de derriere ne ſe met point aux Chaiſes.

Le reſte des cuirs, comme le ſiege du Cocher, le garde-crotte, les cuirs du cerceau de la couverture des malles, les panneaux, l'impériale, la cave, les planches de marche-pied, les fourreaux & couvertures des reſſorts, ſont du diſtrict du Sellier.

Nota. Que lorſqu'on veut que les cuirs qui couvrent les reſſorts ſoient bordés, c'eſt alors aux Bourreliers à les faire.

CHAPITRE SEIZIEME.

Des Ornements du Bourrelier de Carroſſe.

Réflexions ſur les Harnois. LES harnois & la garniture des voitures, tels qu'on vient de les décrire, ont tout ce qu'il leur faut de la part du Bourrelier, pour les uſages auxquels ils ſont deſtinés, mais ſans aucun ornement : il eſt vrai que la parure n'eſt pas d'une utilité abſolue ; mais comme elle eſt agréable à la vue, & qu'elle ſatisfait l'amour-propre, on s'en paſſe difficilement : elle n'a de bornes que la plus grande magnificence où elle puiſſe monter ; ſurquoi il ne paroît pas hors de propos de parler ici de deux opinions différentes à l'égard des harnois : les uns prétendent que de beaux harnois ſur de beaux chevaux les déparent plutôt qu'ils ne les font valoir ; un beau cheval ſurpaſſant par ſa figure tout l'or & l'argent dont on pourroit le couvrir ; en conſéquence, ils les font harnacher preſque à nud : les autres diſent que plus les harnois ſont riches, plus il attirent les regards ſur les animaux qui les portent. A l'égard des premiers, les harnois des chevaux de devant ci-deſſus leur ſuffiſent ; mais il eſt néceſſaire pour les autres de détailler tous les ornements qui ſe pratiquent dans l'Art. Il s'en fait de deux ſortes, ceux que le Bourrelier exécute, & ceux qu'il ne fait que poſer & mettre en place.

Les ſiens ſont premiérement des deſſeins courants, qu'il trace au compas au milieu des pieces dans toute leur étendue, qu'il couvre enſuite avec la couture piquée de fil de Cologne blanc : les deſſeins les plus ordinaires ſont des portions de cercle qui ſe joignent l'une au bout de l'autre, mais à contre-ſens ; ils

Les ondes. les nomment *des ondes*, *Pl.* 9, *Fig.* VII. Il s'en fait en deux manieres ; celle qu'on qu'on vient d'exprimer, & une autre appellée *ondes à pic*; à celle-ci, on fait deux portions de cercle du même sens, côte à côte, & deux autres à contre-sens, *Fig.* VIII; mais, lorsqu'au lieu de ces desseins, on demande des fleurs, des compartiments, &c, alors le dessein se trace sur le papier. Le Bourrelier commence par le piquer en entier avec une épingle; puis l'appliquant sur le cuir, il le ponce successivement avec de la chaux en poudre dans un nouet; ensuite il le marque avec un poinçon pour le suivre avec de la couture blanche piquée. Ondes à pic.

Les cuirs auxiliaires, c'est-à-dire, qui partent du dessus du cheval, pour soutenir les pieces du tirage, peuvent être découpés quand on le désire; alors le Bourrelier les taille plus large qu'à l'ordinaire, leur donne ensuite par les bords différentes inflexions; il les perce aussi à jour quand il en est requis, en formant dans leur milieu des vuides de figures différentes, & borde le tout à faux-bord.

Lorsqu'on emploie le cuir fauve, dit cuir d'Angleterre, on n'y ajoute ordinairement point de bordure.

Quand on veut que le harnois, au lieu d'être noir ou fauve, soit rouge, vert, jaune, &c, le Bourrelier colle sur les cuirs, avec de la pâte, qui est de la forte colle de Vitrier, des maroquins de toutes ces couleurs; pour le blanc, il se sert de basanne blanche.

Les ornements en laiton & en fonte dorés, sont fournis, par les Ciseleurs & par les Fondeurs, aux Bourreliers, qui les distribuent & les attachent sur les harnois. Les pieces formées par ces métaux consistent en boucles & demi-boucles, fleurons, bouts, rosettes & contours: ces pieces en laiton ou cuivre jaune ciselées, sont beaucoup plus légeres; mais elles sont cassantes, ce qui arrive rarement à la fonte. Les boucles sont de différentes grandeurs & de desseins plus ou moins riches, *Pl.* 7, 2 *&* 3; les bouts se terminent en pointe 4; leur place est ordinairement aux bouts pointus des courroies: les fleurons 5, & rosettes 6, s'espacent & se placent sur tout le harnois selon le goût du Bourrelier ou du Propriétaire; les contours ornent les couvertures de coussinet, *Pl.* 9, *Fig.* VI. Aux ornements en cuivre jaune, l'Ouvrier a soin de faire des trous deux à deux en différents endroits de sa piece, afin que le Bourrelier puisse y passer des fils de laiton, & au travers du cuir, au-delà duquel il les tord ensemble pour les y attacher solidement. Quant aux pieces de fonte, le Fondeur laisse des queues pointues à l'envers, *Pl.* 7, 7, avec lesquelles, après avoir percé le cuir, il les rive à coups de marteau.

Quand on orne le dessus de la tête des chevaux avec des aigrettes, il arrive qu'ils les corrompent ou les cassent, en se frottant la tête, ce qui les a fait abandonner par plusieurs ; on se contente à présent de leur attacher au montant extérieur de la bride, près de l'oreille, une large cocarde de cartisanne, au-dessous de laquelle pend un gros gland derriere l'œillere, ou un flot de rubans, le tout fourni par le Franger : ce même Ouvrier fournit encore des rênes de tresse, terminées par un gros gland, & des guides plates ou rondes, que le Bourrelier ajuste suivant l'art.

Les ornements de la garniture des Voitures, en ce qui concerne le Bourrelier, consistent en desseins piqués sur les cuirs, & en boucles & bouts dorés.

L'ART DU SELLIER.

INTRODUCTION.

L'ART du Sellier comprend en premier lieu la construction des Selles, qui servent de siege au Cavalier, la Bride pour conduire son cheval, le Licol, &c; secondement l'art de tapisser & garnir les Voitures, dans lesquelles on s'asseoit à l'abri du temps, pour voyager ou pour passer d'un lieu à un autre, à l'aide de chevaux ou autres bêtes de tirage qu'on y atelle.

Cet Art, tel qu'il est à présent pour la façon des Selles, est très-différent de ce qu'il pouvoit être anciennement; il y a même grande apparence qu'il n'a été amené au point de perfection où il est actuellement, que par degrés, comme beaucoup d'autres Arts, & qu'une des premieres qui ait pu mériter le nom de *Selle*, parut dans le temps de la Monarchie où les Guerriers étoient tout couverts de fer; mais que l'inconvénient dangereux d'être enchâssé dedans, de maniere à ne pouvoir s'en débarrasser en cas de chûte du cheval, a fait reléguer dans les Académies, dont la destination est de dresser les hommes & les chevaux aux évolutions militaires : les manéges dans lesquels ils travaillent, sont un terrein préparé, très-doux & de peu d'étendue, où il est bien rare que le cheval s'abatte. Nous désignons cette Selle qui se nommoit *Selle à corps*, par le nom de *Selle à piquer*, après quelques changements qui y ont été faits, comme on verra Chapitre cinquieme; la Selle à la royale, & plusieurs autres ont pris sa place pour la Campagne.

Le Sellier a seul le droit de faire & finir toute espece de Selle, à commencer par les arçons qui en sont la base; mais il ne lui est pas permis de faire la sellette des chevaux de Chaise : c'est au Bourrelier à la construire, comme appartenante au harnois dont il est chargé. Il est rare que les Selliers & les Bourreliers sachent ou veuillent faire des arçons : cette pratique s'éloigne trop du reste de leur travail, de sorte qu'ils se trouvent en quelque façon obligés d'autoriser des Ouvriers sans maîtrise, à charpenter les arçons de leurs selles; en conséquence, les uns suivent les ventes des Forêts, où ils achetent le bois de hêtre qu'ils travaillent en arçons sur le lieu, pour être vendus aux Selliers; d'autres s'établissent dans les Villes. On commencera donc par l'Arçonnier en particulier; après quoi on détaillera le travail du Sellier pour les Selles, Brides, & autres ustensiles qui servent au cheval de selle.

Lorsque les Litieres, les Chars & Chariots, les Coches, les Carrosses, parurent successivement en France, les Carrosses ayant pris le dessus, on ajouta aux Selliers le nom de *Carrossiers*, qu'ils conservent toujours, quoique les Carrosses soient presque anéantis. Cette partie qui regarde la garniture des Voitures actuelles, & quelques autres pieces de leur district termineront l'Art du Sellier.

CHAPITRE PREMIER.

L'Arçonnier, Arçonneur, ou Charpenteur d'Arçons.

TOUT Arçon est de bois de hêtre: c'est un bâtis de plusieurs pieces de bois, assemblées en forme d'un compas ouvert, ou d'un arc tendu; l'arçon de devant est attaché à celui de derriere par deux planchettes du même bois, qui se nomment *les bandes*.

Outils, Instruments & Matériaux.

LE compas d'Arçonnier, *a a.*
Différents aceaux, *b.*
La hachette.
Les fausses-bandes, *c c c.*
La scie, le compas de fer, la plane, la rape à bois.
Le bois de hêtre.
La colle-forte la meilleure.

PLANCHE 10.

Le compas d'Arçonnier *a a*, lui est particulier; il est de bois; ses branches ont chacune environ un pied de long; il sert à prendre la mesure sur le dos du cheval.

Les fausses-bandes *c c c*, lui sont aussi particulieres; ce sont trois regles de bois, longues de dix-sept pouces, une percée aux deux bouts de quelques trous de vrille, les deux autres percées de même, mais seulement à un bout, & à l'autre bout fendues de six pouces de long près du bout; elles servent à égaliser les arçons entr'eux, pour ajuster ensuite les vraies bandes, comme on verra ci-dessous.

D'ailleurs, les aceaux *b* de différentes courbes, la hachette, la scie, &c, dont il s'aide suivant le besoin, lui sont communs avec plusieurs autres Métiers.

Les

Les pieces des Arçons, Fig. *A A.*

LES Arçons les plus composés sont de onze pieces : l'Arçon de devant est fait de quatre pieces, savoir, les deux devants *d*, *d*, les deux liéges *e*, *e*.

L'Arçon de derriere contient cinq pieces, le pontet *f*, les deux pointes *g*, *g*, les deux bouts de troussequin *h*, *h*. Les deux bandes *ll* assemblent les deux arçons : il s'en fait pour différentes Selles, de neuf & de sept pieces, par le retranchement de quelques-unes de celles ci-dessus.

Les deux grandes pieces de l'Arçon de devant, qu'on nomme *les devants*, ont des noms différents à mesure que leur forme change ; celui qu'on donne au sommet des deux pieces assemblées, est le *galme i* ; la voûte qu'elles forment au-dessous du galme se nomme *le garrot ou l'arcade* 2 : le galme & l'arcade composent *le collet* ; l'espace qui est avant la diminution d'épaisseur qui va jusqu'aux bouts, s'appelle *les mammelles* 3, 3 ; les deux petites pieces se nomment *les liéges e*, *e* ; les deux pieces qui vont de l'Arçon de devant à celui de derriere pour les lier ensemble, se nomment *les bandes l l* & *l l*, *Fig. B B* ; elles sont plus larges derriere que devant. A l'Arçon de derriere, *le pontet f* qui tient le milieu, & *le milieu du troussequin*, ne font qu'une piece ; les autres sont *les deux pointes de derriere g*, *g*, & *les deux bouts du troussequin h*, *h*, qui se joignent à son milieu, & s'appuient sur les pointes.

Prendre la mesure.

LA premiere chose que l'Arçonnier doit faire, quand il a des Arçons de commande, est de prendre la mesure sur le dos du cheval ; pour cet effet, il pose son compas ouvert du sens où ses branches se rapprochent par le haut au-dessus du garrot, jusqu'à ce que ses pointes arrivent au défaut du mouvement de l'épaule ; il rapporte cette ouverture sur une regle de vingt-deux pouces, divisée de pouce en pouce : il trouvera communément pour un cheval ordinaire quinze pouces d'ouverture ; puis retournant le compas sur son clou en sens contraire, il fait la même opération sur les reins du cheval, jusqu'à ce que les pointes arrivent au défaut des côtes, d'où le rapportant sur la regle, il trouvera ordinairement deux pouces de plus que devant, ce qui fera dix-sept pouces d'ouverture : ces deux mesures lui suffisent pour travailler ses Arçons.

Le travail de l'Arçonnier.

LA mesure prise sur le cheval, comme on vient de l'expliquer, l'Arçonnier commence par débiter son bois, c'est-à-dire, par scier de longueur toutes les pieces de ses Arçons ; ensuite il les dégrossit & les ébauche l'une après l'autre avec ſa hachette ; puis il leur donne la forme & les acheve avec les aceaux, la rape à bois, &c. Les pieces achevées, il y en a qui ſe collent à plat-joint, d'autres à mi-bois : à l'égard de celles-ci, il trace avec la pointe de ſon compas de fer ou autrement les échancrures ; puis en ſuivant ſes marques avec quelques traits de ſcie, il pénetre juſqu'à mi-épaiſſeur ; il évide enſuite ſes échancrures avec l'aceau ou la plane bien uniment, pour que les parties échancrées qui doivent ſe remplir mutuellement, ſe joignent bien juſte.

Il aſſemble chaque Arçon & en colle les pieces, celles de l'Arçon de devant à plat-joint ; il y en a qui, pour le rendre plus ſolide, y ajoutent une petite clef en travers en dehors, entre le galme & l'arcade : celles de l'Arçon de derriere à mi-bois, le tout avec de la meilleure colle forte ; & pour que les aſſemblages à mi-bois ne ſe dérangent pas en ſéchant, il frappe au milieu de chaque joint un clou, ſous lequel il fait entrer un petit morceau de cuir : ces clous y reſtent juſqu'à ce que les Arçons ſoient parfaitement ſecs. Les clous ôtés, il met ſes Arçons ſous les fauſſes-bandes *c c c*, (*voyez* leur deſcription aux inſtruments ci-deſſus) ; il commence donc par clouer les deux bandes fendues ſur les pointes de l'Arçon de devant, de là ſur les pointes de derriere par le bout fendu : le cloud qui paſſe dans la fente, aura un petit morceau de cuir ſous ſa tête, comme les autres clous dont on vient de parler ci-deſſus ; c'eſt alors qu'en faiſant couler les fentes ſous leurs clous, plus ou moins, il parvient à égaliſer la diſtance des deux Arçons, & ſe donne la meſure de l'étendue du ſiege en longueur, laquelle il prend avec un fil, le portant du haut du galme au haut du milieu du pontet, ſoit quinze, ſeize, &c, pouces ; alors il ſerre le clou ſur la fente, & cloue la troiſieme fauſſe-bande d'un bout ſous l'arcade, & de l'autre ſous le milieu du pontet, le tout bien aſſuré ; & après s'être confirmé en portant ſon fil des pointes de devant à celles de derriere, en droiture & en diagonale, il taille & ajuſte ſes deux vraies bandes qu'il place & colle à mi-bois, tant à l'Arçon de devant qu'à celui de derriere, à trois pouces du milieu du devant & à quatre derriere ; il frappe un clou à chaque joint, laiſſe ſécher, & finit par ôter les fauſſes bandes ; alors ſon travail eſt achevé, & les Arçons prêts à être employés par le Sellier.

Liste détaillée de Arçons des Selles en usage.

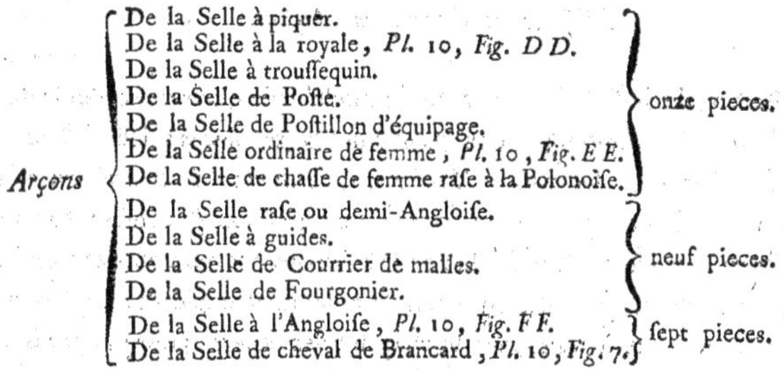

Arçons:

- De la Selle à piquer.
- De la Selle à la royale, *Pl.* 10, *Fig. D D.*
- De la Selle à trousequin.
- De la Selle de Poste.
- De la Selle de Postillon d'équipage.
- De la Selle ordinaire de femme, *Pl.* 10, *Fig. E E.*
- De la Selle de chasse de femme rase à la Polonoise.

} onze pieces.

- De la Selle rase ou demi-Angloise.
- De la Selle à guides.
- De la Selle de Courrier de malles.
- De la Selle de Fourgonier.

} neuf pieces.

- De la Selle à l'Angloise, *Pl.* 10, *Fig. F F.*
- De la Selle de cheval de Brancard, *Pl.* 10, *Fig.* 7.

} sept pieces.

Proportions des Arçons de la Selle à la royale.

PARMI les Arçons composés de onze pieces, on choisit ici pour modele les proportions de celles des Arçons à la royale, qui seront suivis des différences qui se trouvent dans les autres, suivant la liste ci-dessus.

Les Arçons de la selle à la royale sont faits de onze pieces. A la royale.

Les deux grandes pieces de l'Arçon de devant, qu'on nomme *les devants*, auront chacun onze pouces & demi de long à prendre du dedans de garrot, c'est-à-dire, du milieu de l'arcade jusqu'aux bouts, & quinze pouces d'ouverture d'un des bouts à l'autre: leur largeur de trois pouces ou plus.

Les deux liéges qui se placent debout vers le haut des devants à un pouce du haut du galme; leur longueur arrasant les bords intérieurs des devants auront quatre pouces & demi de long; leur haut bout aura deux pouces d'élévation; leur largeur qui s'applique sur les devants, sera au milieu de demi-pouce.

Les quatre pieces susdites qui composent tout l'Arçon de devant, se font & se collent à plat-joint: à l'Arçon de derriere, le pontet qui est la piece du milieu de l'Arçon & le milieu du troussequin, qui ne font qu'une seule piece, auront, pris ensemble, six pouces de long & deux pouces de haut; le dessous du pontet aura deux pouces de large.

Les deux pointes s'assemblent & se collent à mi-bois au pontet; il y aura du milieu du pontet au bout de chaque pointe onze pouces de long: chacune aura trois pouces ou plus de large.

Les deux bouts de troussequin qui s'assemblent & se collent à mi-bois au milieu du troussequin sur leur hauteur, & à plat-joint sur les pointes, auront chacun huit pouces & demi de long, & leur largeur sur les pointes sera d'un pouce.

Toutes les pieces de l'Arçon de derriere assemblées, il aura dix-sept pouces d'ouverture d'une pointe à l'autre.

Différences des autres Arçons.

A onze pieces à piquer.

LES Arçons de la selle à piquer sur le modele desquels ceux de la selle à la royale ont été composés, ont les mêmes onze pieces; les différences sont que les liéges ont six pouces & demi de longueur & quatre pouces de haut à leur haut bout; que le troussequin a cinq pouces & demi de hauteur, & qu'il n'a que treize pouces de siege: ces Arçons ont un pommeau de bois de trois pouces de long, taillé en-dehors horizontalement dans la même piece du galme, qui sert à accrocher le chapelet des étriers, pour monter à cheval. Ce pommeau a été supprimé à toutes les selles sur lesquelles on monte sans se servir d'un chapelet: ces Arçons sont le chef-d'œuvre de l'Arçonnier.

A troussequin.

Les Arçons à troussequin ont les onze mêmes pieces; ils se font pour les selles de Cavalier, de Dragon & pour les valets; les liéges s'y placent à rase du haut du galme; les bouts de troussequin se terminent en arrondissant, parce qu'on n'y ajoute point de battes; les liéges auront de long six pouces & au haut bout deux pouces & demi de haut; la hauteur du troussequin est de deux pouces & demi: le siege est de seize pouces pour la Cavalerie, de quinze pouces & demi pour les Dragons, & de quinze pouces pour les valets.

De poste.

Les Arçons de poste ressemblent en tout aux précédents; mais ils ont dix-huit pouces de siege.

Postillon d'équipage.

Les Arçons de Postillon d'équipage de même; mais ils n'ont que seize pouces de siege.

Femme.

Les Arçons de femme, *Fig. E E*, ont onze pieces, comme tous ceux dont on vient de parler; les différences sont qu'ils n'ont qu'un seul liége, qui se place à gauche, côté du montoir, un troussequin de quatre pouces de haut, duquel part hors la main un dossier qui est une planche d'abord de même hauteur, qui coule le long de la bande hors la main, où elle augmente en hauteur, de maniere que vers le milieu de son étendue elle aura jusqu'à sept pouces de haut; elle va se rendre sur le bout du devant du même côté. Le galme qu'on nomme en cette occasion le *pommeau*, s'assemble à mi-bois, & aura six pouces & demi de haut; il s'ajoute debout au-dessus du vrai galme: ils auront de dix-sept à dix-huit pouces de siege.

A neuf pieces, rase.

Les Arçons de la selle rase n'ont que neuf pieces, attendu qu'il n'y a point de troussequin; du reste, ils sont semblables à ceux de la selle à la royale.

Courrier en guides.

Les Arçons de Courrier en guides ont neuf pieces, parce qu'ils n'ont point

point de lieges ; du reste, ils sont semblables aux Arçons à troussequin ; mais de trois pouces à trois pouces & demi de haut, on met à ces Arçons un pommeau pour y accrocher le chapelet du Courrier : ils ont seize pouces de siege.

Les Arçons de Courrier de malle, neuf pieces ; ils ont dix-huit pouces de siege, le troussequin six à huit pouces. Courrier de Malle.

Les Arçons de Fourgonnier, neuf pieces ; ils ont seize pouces de siege, le troussequin trois pouces à trois pouces & demi ; du reste, ces deux derniers sont semblables en tous points à ceux de Courrier en guide. Fourgonnier.

Les Arçons de la selle à l'Angloise *m*, n'ont que sept pieces ; ils sont tout unis, n'ayant ni liege ni troussequin ; ils ont pour un Maître dix-sept pouces de siege, & pour un Postillon dix-huit pouces. A sept pieces, à l'Angloise.

Les Arçons de la sellette de cheval de brancard ont sept pieces, & quinze pouces de siege. Sellette.

LA CONSTRUCTION DES SELLES.

AVERTISSEMENT.

UNE Selle n'est autre chose que des arçons tapissés & garnis de tout ce qui leur est nécessaire, pour que le Cavalier puisse, par ce moyen, être assis commodément sur le dos du cheval ; ainsi les proportions des arçons, qu'on vient de donner au Chapitre premier, sont la proportion des Selles ; on s'y est étendu sur les arçons à la royale, comme étant du nombre des plus composés ; & attendu que la Selle construite sur ces arçons est la plus difficile à bien faire, & qu'elle donne les principes sur lesquels on peut se mettre en état d'exécuter toute espece de Selles Françoises, on continuera à la prendre pour modele, comme on a fait à l'égard de ses arçons. La Selle que nous appellons *à l'Angloise*, parce que nous l'avons empruntée des Anglois, a une construction particuliere dont on donnera ensuite le détail ; la *Selle de femme* a quelques parties qui ne se rencontrent dans aucune autre ; on les expliquera : on finira par la Sellette du cheval de brancard, qu'on met ici, quoique appartenante à l'Art du Bourrelier, parce qu'elle auroit été la seule à décrire dans cet Art, au lieu qu'ici elle aura été précédée de notions analogues à sa description.

CHAPITRE SECOND.

Les quartiers des Selles.

TOUTES les Selles ont des quartiers, c'eſt-à-dire, une eſpece d'étoffe composée, avec laquelle on remplit l'intervalle des deux côtés des Selles, le long des bandes des arçons, & ſur laquelle repoſent les cuiſſes du Cavalier: cette étoffe ſe fabrique ordinairement par des femmes; elle ſe compoſe par pieces. Pour y parvenir, on a pluſieurs plate-formes ou deſſus de table de bois d'environ trois pieds en quarré, & un tonneau ou un gros billot ſur lequel on met la plate-forme pour pouvoir la tourner à ſa volonté.

Ayant placé votre plate-forme, étendez deſſus une peau entiere de mouton tannée, l'envers en deſſus; bâtiſſez-la tout autour avec des pointes de Maréchal, qu'elle ſoit bien étendue; & comme tout quartier doit avoir vingt-huit pouces en quarré, couſez des morceaux de même peau dans les vuides qui pourroient ſe rencontrer au pourtour, afin de la rendre ſuivant ladite meſure.

Pâte. Ayez de la *pâte*; c'eſt ainſi que ſe nomme une forte colle de farine; cette colle ſe fait avec de la folle-farine qui ſe trouve répandue dans les Moulins à bled, & de l'eau commune, une chopine pour un litron de farine; on fait bouillir l'eau, & toute bouillante, on la verſe ſur la farine en remuant toujours; elle devient d'une bonne épaiſſeur & très-collante.

Mettez de cette pâte ſur la peau, étendez-la bien uniment avec un morceau de bois taillé exprès, qu'on nomme le *liſſoir X*, *Pl.* 10: ayez de groſſe toile; la vieille toile à ſacs eſt la meilleure, parce qu'elle prête moins, étendez-la par-deſſus la colle; étendez une ſeconde couche de colle, puis une ſeconde toile ſur laquelle vous paſſerez le liſſoir, pour rendre le tout bien uni; mettez enſuite ſécher à l'ombre ſur la plate-forme. Quand cette étoffe ſera parfaitement ſeche, vous la déclouerez de deſſus, & vous aurez alors un corps de l'épaiſſeur d'un fort carton, mais plus ferme & plus ſolide; une peau de mouton ainſi préparée, fait les deux quartiers d'une Selle; & des recoupes, le Sellier en compoſe les battes de devant & de derriere, comme on verra par la ſuite.

CHAPITRE TROISIEME.

Les Outils, Matériaux & le commencement du Travail.

Les Selliers ont peu d'Outils qui leur ſoient particuliers ; ce ſont les ſuivants.

La Liſſette *A*. Outils.

Les Cornettes *B C*, *C C*, *D*.

Les Roſettes *E*.

Le Miniſtre.

Les groſſes Tenailles.

Du reſte, ils ſe ſervent de pluſieurs autres inſtruments qui leur ſont communs avec les Bourreliers, comme le couteau à pied, le rembourroir, le tire-bourre, la rênette, le marteau, les pinces de bois & de fer, le batte-à-bourre, &c, ſuivant le beſoin qu'ils en ont.

On parlera du miniſtre & des groſſes tenailles, en traitant ci-après la garniture des voitures à laquelle ils ſervent principalement.

La liſſette *A*, qui eſt d'os, ſert à unir & liſſer ce qui vient d'être collé, en la paſſant deſſus. PLANCHE 10.

Les cornettes *B C*, *C C*, *D*, ſervent à imprimer des traces & différents deſſeins ſur le cuir.

Les roſettes *E*, ſont faites comme de gros clous, évidés en étoile ſur l'épaiſſeur de leur bout ; on s'en ſert pour imprimer de petites étoiles ſur le cuir à coups de marteau.

Leurs matériaux ſont le nerf, la toile, le cuir, la colle-forte, la pâte ci-deſſus, le velours, les galons, le fil-gros, les franges, la bourre, le crin, la plume, &c. Matériaux.

Les coutures doubles ſe font avec des aiguilles comme celles des Bâtiers, & ſe nomment *coutures piquées*, comme celles des Carroſſiers ; le point de cordonnet ſera décrit Chapitre quatrieme, au titre *Deſſeins de Cordonnet*.

Nerver.

Tous arçons, avant de ſonger à les garnir, doivent être nervés & encuirés ; ce qu'on nomme le *nerf de bœuf* avec lequel on les nerve, eſt dans l'animal la marque de ſon ſexe ; il a huit à dix pouces de long tout préparé. Cette préparation conſiſte à le diviſer en filaſſe avec de groſſes cardes de fer ; ceux qui l'apprêtent ainſi, le vendent en paquets d'une livre aux Clinquaillers ou directement aux Selliers.

Ecartez ces fils de nerf, & les étendez à mesure sur les arçons de tous côtés, & toujours du sens de la longueur des pieces; ayez en même-temps de la colle-forte chaude, trempez dedans à mesure une brosse de Peintre, que les Selliers appellent un *pinceau*, dont vous enduirez le nerf en tapant la brosse dessus; passez ensuite la lissette par-tout pour bien unir & applatir le nerf; laissez refroidir.

Encuirer.

POUR encuirer ensuite les arçons nervés, prenez de la toile de moyenne grosseur, taillez-la en morceaux sur la mesure de chaque piece d'arçon; car il faut que le bois en soit couvert entiérement; trempez chaque morceau à mesure que vous voulez l'appliquer dans la colle-forte chaude, à plusieurs reprises, le maniant & pêtrissant dans vos mains à chaque fois avant de le poser; passez ensuite la lissete, afin que la toile se colle bien uniment par-tout.

Ferrer.

LES arçons nervés, encuirés & bien secs, il s'agit de les ferrer: cette ferrure consiste en bandes de fer plates & autres ferrements, savoir, sous l'arçon de devant jusques vers les bouts, une bande d'un bon pouce de large, qui suivra toutes les inflexions de l'arçon; sous celui de derriere, une pareille bande; une bande qui traverse en dedans le collet du devant de la Selle, & se termine sur les lieges; on la nomme *bande de collet*; du reste, les porte-étriers faits avec de petites tringles de fer, qui se mettent sur les bandes d'arçon, comme aussi quelques boucles & anneaux enchappés: toute cette ferrure se cloue au bois des arçons: elle varie suivant les Selles.

Sangler & faux-siéger.

SANGLER est remplir avec des sangles le vuide qui se trouve à toutes les Selles entre les deux bandes d'arçon; *faux-siéger* est couvrir de toile par-dessus les deux bandes. Pour sangler, vous clouerez d'un arçon à l'autre en-dessous, quelquefois en-dessus, entre les deux bandes de la sangle fine, deux morceaux qui se croiseront l'un sur l'autre au milieu de leur longueur. Pour faux-siéger, vous couperez un morceau de toile, de façon qu'étant tendu & cloué sur les bandes & sur les arçons, il couvre en entier par-dessus les sangles susdites les bandes & l'intervalle entre les deux arçons.

CHAPITRE

CHAPITRE QUATRIEME.

Construction de la Selle à la Royale.

MAINTENANT que ces quatre opérations communes à toutes les Selles sont décrites ; supposant ici qu'elles soient exécutées sur les arçons d'une Selle à la royale, vous continuerez par tailler les quartiers *Fig.* 2, *Pl.* 10, c'est-à-dire, l'étoffe décrite Chapitre second, destinée à remplir les côtés de la Selle. Pour cet effet, vous couperez cette étoffe en deux quarrés longs ; on entamera un des longs côtés à trois pouces d'un de ses bouts : cette entamure sera le milieu du haut du galme *a* ; de là on conduira sa coupe en rasant les lieges en-dehors ; on remontera de même en-dedans jusqu'à un pouce & demi au-delà du dedans des bandes *b*, que l'on suivra tout du long à cette distance jusqu'aux bouts de troussequin, autour desquels on tournera de même pour terminer la coupe au milieu du haut du pontet en-dehors *c*, & à un pouce & demi de l'autre bout *d d* ; le côté opposé qui est en-bas *e e*, doit passer à quatre pouces au-dessous des pointes des devants d'arçon. *Les quartiers.*

Chaque quartier ainsi taillé, vous couperez sur lui son dessus qui sera de cuir de Russie, de velours, &c ; vous le couperez le long des trois côtés de dehors *f f*, d'un demi-pouce plus large, & dans l'espace du liege au troussequin plus bas d'un pouce & demi *g g*, que l'étoffe du quartier *b*, que vous laisserez à nud. *Dessus de quartier.*

Vous pouvez alors achever chaque quartier à part, qu'il n'y ait plus qu'à les monter sur la Selle quand il en sera temps. Pour cet effet, vous étendrez avec la lissette de la pâte sur le quartier ; vous y collerez le dessus, puis vous pointerez sur une table son excédent de demi-pouce, & vous laisserez sécher. Quand le tout sera bien sec, vous rabattrez en-dessous l'excédent du dessus, ce qui peut se faire de deux façons. Si le dessus est de *roussi* (c'est le nom qu'on donne par corruption au *cuir de Russie*), après en avoir replié les bords en-dessous, on les arrête par une couture piquée ; s'il est en velours, on les rabat à l'Angloise. Pour rabattre à l'Angloise, on décolle la double toile du quartier autour des bords ; on y fait entrer dans l'intervalle les bords du dessus, & on colle le tout ensemble ; on borde le dessus avec un galon, ce qu'on ne fait point en roussi : la couture ci-dessus tient lieu de bordé. *Achever les quartiers.* *Rabattre à l'Angloise.*

Tracez sur le milieu du quartier, nommé *l'entre-jambe*, les desseins de cordonnet ; ces desseins consistent à marquer avec la regle & la cornette *B*, du haut vers le bas, un peu en biais, des lignes paralleles deux à deux, chaque double ligne répétée quatre ou cinq fois à distance égale les unes des autres, *Desseins du cordonnet & point.*

qu'on termine par de petites portions de cercle aussi doubles, faites au compas *Fig.* 3, *a a*, pour les suivre ensuite d'un bout à l'autre avec le point de cordonnet composé d'un fil & d'une soie rouge : pour le faire, vous piquez l'alêne, puis vous passez le fil avec l'aiguille de dessous en dessus ; & avant de le repasser en dessous, vous engagez un bout de la soie dans le point avec lequel vous la serrez ensuite, & ainsi de point en point tendant toujours la soie : ces desseins font une espece d'ornement utile, pour empêcher le dessus de se déjoindre de son quartier.

Façon du point de cordonnet.

Tout cela achevé, vos quartiers seront prêts à monter sur les arçons.

Les battes.

Les quatre battes, tant les deux de devant que de derriere, sont des pieces destinées à garnir les bouts des lieges & du troussequin ; on les fabrique avec les morceaux de l'étoffe des quartiers qui restent après qu'ils ont été taillés ; on les coupe sur des patrons : celles de devant *Fig.* 4, sont composées de deux de ces morceaux ; il en faut quatre des plus forts pour celles de derriere, *Fig.* 5 ; les battes de devant dépasseront les lieges de deux pouces, & celles de derriere de quatre pouces. A la Selle à la royale, la batte de devant a de long six pouces & demi passés ; au bout d'en-dehors, deux pouces & demi de haut ; l'autre bout un pouce & demi. La batte de derriere a cinq pouces & demi passés de long, le bout en dehors deux pouces & demi de haut, le bout bas un pouce & demi : on les amincit par le dessus & au bout haut. Pour construire celles de devant, collez avec de la pâte les deux morceaux de chacune ensemble ; puis vous les pointerez sur une planche par les deux bouts, & les laisserez sécher ; on fait de même aux battes de derriere.

Pour achever la batte de devant, vous collerez sur toute sa surface de dehors un morceau de cuir de Russie ; puis marquant sur cette face le contour du liege, à deux pouces près du bout quarré de la batte, vous y coudrez un petit galon qui le représentera ; vous coudrez aussi de l'autre côté en-dedans un autre morceau de même cuir, que vous aurez taillé un peu plus large que le bout de la batte, pour qu'étant cousu & plissé dans les angles, on puisse le rembourrer par le côté en-dedans, qui ne sera point cousu vis-à-vis le bout quarré du liege : cette façon est ce qu'on appelle *chausser les battes*.

Chausser les battes.

Pour monter les battes sur les lieges, vous commencerez par décoller de dessus la batte le roussi qui est dans l'enceinte du petit galon ; vous y ferez entrer le liege ; le corps de la batte se trouvera en dedans derriere le liege. Ayant posé ainsi les deux battes avec un peu de pâte que vous aurez mis aux lieges, avant de les enfoncer, vous les clouerez, c'est-à-dire, l'étoffe qui les couvre, qu'on laisse toujours dépasser un peu ; vous les clouerez, dis-je, sur les devants d'arçon de trois clous par-dehors, & d'autant par-dedans.

Vos battes en place *b*, *Fig.* 3, & assurées, vous amincirez au haut ce qui n'en eſt pas recouvert, en y taillant en-dedans un petit biſeau; vous borderez tout le deſſus garni d'un petit galon *x x*, *Fig.* 4, que vous paſſerez de l'une à l'autre par-deſſus le galme de l'arçon; puis vous placerez les miroirs. On nomme le *Miroir*, un petit morceau de l'étoffe dont on fera le ſiege; on le taille ſuivant le contour du petit galon ci-deſſus qui repréſente le tour du deſſus du liege; on le colle à plat ſur le cuir de Ruſſie qu'il encadre; on en fait entrer les bords ſous le galon, & on cloue le bas ſur les bandes d'arçon.

Les Miroirs.

Les battes de devant ainſi travaillées, ſont les premieres pieces de la Selle montées à demeure ſur les arçons. (1).

Vous aſſemblerez alors les quartiers par leurs bouts de devant *a*, avec une couture à ſurjet; vous couvrirez cette couture par une petite bande de rouſſi couſue à deux rangs, qui ſe nomme un *petit galme*; vous poſerez ce milieu ſur le galme de l'arçon de devant; vous porterez les deux quartiers en leur place, & vous les retiendrez par quatre clous, que vous pointerez, deux vers les battes, & deux vers le trouſſequin; vous verrez avec le compas ſi le bas des quartiers eſt à diſtance égale des pointes de l'arçon de derriere, ce qui doit être exactement; en même-temps vous porterez les battes de derriere aux bouts de trouſſequin ſur les quartiers, où vous marquerez ce qui doit en dépaſſer le trouſſequin; vous ôterez enſuite les quartiers, & coudrez à points croiſés leſdites battes ſur l'endroit marqué. Vous coudrez enſemble les deux bouts de derriere des quartiers *c*, *Fig.* 2, au-deſſus du pontet, derriere le trouſſequin; recouvrez la couture d'un petit galme.

Aſſembler les quartiers.

Otez les clous qui pointoient les quartiers.

Coupez le vrai ſiege *d d*, *Fig.* 3, en chamois, velours, &c, d'un ſeul morceau, ſur un patron repréſenté plié en deux *Fig.* 6: celui de la Selle à la royale a un pied dans ſon plus large derriere, & quatre pouces devant; vous le doublerez de toile; vous marquerez ſur l'étoffe cinq traces eſpacées en travers; c'eſt ce qu'on nomme les *barres du ſiege*; vous les ſuivrez toutes par une couture en ſoie à points devant, qui prendra le deſſus & la doublure que vous aurez coupée un peu plus large que le deſſus, pour donner facilité à la rembourrure: vous coudrez au ſiege le chaperon *e* par-devant, & le dedans de trouſſequin *f* par-derriere; vous ferez ces pieces de l'étoffe du ſiege. Le chaperon eſt deſtiné à recouvrir en-dedans le collet de l'arçon juſqu'à la garniture des battes, & le dedans de trouſſequin doit recouvrir pareillement en-dedans tout l'intervalle entre ſes battes garnies: chacun ſera en deux morceaux égaux, couſus au bout l'un de l'autre; on les taille ſuivant la place qu'ils

Le ſiege, le chaperon & le dedans de trouſſequin.

(1) Quand aux battes de derriere, vous en garnirez la moitié la plus large *c*, *Fig.* 3, qui doit dépaſſer le bout du trouſſequin de quatre pouces; vous en amincirez le haut & le côté en biſeau en-dedans; vous collerez en dehors le cuir de Ruſſie; vous borderez le tour d'un galon, & à un demi-pouce au-deſſous, vous coudrez un autre galon parallele au premier; vous clouerez au trouſſequin en-dedans à demeure cinq ou ſix clous à la partie de la batte qui n'eſt point couverte.

doivent occuper ; de plus on joint encore par une couture, le long du dedans de trouſſequin, un morceau de cuir de Ruſſie deſtiné à le fortifier.

On couvrira tout le derriere du trouſſequin juſqu'à la garniture des battes : on en couvrira la couture d'un galon, qui répondra au ſecond galon des battes ; vous doublerez le chaperon de toile, & vous y ferez quelques barres comme au ſiege ; vous ne doublerez point le dedans de trouſſequin ; mais pour l'ornement, vous le remplirez de petites barres de pouce en pouce ; enſuite retournant ces pieces à l'envers, vous fendrez en travers la toile au milieu de chaque barre du ſiege, pour y faire entrer de la bourre de laine, & les rembourrer mollement ; puis vous ferez à la toile de côté & d'autre de ces fentes de petites taillades en long avec les ciſeaux ; vous les ſemerez ſur toute la doublure : ceci ſe fait pour que la toile prete quand on tendra le ſiege ; par la ſuite, vous ferez la même opération à l'envers du chaperon ; vous coudrez un petit cuir en avant, au-deſſous du milieu du devant du ſiege.

Feutrure du trouſſequin.

Pour faire enſuite la feutrure du trouſſequin, coupez un morceau de toile auſſi long que le trouſſequin & les parties de ſes battes qui ne ſont point garnies, & aſſez large pour qu'elle puiſſe paſſer par-deſſus; couſez-la d'une couture piquée le long du bas dudit trouſſequin en-dedans ; jettez-la enſuite par-deſſus ; vous la couperez alors au haut du bout non garni de chaque batte, & l'y coudrez en lui donnant du jeu, pour pouvoir les rembourrer enſuite par le côté en-dedans, que vous ne coudrez point : quand cette rembourrure eſt faite, pointez la toile de quelques clous le long de la moitié de la hauteur du trouſſequin en-dehors ; rembourrez-la en-dedans ; continuez toujours de pointer des clous & de rembourrer, juſqu'à ce que vous ayez rempli l'intervalle d'une batte à l'autre, ce qui s'appelle faire la *feutrure du trouſſequin* ; enſuite un peu au-deſſus de ce rang de clous pointés, vous ferez un rang de piqures de pouce en pouce, c'eſt-à-dire, que perçant avec l'alêne de dehors en-dedans, vous traverſerez le bois du trouſſequin & la feutrure pour y paſſer l'aiguille enfilée ; puis la repaſſant dans le même trou, vous engagerez dans le fil, avant de le ſerrer, une pincée de bourre. Cette piqure faite, vous ôterez le rang de clous, & vous couperez le ſurplus de la toile au-deſſous du fil de la piqure ; vous recouvrirez la toile des deux battes d'un morceau de cuir de Ruſſie, que vous leur coudrez en-bas, en-haut & à côté.

Piquer la feutrure.

Vous borderez d'un galon les deux côtés du ſiege du chaperon & du dedans de trouſſequin, que vous ne coudrez qu'à mi-bord ; & avant de les placer, vous coudrez au faux-ſiege la portion des quartiers qui n'eſt pas couverte de leurs deſſus.

Poſer le ſiege, le chaperon & le dedans de trouſſequin.

Placez le ſiege bien au milieu entre les deux arçons par-deſſus le faux-ſiege ; vous en coudrez le bout le plus large, qui eſt le derriere d'une couture piquée, traverſante le long du bas du trouſſequin ; vous le tendrez enſuite

ensuite en long au moyen du petit cuir que vous avez ci-devant ajouté à l'autre bout, & que vous clouerez au collet ; cousez cet autre bout au-bas du collet, comme vous avez cousu le derriere : ces deux coutures prendront en même-temps, l'une, le bas du dedans de troussequin, l'autre, celui du chaperon qui tiennent tous les deux au siege, comme il a été dit.

Vous rembourrerez le dessous du siege par les côtés dans toute son étendue bien également ; vous en fermerez les côtés, en les tendant par une couture piquée en avant sur les quartiers ; puis vous la couvrirez de l'autre demi-largeur du galon que vous coudrez de même aux quartiers ; vous releverez ensuite le dedans de troussequin par-dessus sa feutrure, & vous colerez la piece de roussy qui y est jointe, comme il a été dit, le long du dehors du troussequin, & vous la clouerez en-bas de quelques broquettes. Pour faciliter votre opération, vous aurez précédemment enfilé par les bouts les deux derrieres des quartiers qui cachent cette place ; vous les aurez retroussés & attachés avec le fil par un nœud au bord de leurs côtés bas. Quand elle sera faite, les quartiers retourneront d'eux-mêmes en leur place, & recouvriront les broquettes ; vous coudrez ensuite les galons des côtés autour des battes, & vous coudrez un galon sur tout le haut du troussequin ; vous releverez le chaperon ; vous coudrez le galon des côtés sur la chaussure des battes de devant, & le haut sur le haut des battes & du galme, le rembourrant à mesure ; vous recouvrirez cette derniere couture en cousant par-dessus le galon de communication d'une batte à l'autre ; *voyez* les battes ci-dessus.

Rembourrer le siege.

Coudre les galons.

Vous assemblerez & coudrez les deux bouts de derriere des quartiers au-dessus du pontet, & vous en couvrirez la couture par un petit galme de galon.

Vous mettrez par-devant un rang de clous dorés en-dehors, depuis le galme jusqu'au bout des battes de devant de chaque côté, & un derriere, le long du troussequin, depuis le pontet jusqu'au bout des battes.

Clous dorés.

Il ne se fait point de Selles dont le dessous ne soit garni de deux panneaux, destinés à garantir le dos du cheval du bois des arçons ; c'est pourquoi, tout le dessous de votre selle étant achevé, vous aurez construit deux panneaux égaux, pour être posés l'un à droite, l'autre à gauche, sous les arçons. Or, comme la construction des deux est la même, le détail d'un seul sera suffisant.

Les panneaux.

Prenez un morceau de basanne jaune, *Fig.* 8, *f f* ; appliquez-la à l'envers des arçons, & tracez dessus leurs contours avec une pointe, savoir, depuis le milieu de l'arcade du garrot, tournant de la pointe de devant à celle de derriere, & finissant sous le milieu du pontet, d'où vous tracerez une ligne droite qui rende à l'extrémité de l'arcade de votre côté ; coupez le long de ces traces, observant cependant de rentrer en douceur en-dedans entre les deux pointes, & de laisser, quand vous serez arrivé à un pouce & demi de l'arcade, une petite avance de peau *g*, que vous couperez quarrément jusqu'au milieu de l'arcade, par où vous avez commencé ; alors, le dessus de votre panneau est taillé, & vous servira de patron pour l'autre : coupez sur la mesure des pointes des arçons deux petits morceaux de roussy, arrondis comme elles par un bout, coupés quarrément par le bout opposé ; cousez-les au-dehors de la peau à l'endroit des pointes d'arçon, excepté le bout quarré qui doit rester ouvert, ce qui formera une petite bourse ou poche ; cela fait, vous doublerez de toile tout l'envers de votre dessus de panneau ; puis prenant une seconde toile, vous poserez votre panneau dessus, & vous la couperez autour du dehors d'un pouce plus large, excepté entre les deux pointes, où vous la rapprocherez de la petite échancrure que vous avez faite, & dont, en ressortant, vous l'élargirez comme devant jusqu'à l'angle, pris vis-à-vis du pontet, où vous la couperez pendant trois pouces tout près du dessus ; puis ressortant un peu, vous couperez en droite ligne jusqu'au bout de la petite avance ci-dessus, sans vous embarrasser de suivre davantage la forme du panneau ; vous coudrez cette toile par ses bords à ceux du dessus à grands points, la plissant dans le tour des pointes ; vous coudrez ensuite à mi-bord dessus & dessous par-dessus cette couture, une bordure de basanne jusqu'à trois pouces au-delà du pontet, où vous avez arrasé la toile avec le dessus. La bordure finie, vous continuerez à coudre le long du dessus jusques vers le milieu de sa longueur, où vous laisserez une ouverture de trois pouces ou environ, après laquelle vous reprendrez la couture jusqu'au commencement de la petite avance ; le surplus de la toile qui reste en-dehors, se coudra au bout de ladite avance jusqu'où vous avez commencé à border ; vous ferez aussi entre les pointes vis-à-vis de la petite échancrure *h h*, une couture en quarré, qui occasionnera un espace où la bourre n'entrera pas : toutes ces coutures faites, vous pointerez à l'envers sur une table par les deux bouts ; vous rembourrerez d'un bon pouce d'épais & assez ferme par l'ouverture susdite, que vous coudrez ensuite, & le panneau sera prêt à poser.

Garniture. Avant de poser les panneaux, il faut attacher aux arçons tous les cuirs nécessaires au service de la Selle ; ces courroies consistent en trois contre-sanglots *a*, *a*, *a*, *Fig.* 8, le long de chaque bande aux boucles du poitrail *b*, à l'*anneau de la croupiere c*, (1) aux attaches du coussinet *d*, & aux trousse-étriers *e*, & par-dessus aux crampons des fourreaux de pistolet *g*, *g*, *Fig.* 3, & à ceux du porte-manteau *h*.

Poser les panneaux. Les panneaux se posent les derniers. Pour cet effet, on commence par faire entrer les pointes des arçons dans les petites poches, cousues sur le dessus du panneau ce qui s'appelle *chausser les panneaux* ; on ne le fait tenir du reste qu'à l'arcade par deux clous pour chaque panneau, & aux pointes de même ; la Selle alors est totalement achevée, & prête à servir, quand on y aura ajouté la croupiere avec son coussin, le poitrail, les sangles, les étriers avec les

(1) Pour le poitrail & la croupiere, *voyez* le Chapitre douzieme.

étrivieres; du reste, il y a de quoi attacher le porte-manteau en passant des courroies dans les crampons rivés qui sont derriere le troussequin & les fourreaux de pistolets à ceux de devant près des lieges.

On ajoute presque toujours une couverture de basanne jaune à la Selle, qui couvre entiérement tout le dessus, pour la conserver & la garantir de la poussiere; la Selle même sert de patron pour tailler toutes les pieces de la couverture; on double de toile de Cholet seulement ce qui en doit poser sur le siege; du reste, avant d'assembler toutes les autres pieces, on passe à l'envers de chacune une couche très-légere de pâte qui est seche en un moment, pour garantir la Selle d'une poussiere légere qui la saliroit perpétuellement sans cette précaution. Couverture.

CHAPITRE CINQUIEME.

Des variétés de formes & de construction dans les Selles Françoises comparées à la Selle à la royale.

La construction de la Selle à la royale que l'on vient d'expliquer, donne la manœuvre, en général, de toutes les autres Selles Françoises; mais comme dans chacune il se trouve différentes conformations, relatives aux divers usages auxquels on les applique, il suffira d'expliquer la structure de ces différences, attendu que le travail essentiel est déja indiqué dans la précédente.

La Selle à piquer.

La Selle à piquer est celle qui est désignée par le Corps des Selliers pour leur chef-d'œuvre de réception : cette espece de Selle ne sert que dans les Académies pour monter à cheval, par les raisons qui ont été déduites dans l'Introduction, entre autres, qu'elle doit son origine à *la Selle à corps* des Guerriers aux temps des armures de fer, dont ils se couvroient depuis la tête jusqu'aux pieds.

Nous avons découvert une de ces Selles à corps chez un Sellier, (le sieur *Hutin*, rue d'Orléans au Marais,) qui avoit été construite par son bisaïeul, & qui doit avoir environ cent ans; on verra par le dessein que nous en avons fait, comparé à celui de la Selle à piquer actuelle, qu'en ayant retranché ce qui y seroit présentement superflu, & l'ayant accommodé à notre usage, elle n'a fait du reste que changer de nom. Selle à corps.

Cette Selle est entiérement couverte en veau lac.

La Figure I, représente le dessus des arçons; il est d'une seule piece; (les arçons d'une Selle à piquer sont de onze pieces, *voyez* Chapitre premier); les lieges & le troussequin sont collés dessus. PLANCHE II.

La Figure II, représente l'arçon de devant vu de face, garni d'une plaque *a a a*, de la matiere des cuirasses, clouée sur tout le devant, haute de quatre à cinq pouces, terminée quarrément au haut sans pommeau, une partie *b b*, du dedans du troussequin vue en perspective.

La Figure III, représente la Selle vue de profil ; c'est dans ce profil que l'œil la détaille le mieux : on voit les deux plaques *a*, *a*, celle du devant, celle de derriere, la batte de derriere, & la hauteur du troussequin.

La Figure IV, représente le derriere de la Selle ; on voit le dehors du troussequin *a a*, garni de sa plaque *b b*, le devant *c c*, vu en-dedans en perspective.

Selle à piquer.

Les différences entre la Selle à corps & notre Selle à piquer, sont que celle-ci n'a point de plaques de fer, que l'arçon de devant se termine par un pommeau, & qu'elle est en général moins grossiere ; & en la comparant pour la manufacture à la Selle à la royale, on n'y trouvera de différence que les battes de derriere, qui se construisent d'une façon toute particuliere dont on va donner le détail.

Pour les composer, on commence par tailler un *fond a a*, *Pl.* II, *Fig.* 2 ; c'est ainsi que le Sellier appelle une portion de planche de bois de hêtre, épaisse d'un pouce, haute de sept pouces & large de trois pouces ; elle sera plate sur sa face extérieure ; le bas sera coupé quarrément ; il l'arrondira en lime demi-ronde sur toute sa face extérieure, & la taillera sur les côtés du bas en haut en la diminuant de largeur jusqu'au sommet, qu'il terminera en portion de cercle ; ce fond ainsi taillé fera le haut bout de la batte ; couvrez ce fond entiérement d'un fort coutil, auquel vous en coudrez un pareil qui fera la longueur de la batte : le bas des deux côtés de ce dernier coutil se coudra au premier quartier, & ensuite en les rapprochant un peu l'un de l'autre en allant vers la moitié du troussequin en-dedans de chaque côté ; alors, dans cette espece de poche, vous ferez entrer de la paille le plus que vous pourrez, en frappant à mesure à coups de marteau redoublés, pour que la batte devienne dure de paille comme du bois ; puis vous piquerez de gros fil tout au travers, que vous serrerez à force ; après quoi vous la clouerez en-dedans du troussequin. Comme ces battes, ainsi rembourrées ont à leur bout une épaisseur qui fait saillie sur le troussequin en-dedans de chaque côté, de façon qu'il se trouvera un espace entre elles moins épaisse au milieu du troussequin, vous la remplirez bien uniment avec des morceaux de quartier, que vous y clouerez pour gagner l'épaisseur ; ensuite vous feutrerez comme à la Selle à la royale. Vous observerez, avant de coudre le fond au quartier, de l'y placer de façon que sa base suive la direction d'une regle posée, en descendant un peu de la batte de devant à celle de derriere ; du reste, procédez comme à la Selle à la royale.

Vous

On couvre ces Selles de veau retourné, la chair en-dehors, ou de veau lac.

Les Selles à trousséquin.

CE titre comprend toutes les Selles qui ont des troussequins plus ou moins élevés, dont les bouts sont arrondis, & auxquels le Sellier n'ajoute point de battes : telles sont la Selle de Postillon d'équipage, de Courrier en guides, de Courrier de malles, de fourgonnier : les proportions de ces Selles sont détaillées ci-devant au Chapitre de l'Arçonnier ; leur garniture se travaille par le Sellier comme celle de la Selle à la royale, mais ordinairement en étoffe moindre, attendu que la plûpart sont faites pour des Postillons, Courriers de malles, ou valets.

La Selle de Poste, *Fig. 6*, *Pl.* 11, a quelques parties ajoutées ou formées différemment des autres ; elle est ordinairement accompagnée d'une ventouse *a*. On appelle *ventouse*, un creux ovale, enfoncé au milieu du siege vers le troussequin, pour éviter que le Courrier ne s'écorche par le frottemen continuel du siege. Pour faire cette ventouse, on plie le vrai siege par la moitié, & sur ce pli, depuis un pouce du troussequin, on entaille la forme d'un ovale allongé de trois pouces en long ; on coupe ensuite deux morceaux de la même étoffe du vrai siege, qui auront chacun un pouce de haut, & un troisieme qui sera celui du vuide, & qui doit faire le fond de la ventouse. On coudra d'une part les deux morceaux de côté le long du vuide ci-dessus, & de l'autre au morceau du fond, le tout à surjet ; puis ayant mis le siege en place, on coudra tout le tour du fond au travers du faux-siege, afin qu'il y soit adhérent ; après quoi on rembourrera le vrai siege comme à l'ordinaire, & assez ferme autour de la ventouse, qui alors formera un creux ovale d'un pouce de haut pour l'effet que l'on désire. La Selle de Poste.

Quand on veut, on met les porte-étriers de fer *b*, par-dehors, en-dedans des battes ; des sacoches, ou bourses *c*, devant ou derriere, &c.

La Selle de Femme ordinaire à troussequin & dossier.

IL se fait de deux sortes de Selles de femme, l'une à troussequin & à dossier, pour celles qui s'assoient les deux jambes du même côté, qui est la plus ordinaire ; l'autre est principalement pour les Dames chasseuses ; on la nomme *à la Polonoise pour femme* : on en parlera après celle-ci.

Pour la disposition & la proportion de cette Selle, *voyez* le Chapitre premier qui traite de l'Arçonnier, & la *Pl.* 10, *Fig. 9* ; en conséquence, le Sellier a à garnir un dossier & un pommeau : les autres différences sont un double faux-siege ou matelassure, & un bourrelet. PLANCHE 10.

Le pommeau *a*, *Fig. 9*, se rembourre légérement sur son bois, & se recouvre de deux morceaux de l'étoffe du deſſus; les coutures ſe couvrent de deux rubans ou galme.

La toile du faux-ſiege coupée pour aller juſqu'au bas du doſſier & clouée ſur les bandes, & enſuite au doſſier, on fait la matelaſſure en étendant la bourre comme à la Selle à la royale, & l'enfermant dans une ſeconde toile qui renfermera auſſi le bourrelet *b*, *b*.

Le bourrelet ſe conſtruit ſur le quartier côté du montoir; pour cet effet, on met le quartier en ſa place; on l'y arrête par quelques pointes de clous; alors on trace deſſus deux lignes paralleles diſtantes de trois-quarts de pouce l'une de l'autre, depuis le liege du devant juſqu'au bout du trouſſequin; on débâtit le quartier, on coupe une largeur de toile ſuffiſante pour, après avoir été couſue au quartier le long d'une des traces ſuſdites par un de ſes bords, elle forme étant couſue de même par ſon autre bord ſur l'autre trace, un vuide d'un pouce de haut tout du long; on ferme ce conduit par le bout de devant, & par l'autre on le rembourre le plus dur qu'on peut; puis on pique ce bourrelet de pluſieurs rangs de boutons de laine, afin qu'il devienne ſolide preſque comme du bois. Lorſque le quartier eſt placé à demeure, la ſeconde toile de la matelaſſure paſſera deſſus, & ſe coudra au bas de ce bourrelet: il eſt deſtiné à relever le bas du ſiege, de peur qu'il ne panche trop en-devant.

Le vrai ſiege ſe taille, comme on le voit *Fig.* 10; l'avance *a*, occupe l'intervalle entre le pommeau & le doſſier au-deſſus de la matelaſſure, & s'y arrête; on met une feutrure *c*, *c*, *Fig.* 9, tout le long du trouſſequin & du doſſier, puis le deſſus, &c, comme à la Selle à la royale, &c.

Au lieu d'étriers, c'eſt une planche *d*, ſur laquelle la femme met ſes deux pieds: cette planche a un pied de long & trois à quatre pouces de large, plate par-deſſus, un peu bombée par-deſſous; on fait deux mortaiſes vers chaque bout pour y paſſer une étriviere *e*, *e*, dont chacune ſe boucle à des anneaux quarrés, attachés à la bande d'arçon; on rembourre & couvre le deſſus de cuir, qu'on attache autour à la planche avec des clous dorés.

La Selle raſe, Fig. 3.

PLANCHE II.

Il n'y a pas grand'choſe à dire de cette Selle; car elle ſe travaille comme la Selle à la royale: cette Selle ſe nomme auſſi *demi-Angloiſe*, parce qu'elle n'a ni trouſſequin ni battes; le ſiege de celle-ci ſe taille plus ample par-derriere que celui de la Selle à la royale.

La Selle rase de Femme, dite Selle à la Polonoise.

Celle-ci est une Selle rase accommodée à l'usage des femmes qui veulent être à cheval en face des oreilles du cheval, comme les hommes, sans cependant avoir jambe deçà & jambe delà; les Dames qui chassent s'en servent principalement. Cette Selle est disposée de façon que la femme passe la cuisse droite au delà du pommeau qu'elle embrasse ensuite avec son jarret, sa jambe droite revenant à gauche. Il y a donc de plus à cette Selle un pommeau par l'Arçonnier élevé & recourbé par le haut en devant, qu'on nomme aussi un *col d'oie a*, un liege *b*, hors la main, d'une forme particuliere, qui s'appelle le *liege de cuisse*, & par le Sellier un petit faux-quartier ou matelas *c*, vis-à-vis du liege de cuisse à gauche, pour recevoir la jambe droite & une poignée de fer garnie *d*, pour la main droite; on ajoute par-devant un coussinet piqué *e*, qui tombe sur le cheval, pour que la jambe droite ne pose pas sur le crin.

Après avoir compris la manœuvre des Selles énoncées ci-dessus, il est aisé de voir comment on parvient à exécuter toutes ces pieces; il s'agit de les tailler sur des patrons, les rembourrer, feutrer, couvrir, &c, ce qu'il est inutile de recommencer; la Figure 4, en fait assez appercevoir la disposition.

CHAPITRE SIXIEME.

La Selle à l'Angloise.

Voici une Selle d'une construction toute différente des précédentes; nous la tenons des Anglois; les arçons sont représentés en *m*, où on voit que celui de devant est joint à mi-bois en *a*: la Selle est représentée *Fig.* 11. Planche 10.

Les arçons nervés & encuirés à l'ordinaire, on les sangle par-dessus au contraire des nôtres qui se sanglent en-dessous; on attache par-devant les deux sangles l'une sur l'autre, & on les écarte par-derriere d'environ un pouce; puis par-dessus on cloue d'une bande d'arçon à l'autre deux ou trois traverses de même sangle, à quelques pouces l'une de l'autre, plus en-devant qu'en arriere; puis on attache le faux-siege de toile par-dessous le devant, revenant par-dessus les bandes, finissant dessous le derriere.

On arrange bien uniment la bourre sur le faux-siege, ce qu'on nomme la *matelassure*; on la recouvre de pareille toile qui doit dépasser d'un pouce & demi tout le tour de la Selle; on la découpe par entailles de pouce en pouce plus ou moins; on l'arrête sous le devant par deux clous, d'où on la renverſe ſur la bourre, & on pointe toutes les taillades par-deſſous les arçons, en les tendant à meſure fortement avec une pince de fer; ces taillades pointées ſont ce que les Selliers nomment des *Tirants*, & la bourre ſe trouve enfermée entre le faux-ſiege & cette ſeconde toile; alors on cloue un rang de broquettes près-à-près ſur chaque bande, commençant par le milieu du devant de la bande, & deſcendant vers le bas, ce qui forme un petit circuit imitant celui que doit avoir le vrai ſiege: on continuera les broquettes ſous le devant & ſous le derriere, afin que cette toile ſoit arrêtée dans tout ſon tour; enſuite on débâtit tous les tirants; on coupe la toile le long des broquettes, & on la rejette avec ſes entailles comme inutile.

On a ſes quartiers *n*, *n*, *n*, tout prêts & achevés, c'eſt-à-dire, qu'on les a taillés ſur des patrons, puis recouverts de cuir fauve d'Angleterre qu'on y a collé & rabattu à l'Angloiſe par les bords; on préſente chacun à la place qu'il doit occuper; on trace le long de ſon contour ſupérieur, ſur la matelaſſure, une ligne noire, puis on ôte le quartier: ces lignes noires ne ſervent qu'à meſurer avec un fil, ſi les quartiers ſont taillés bien égaux, & ſi l'un ne monte pas plus que l'autre.

Pour faire le vrai ſiege à l'Angloiſe *o*, *o*, prenez dans une peau de vache fauve liſſée un morceau quarré ſuffiſant pour envelopper & dépaſſer de deux pouces tout le tour de la Selle, comme vous avez fait à l'égard de la toile de la matelaſſure ci-deſſus; vous la mouillerez pour l'aſſouplir; vous l'étendrez ſur la Selle; vous lui ferez de pareilles découpures tout autour, que vous tendrez avec la pince, & pointerez; en un mot, vous recommencerez ſur cette peau la même opération que vous avez faite ſur la toile de la matelaſſure.

Vous rapporterez une ſeconde fois les quartiers en leurs places, & pour cette fois vous en tracerez le haut ſur la peau avec une pointe de fer; vous couperez le long de ces traces ce qui formera le ſiege & le ſéparera des tirants, que vous débâtirez enſuite.

Le morceau des tirants étant ainſi ſéparé du ſiege tout autour, vous l'y réunirez en les appliquant l'un contre l'autre; coupe contre coupe, l'envers du morceau des tirants & de celui du ſiege chacun en-dehors, & les prenant dans la pince, vous les coudrez enſemble d'une couture à double branche aſſez à grands points & à quatre lignes au-deſſous de leurs bords; puis vous coudrez de même par l'autre côté le haut des quartiers à l'envers, faiſant cette couture au-deſſus de la premiere & à points ſerrés, prenant dedans les bords du ſiege & du morceau des tirants; alors dépliant le tout à l'endroit, vous aurez le ſiege, les tirants & les quartiers joints enſemble, les tirants tenant au ſiege par-deſſous.

Vous mettrez le tout en place à demeure, en retendant les tirants & les clouant avec des broquettes, & vous arrêterez chaque quartier aux arçons par deux

deux clous à l'Angloiſe *p*, *p*, un devant, l'autre derriere, leſquels vous riverez en-deſſous.

Pour doubler le garrot, vous couperez un morceau du même cuir de vache *q q*, de ſix pouces de long & d'un pouce de large, que vous taillerez un peu arrondi; vous le clouerez ſous l'arcade, le faiſant dépaſſer en-devant de deux lignes.

Vous formerez une attache ou anneau de même cuir *r r*, dont vous joindrez les deux bords au milieu par une couture piquée, laiſſant les deux bouts plats, c'eſt-à-dire, ſans les coudre; vous rapprocherez ces deux bouts à un pouce de diſtance l'un de l'autre ſous le milieu du pontet, où vous les clouerez de façon que la partie couſue ſorte en-dehors d'un bon pouce, pour y attacher la croupiere: cet anneau ſe nomme la *petite croupiere.*

Nota. Qu'il y a des Anglois qui ne mettent ni poitrail, ni croupiere, & qui n'ont qu'une ſangle à l'endroit du ſurfaix; mais les François les garniſſent comme la Selle à la royale.

On finit par poſer les panneaux dont la forme *Fig.* 12, eſt différente de ceux des Selles Françoiſes, mais qui ſe conſtruiſent de même; ils ne ſe chauſſent que ſur le devant, attendu que l'arçon de derriere ne ſe termine pas en pointe.

Il ſe fait des Selles à l'Angloiſe avec de faux quartiers *a, a*, *Pl.* 11, *Fig.* 5, ſous les véritables: ces quartiers ſont de la même étoffe des autres; ils ſe taillent pour l'ordinaire quarrément, & tiennent en-devant l'un à l'autre par un colet de l'étoffe du deſſus, qui paſſe ſous l'arcade ou garrot où on le cloue; on ne les recouvre de l'étoffe du deſſus qu'en ce qui pourroit ſe voir par-dehors; car ils dépaſſent les véritables de quelques pouces en-bas & par-derriere; ces faux quartiers empêchent que les étrivieres uſent les panneaux. Faux-quartiers.

Pour les poſer, on les fend en travers à trois pouces au-deſſus de l'extrêmité des pointes de l'arçon de devant, que l'on fait paſſer dans ces fentes de dehors en-dedans; on leur fait une entaille vis-à-vis de l'anneau du ſurfaix, pour qu'il paſſe en-dedans; on les paſſe par-deſſous le porte-étrier, & on les arrête aux deux bouts ſur les bandes par quelques clous.

Quelques-uns demandent le ſiege & les quartiers en velours avec galons & frange.

CHAPITRE SEPTIEME.

De quelques Selles de fantaisie.

Ce Chapitre eſt deſtiné à détailler les idées différentes de quelques-uns, tant pour la garniture de leurs Selles que pour y faire des changements de forme qui leur plaiſent davantage, que ſi elles ſuivoient la maniere ordinaire.

Les uns veulent que le ſiege ſoit très-dur, d'autres plus ou moins molet, ce qui fait que le Sellier emploie différentes matieres, ou de la bourre bien preſſée, ou du crin, de la plume, &c.

Il ſe fait des Selles auxquelles l'Arçonnier ne met que deux bouts de trouſſequin, dont le Sellier remplit l'intervalle par une feutrure bien ferme, qui doit avoir le contour & l'apparence d'un véritable trouſſequin; on les appelle des *Selles à la Crapaudine.*

Les Selles *à la Ragotzy* ſont des Angloiſes, auxquelles on ajoute un trouſſequin.

Il y a des Selles à l'Angloiſe avec des lieges & battes de devant.

D'autres ſe font à l'Angloiſe par-devant & raſes par-derriere, c'eſt-à-dire, que les pointes de l'arçon de derriere ſont comme aux Selles raſes.

Quelques femmes demandent que le doſſier de leur Selle ſoit volant, c'eſt-à-dire, qu'il ſoit détaché du trouſſequin & de la mammelle, afin qu'elles puiſſent le poſer à droite ou à gauche, pour pouvoir avoir toujours le dos tourné du côté du vent; alors l'Arçonnier fait à ces Selles deux lieges qui, partant du galme, s'élevent en biais juſqu'à la hauteur du doſſier, & forment une pointe à leur extrêmité ſupérieure, ce qui leur donne l'apparence de deux oreilles ou cornes; on y attache le doſſier par-dehors, ainſi qu'au trouſſequin, avec deux boucles & leurs courroies à chaque bout.

CHAPITRE HUITIEME.

De l'Ornement des Selles.

Le plus ſimple & en même-temps le plus communément employé de tous les ornements d'une Selle, eſt le velours & le galon de ſoie ; on fait le ſiege de velours, le chaperon, les battes, le trouſſequin, & on borde le tout de galon de ſoie ; on couvre auſſi les quartiers du même velours, & on les borde du même galon.

Au lieu de ſimple galon, on met des galons à frange, qui ſe nomment du *molet* autour du ſiege devant les battes derriere le trouſſequin, & de plus, depuis la batte & depuis le trouſſequin, en deſcendant juſqu'au bas des quartiers.

Au lieu de galons & franges de ſoie, on en met d'or & d'argent.

Les deſſeins de cordonnet ſur les quartiers, au lieu de ſoie, du fil d'or ou d'argent.

Les boucles & étriers dorés ou argentés.

Les barres du ſiege, chaperon, trouſſequin, en fil d'or ou d'argent.

A l'égard des Selles à l'Angloiſe, il s'en fait, comme aux Françoiſes, ſiege & quartiers de velours, avec galons de ſoie, & les quatre gros clous dorés ou argentés ; & quand ces Selles ſont entiérement de vache fauve d'Angleterre, pluſieurs veulent qu'on les égaye par différents deſſins de fleurs, de rameaux, &c, gravés tant ſur les quartiers que ſur le ſiege; c'eſt à cette manœuvre que ſervent les différentes cornettes des Selliers, & un gros clou qu'on appelle une *roſette*, parce que ſur ſon bout eſt gravé profondément un petit ſoleil. On fait donc les deſſins ſur ces Selles par deux manieres; 1°, ſi le deſſin doit être ſuivi ſur toute la piece, on en a de tout tracés ſur du papier plié en double; on commence par les piquer avec une alêne ; puis on déplie le papier; on l'étend ſur la piece où on ponce le deſſin avec un nœud de poudre de chaux éteinte ; après quoi, ôtant le papier, on trouve le deſſin marqué en blanc; enſuite prenant la cornette *B*, on l'appuie en peſant deſſus aſſez fort, pour qu'elle enfonce les traits du deſſin dans le cuir par une petite rainure. Les cornettes ſervent à graver les bordures des quartiers, ſimples ou doubles ; la cornette *C*, eſt entiérement de fer: elle eſt évuidée par les deux bouts en trois pointes émouſſées; la plus longue ne ſert que de guide aux deux autres, attendu qu'on la fait couler le long du cuir, pour que les traces qui ſe font par les deux autres ſe trouvent toujours à la même diſtance des bords; on prend le bout où les pointes ſont les plus diſtantes entr'elles. Quand on veut y marquer un rang de roſettes, ce que

PLANCHE 10.

l'on fait en donnant un coup de marteau étudié ſur la tête du clou *E* ; on les eſpace plus près ou plus loin l'une de l'autre, ſuivant l'idée. La cornette *C*, *C*, ne fait qu'un trait près du bord ; la cornette *B*, eſt celle qui ſert le plus ſouvent aux Selliers quand ils ont quelque choſe à marquer, & dans cette occaſion-ci, c'eſt elle qui ſuit & enfonce le contour des deſſins ; ils ſe ſervent encore d'une eſpece de fauſſe cornette à deux pointes émouſſées *D*, pour faire des traits ſerrés dans le corps d'un ornement, ce qu'on appelle *ombrer*, en terme de deſſein ; avec cet inſtrument, ils tirent des lignes enfoncées côte à côte, & les traverſant d'autres lignes en lozanges des premieres. 2°, Quand on ne veut pas ſe ſervir d'un deſſin ſuivi, mais en placer quelques-uns à part à ſa volonté, on découpe leurs contours ſur des morceaux de cuir ferme ; on les poſe où on veut, & on en trace le pourtour. Quelques perſonnes font faire dans les traces, pour plus de magnificence, le point de cordonnet en fil d'or ou d'argent.

CHAPITRE NEUVIEME.

La Sellette des chevaux de Brancard.

PLANCHE 10.

ON a dit Chapitre quatorzieme du Bourrelier, la raiſon pour laquelle on a tranſporté ici la façon de la Sellette des chevaux de brancard.

La Sellette de brancard, *Fig.* 7, quant à l'arçon, n'a que ſept pieces comme la Selle à l'Angloiſe, & diſpoſées à-peu-près de même ; on la nerve encuire & ſangle par-deſſus. Il n'eſt pas néceſſaire de la faux-ſiéger ; on fait deux mortaiſes *a*, *a*, dans chaque bande d'arçon ; on couvre les quartiers qu'on taille en quarré ou en rond de cuir noir liſſé ; on les coud enſemble à point piqué le long de leurs bords ſupérieurs, & on recouvre la couture avec un jonc de cuir ; on les entoure de deſſins à points blancs piqués, ou on les orne de contours en fonte ou en laiton ; on les attache le long des bandes avec un rang de clous dorés, excepté à l'intervalle où paſſera la doſſiere ; on fend vis-à-vis des mortaiſes ſuſdites le cuir des quartiers pour y paſſer de chaque côté une courroie qu'on fait entrer dans la mortaiſe poſtérieure, & reſſortir par l'antérieure avec ſa boucle ; on la cloue par-deſſous la bande. Ces courroies ſe bouclent par-deſſus la doſſiere, afin de la maintenir en ſa place ; plus, on fait entrer les lacets de deux anneaux de métal au milieu de la jonction de la bande, au-devant d'arçon de chaque côté, & on les rive en-deſſous ; on cloue à l'arçon dans le même endroit une boucle pour boucler le poitrail ; plus, une boucle au milieu de la longueur de la bande pour la ſangle, le tout de chaque côté, & ſous le pontet une boucle pour la croupiere ; on fait & on attache les panneaux comme à une Selle à la royale.

La

La *Pl. 9*, *Fig.* X, fait voir une Sellette de cheval de brancard toute garnie; la ſeule différence entre celle-ci & celle qu'on vient de décrire, & qui la fait nommer *Selle à pont*, conſiſte en deux petites courbes que l'Arçonnier attache d'une bande à l'autre dans l'entre-deux deſquelles la doſſiere ſe loge: ces courbes ſe garniſſent en cuir, ainſi que le reſte: *a*, *a*, petites courbes; *b*, anneaux des guides; *c*, *c*, fentes pour les courroies deſtinées à ſe boucler par-deſſus la doſſiere.

CHAPITRE DIXIEME.

Les Couſſinets.

Les Couſſinets ſont de deux ſortes, le ſimple Couſſinet & le Couſſinet à flanc; tous les deux ſont utiles principalement lorſqu'on charge la croupe d'un cheval de quelque poids; leur utilité conſiſte premiérement à empêcher la boucle de la croupiere de porter ſur le nombril ou rein du cheval, & de le bleſſer dangereuſement en cet endroit, &, par la même raiſon, à ſoutenir les choſes peſantes, qu'on attache ſur la croupe au défaut de la Selle par-derriere. Le Couſſinet ſimple eſt ſuffiſant quand on y attache ſeulement ſon manteau; mais ſi c'étoit un porte-manteau, une valiſe, ou autres paquets qui débordent de chaque côté, alors il eſt néceſſaire de ſe ſervir d'un Couſſinet à flanc pour garantir les flancs du cheval des coups qu'il en pourroit ſouffrir, & de la fatigue, étouffure & écorchures que ces charges lui cauſeroient.

Le ſimple Couſſinet, Fig. *A*.

Le deſſus ſe fait ou de baſanne, ou de veau qui eſt meilleur; on le taille en triangle arrondi par les angles; la baſe du triangle aura ſept pouces de long: il y aura cinq pouces du milieu de cette baſe à l'angle oppoſé; on met le côté de la chair en-dedans: la doublure ſe fait de toile; on la coupera d'un pouce plus large que le deſſus tout autour; on joint la doublure au-deſſus *b*, d'abord par le milieu des deux; on bâtit enſuite la doublure tout autour, faiſant un pli à chaque angle; puis on recouvre ce bâtis d'un bord du même cuir du deſſus; la doublure alors forme deux petits panneaux ſéparés par la couture du milieu; on les fend en travers d'un coup de ciſeau à chacun, pour les rembourrer en crin, & le Couſſinet eſt achevé. PLANCHE 11.

On paſſe une attache *c*, *c*, *c*, à chaque angle: ce ſont de petites courroies qu'on fait traverſer de dehors en-dedans, & revenir en-dehors; on met un petit bouton de crin ſerré dans le retour ſur la doublure; les deux attaches des bouts ſe nouent à des gances de cuir, miſes exprès de côté & d'autre à l'arçon de derriere de la Selle ; la troisieme se noue à la croupiere qui passe pardessus le Coussinet.

Le Coussinet à flanc ou à garde-flanc , B.

Le Coussinet à garde-flanc *B* , est composé d'un Coussinet & de deux aîles ; le Coussinet se construit comme le premier ci-dessus, mais d'une forme & d'une dimension différentes; car il est formé en quarré-long & plus allongé vers la queue du cheval que le précédent; les deux aîles *c*, *c*, se travaillent à part, plus ou moins amples, selon l'étendue des fardeaux qu'on a intention de mettre sur la croupe du cheval; elles se font de la même peau du Coussinet ; on les double de même; on les barre & les rembourre comme le siege d'une Selle, & on les joint aux côtés du Coussinet *a* , par une couture à double branche ; on met une attache au milieu de son extrêmité postérieure pour la croupiere & deux anneaux de cuir, un à chaque extrêmité des quarts de rond des aîles, pour les passer à la sangle du cheval & les y fixer.

CHAPITRE ONZIEME.

Les Housses , & la Couverture d'Ecurie.

Le Sellier fait de trois sortes de Housses, qui ont chacune leur usage particulier ; savoir , la Housse proprement dite, autrement le Croupelin, la Housse de pied, autrement Housse en souliers, & la Housse de main.

La premiere est faite pour couvrir la partie de la croupe du cheval , la plus proche de la Selle & du Cavalier, afin de garantir son habit & son manteau , quand il l'attache derriere lui, d'être salis par la transpiration de la peau du cheval ou par sa sueur.

La seconde se met à la place de la premiere, lorsqu'on veut monter à cheval avec ses bas & ses souliers , sans aucune précaution ; elle sert à les garantir des ardillons des sangles & des étrivieres; c'est pourquoi elle est nécessaire aux Dames cavalieres, & quand on monte n'ayant que ses bas.

La troisieme ne se met que sur le cheval qu'on ne monte pas actuellement, lorsqu'un Palfrenier le mene en main ; son utilité est de couvrir & garantir de la poussiere ou de la pluie tout le harnois de corps du cheval.

La Housse ou Croupelin, C.

La Housse se fait presque toujours de drap ou de velours, bordée d'un galon d'or, d'argent ou de soie ; ses proportions pour un cheval ordinaire sont neuf pouces de large à la croupiere, quarante pouces d'un bout à l'autre, dix-huit pouces de chaque côté, & huit pouces en retour ſous la Selle, parce qu'après ces huit pouces, on coupe dans la piece une portion de cercle qui, paſſant au bout des neuf pouces ſuſdits, ſe termine à huit pouces de l'autre côté; ce vuide eſt caché ſous le derriere de la Selle: on taille la doublure qui eſt de toile de la couleur du deſſus auquel on la bâtit pour la coudre enſuite tout autour; on met toujours entre le deſſus & la doublure une toile cirée ou un coutil: le coutil eſt plus ſolide; puis on borde le tour & le milieu d'un galon, & on y ajoute trois attaches comme celles du ſimple couſſinet ci-deſſus, ſavoir, une au milieu du côté de la queue, qu'on noue à la croupiere; les deux autres ſe mettent aux deux bouts de l'échancrure, & ſe nouent ſous la Selle.

La Houſſe de pied, D.

CETTE Houſſe *D*, ſe met au lieu de la précédente, lorſqu'on veut monter à cheval ſans bottes ni guêtres; elle garantit le bas des ardillons de la Selle & de la ſueur du cheval; on en accompagne d'ordinaire les Selles de femme: elles ſe font des mêmes étoffes de que précédente.

C'eſt un quarré-long de trois pieds quatre pouces ſur deux pieds huit pouces, au milieu duquel on coupe l'étoffe, qu'on enleve enſuite, ce qui fait un vuide de la forme qu'on voit *D*, dont les côtés *a*, *a*, *a*, *a*, doivent paſſer ſous la Selle dans tout ſon pourtour: ce vuide ſe diſpoſe de maniere qu'il ſe trouve neuf pouces d'étoffe ſur la croupe autant de chaque côté, & cinq pouces au milieu du devant ſur le garrot du cheval; ce milieu ſe coupe en deux *b*, *b*, & on coud de chaque côté de la fente un ruban pour nouer ſur le garrot.

Le reſte de la fabrique eſt entiérement ſemblable à celle du croupelin ci-deſſus, doublure, coutil, &c.

La Houſſe de main.

CETTE Houſſe eſt faite pour couvrir & garantir de la pluie & de la pouſſiere le harnois du corps d'un cheval, lorſqu'on le mene en main, c'eſt-à-dire, ſans être monté deſſus.

Elle ſe fait toujours en drap: ſes proportions ſont un quarré d'un aune d'un ſens & de quatre pieds de l'autre.

Ayant plié le drap en deux du ſens de l'aune, de la fin de ce pli, comme centre, tracez ſur l'étoffe un quart de cercle, dont la circonférence laiſſera en-dehors huit pouces juſqu'à l'angle du quarré; coupez le long du quart de cercle, échancrez en ligne droite les huit pouces reſtant depuis l'angle juſqu'au quart de cercle, en rentrant de quelques pouces; dépliez votre étoffe ; vous aurez un demi-cercle vuide & deux bouts en biais, ce qui fera le devant de la Housse.

Portez au côté opposé votre quart de cercle de drap, que vous avez ôté dudit devant ; faites que son centre se rapporte juste au milieu du corps de la Housse, ce que vous connoîtrez aisément par la marque de leur pli ; cousez le diametre au corps ; ce sera le derriere de la Housse.

Vous doublerez & finirez celle-ci comme les précédentes.

On n'orne pas le dessus de ces Housses de galons d'or & d'argent ; mais on les borde d'une bordure de laines de toutes couleurs, plus ou moins large, en fleurs & ornements, & ordinairement sur le rond les armes du Maître.

Pour attacher cette Housse sur le cheval, on coud à l'envers, à quelque distance du milieu du quart de cercle vuide, en travers, un morceau de sangle, aux deux bouts duquel seront attachées deux courroies : un surfaix terminé par deux boucles, se boucle d'abord à une desdites courroies ; puis faisant le tour du ventre, il se bouclera à l'autre. Plus, aux bouts en biais qui terminent le quart de cercle vuide, on met deux petites courroies d'un côté & deux boucles de l'autre ; on le boucle sur le milieu du poitrail.

La Couverture d'écurie.

PLANCHE 12.

On couvre le corps des chevaux dans l'écurie pour le garantir de la poussiere & les tenir proprement ; on fait quelquefois leurs couvertures d'étoffes de laine, mais plus communément de coutil ou de toile.

La Couverture pour un cheval ordinaire aura six pieds de large & cinq pieds de long.

Pour en faire la largeur, coupez deux lez à cinq pieds de long, les laissant de toute leur largeur, qui est autour de deux tiers ; pliez un troisieme lez en deux du sens de sa longueur ; coupez double le long du pli, en prenant le contour que vous donne la *Fig. E*, afin que la couverture prenne bien le rond de la croupe du cheval en *a* ; ces deux demi-lez fourniront ce qui manque aux premiers pour faire les six pieds de large ; bâtissez tous ces lez ensemble, c'est-à-dire, les deux demi-lez l'un à l'autre, puis aux lez entiers de chaque côté.

Coupez ensuite pour le devant une échancrure en biais *b*, *b*, la commençant sur la jonction des demi-lez à trois pieds du derriere ; & la poursuivant, vous entamerez les lez des côtés que vous couperez en mourant jusqu'à deux pieds du bas, & votre couverture sera taillée ; vous joindrez le tout à demeure par de grosses coutures simples, par-dessus lesquelles, pour les cacher, ce qui servira en même-temps d'ornement, vous coudrez des lisieres de drap d'un pouce de large, ainsi qu'à tous les bords de la couverture *c*, *c*, *c*, *c*, *c*, *c* ;

& dessous

& dessous ces bords à l'envers pour les fortifier, cousez pareillement un tissu ou sangle étroite d'un pouce de large.

On ne double point ces couvertures; pour les garnir on ajoute un coussinet *d*, *d*, un surfaix *e*, une croupiere *h*, & quelques boucles *f*, *f*, & contre-sanglots.

Le coussinet se fait quarrément de toile, & se rembourre avec de la bourre; posez-le à un demi-pied du commencement de l'échancrure susdite, afin qu'il porte au défaut du garrot du cheval du côté du dos, & l'ayant couvert du milieu d'une sangle ou surfaix ordinaire, garni à un de ses bouts d'une boucle, & à l'autre d'un contre-sanglot; vous prendrez cette sangle dans une couture simple qui partagera le coussinet en deux, & l'attachera à la couverture; ensuite, à un pouce des côtés de ce coussinet, de part & d'autre, vous ferez une fente *g*, *g*, parallele à ses côtés, qui soit capable de laisser passer le surfaix au travers; vous borderez ces fentes avec du drap; le surfaix passe en-dessous, lignes ponctuées, au travers des fentes; il doit avoir sa boucle hors la main; on le boucle au ventre du cheval pour assurer la couverture sur son dos.

Pour la croupiere, vous coudrez un fourchet sous la couverture, auquel vous bouclerez un culeron *h*.

Pour joindre la couverture sur le poitrail du cheval, vous espacerez sur les deux pieds de haut restant des lez de côté au dessous des échancrures, d'un côté deux boucles *f*, & de l'autre deux contre-sanglots pour se boucler sur le milieu du poitrail.

Lorsqu'on veut mener le cheval à l'eau, sans lui ôter sa couverture, on lui fait ajouter quatre boutonnieres de cuir, savoir, deux au bas des échancrures *i*, & deux près la croupiere *k*; on coud quatre boutons de cuir *l*, *l*, aux quatre coins de la couverture; au moyen de quoi, en les faisant entrer dans lesdites boutonnieres, la couverture est retroussée de la moitié, & ne se mouille pas.

CHAPITRE DOUZIEME.

Du reste de l'équipage du cheval de Selle, contenant le Licol, la Bride, le Bridon, la Cavessine, les Cavessons, &c.

La Bride.

QUOIQUE le terme de *Bride* comprenne en général le mors & ses agrès, fournis par l'Eperonnier, & les courroies & boucles qui le soutiennent dans la bouche du cheval & l'attachent à sa tête, cependant on ne parlera ici sous le nom de *Bride*, que de l'arrangement & la disposition de ces courroies, qui forment ce qu'on appelle la *monture de la Bride*, attendu que cela regarde le Sellier, & qu'on n'entreprend point l'Art de l'Eperonnier; on en agira ainsi pour toutes les pieces suivantes où l'Eperonnier a part.

PLANCHE 12. La Bride *Fig.* 1, est la plus compliquée des harnois de tête du cheval; tous les autres n'en sont que des émanations: elle est composée d'un dessus de tête ou têtiere *a*, *a*, d'un pouce un quart de large, faisant le fourchet aux deux bouts; de deux montants *b*, *b*, chacun terminé par deux boucles dont l'une, qui est la supérieure, va se boucler à la branche de devant dudit fourchet, & l'inférieure boucle le porte-mors; les porte-mors *c*, *c*, se cousent derriere les montants vers le bas, passent au travers des yeux du mors, & se bouclent en-dehors à la boucle basse de chaque montant; d'une sous-gorge *d*, *d*, terminée à chaque bout par une boucle qui prend la branche de derriere du fourchet; du frontail *e*, qui, se posant horizontalement pour entourer le front du cheval, passe au-dessus des boucles qui attachent les montants & la sous-gorge au fourchet, se redouble en-dessous, où il se coud à lui-même, premiérement entre les deux branches du fourchet, & secondement, passé la branche de devant, ce qui forme un anneau de cuir qui enferme chacune desdites branches; d'une muserole *f*, terminée par une boucle; elle entoure le nez du cheval, passe entre les porte-mors & les montants, & se boucle par-derriere à elle-même.

Dessus de tête ou Têtiere. Deux montants. Deux porte-mors. Sous-gorge. Frontail. Muserole.

Les proportions en longueur de toutes ces courroies, ne peuvent se fixer qu'à peu près; cela dépend de la grosseur & longueur de la tête du cheval; mais pour prendre un terme moyen, le dessus de tête aura un pied & demi de long, les montants treize pouces, les porte-mors neuf pouces & demi, la sous-gorge un pied dix pouces, le fronteau un pied huit pouces, la muserole deux pieds quatre pouces.

Deux rênes. Les rênes de la Bride *g*, *g*, au nombre de deux, auront chacune quatre pieds huit pouces ; elles se font du même cuir & de la même largeur des pieces ci-dessus qui composent la Bride ; à quelques pouces d'un des bouts de chaque rêne, cousez une boucle enchapée & un passant au-dessus, pour recevoir le bout quand il aura passé dans l'anneau de la branche du mors ; joignez les deux autres bouts par un bouton de cuir *h*, que vous y coudrez, après avoir fait entrer sur les deux rênes un autre bouton de cuir *i*, coulant librement du haut en-bas.

Le Bridon.

Le Bridon qui est un mors mince & léger, est soutenu dans la bouche du cheval par un montant qui fait le tour de la tête par-dessus les oreilles, & va s'attacher de part & d'autre aux anneaux des bouts de ce mors ; comme on attache les rênes à la bride ci-dessus, on y ajoute un frontail & une rêne de dix pieds de long, qui se boucle de la même maniere auxdits anneaux.

Remarque. Comme on vient de détailler les pieces de la bride du cheval de Selle, ainsi que la façon de les assembler & de la monter, les autres harnois de tête pour différents usages suivant à-peu-près la même structure, on n'a besoin, pour ainsi dire, que d'en faire mention, en disant l'espece de cuir qui convient à chacun pour former leurs têtieres, les places des boucles & des anneaux de fer qui s'y ajoutent, le tout ensemble destiné à soutenir & fixer les différentes muserolles qui les terminent, & enfin quels sont leurs usages.

Le Licol.

Le Licol *Fig.* II, du cheval de Selle, est communément de cuir de Hongrie ; le dessus de tête *a*, fait aussi la sous-gorge ; la boucle en sera placée vers le milieu du côté gauche, le frontail à l'ordinaire : la muserole *b*, se passera dans un anneau de fer *c*, arrêtée & serrée contre ledit anneau par un bouton de cuir ; elle aura sa boucle placée au côté gauche ; la sous-gorge *a*, se passera de même dans l'anneau ; on n'y ajoutera point de bouton ; la muserole sera garnie de deux jouieres *d*, *d*, de huit à neuf pouces de long, qui s'y coudront, ainsi qu'à la têtiere.

On coudra ou on bouclera audit anneau une longe du même cuir, pour attacher l'animal à l'anneau de la mangeoire ; quelquefois on met deux longes *e*, *e*, qu'on lie à deux anneaux mis exprès aux mangeoires.

Les Caveſſines.

LES Caveſſines, ſavoir la Caveſſine d'écurie & la Caveſſine de main, ſe font de cuir noir liſſé ou de cuir liſſé fauve d'Angleterre.

Caveſſine d'écurie.

La Caveſſine d'écurie *Fig.* III, eſt compoſée d'une têtiere, d'un frontail & d'une muſerole; le frontail & la têtiere ont leurs boucles à gauche; le bas de la têtiere ſe paſſe dans deux anneaux de fer *a*, *a*, où ils ſe couſent; le devant & le derriere de la muſerole *e e* ſéparés, ſe couſent pareillement aux deux ſuſdits anneaux, ainſi qu'une ou deux longes de cuir *f*, *f*.

Cette Caveſſine ſert principalement à panſer le cheval; on la met alors à la place du licol: elle le retient également, & lui débarraſſe davantage la tête, ce qui donne plus d'aiſance au Palfrenier pour la lui bien nétoyer.

Caveſſine de main.

La Caveſſine de main *Fig.* IV, n'a que la têtiere & la muſerole priſes dans les deux anneaux de fer *a*, *a*; le derriere de la muſerole paſſe dans un troiſieme anneau de fer *b*, auquel il eſt arrêté par un gros bouton de cuir qui y eſt couſu à demeure, contre lequel vient ſe rendre un bouton plus petit *c*, coulant, de pareil cuir; on attache une longe de cuir *e*, audit troiſieme anneau.

Cette Caveſſine ne ſert qu'aux domeſtiques, lorſqu'étant ſur un cheval, ils en menent un autre; alors ils mettent cette Caveſſine par-deſſus la bride; ils font couler le petit bouton contre la barbe du cheval, & prennent la longe dans leur main: le même homme peut en mener deux, un de chaque main.

Les Caveſſons.

LES Caveſſons ſont de deux ſortes; le Caveſſon à trois anneaux, & le Caveſſon de piliers.

A trois anneaux.

Le Caveſſon à trois anneaux *Fig.* V, ſe fait ou de cuir de Hongrie ou de cuir liſſé; il eſt compoſé d'une têtiere *a*, *a*, avec frontail, ſi on veut; d'une ſous-gorge *b*, *b*, & d'une muſerole *c*, *c*, la boucle de la têtiere à gauche; la ſous-gorge s'attache à la têtiere en arriere au-deſſous du frontail, ce qui empêche les montants de venir ſur l'œil de l'animal & de le bleſſer; elle a une boucle pour la ſerrer: le bas de la têtiere ſe paſſe dans deux anneaux de fer *d*, *d*; la muſerole eſt par-devant de fer en *e*, *e*, & de trois pieces, dont deux ſe joignent à charniere avec celle du milieu; les anneaux de la têtiere paſſent dans le bout recourbé *c c*, *c c*, des deux pieces de fer des bouts; chacune des trois pieces a dans ſon milieu un anneau mobile *f*, *f*. On recouvre ce devant de muſerole de cuir, laiſſant dehors ſes trois anneaux; quelquefois on ajoute ſous le cuir un peu de bourre, le tout afin d'empêcher que

que le cheval ne soit blessé; le derriere de la muserole est de cuir, & s'arrête dans les deux anneaux de fer de la têtiere; il a sa boucle.

Ce Cavesson est celui dont on se sert pour faire trotter les chevaux autour du pilier, au moyen d'une corde de la grosseur du doigt qu'on noue à l'anneau mobile du milieu; les anneaux mobiles des deux autres pieces de fer sont principalement utiles, ajoutant à chacun une corde, pour mener l'estelon à la jument, &c.

Le Cavesson de piliers, *Fig.* VI, se fait de cuir de Hongrie, d'un pouce & demi de large; il est composé, comme le précédent, d'une têtiere *a a*, mais sans frontail; d'une sous-gorge *b*, placée à la hauteur des yeux; de deux anneaux de fer au bas des montants de la têtiere, & d'une muserole *c c*, de même cuir entretenue en sa place par quatre petites jouieres 1, 2, 3, 4, deux qui prennent par-devant des montants à la muserole, & deux par-derriere les montants au derriere de ladite muserole; les boucles à l'ordinaire: la muserole devant & derriere s'arrête dans les anneaux de la têtiere *c*, *c*. De piliers.

Ce Cavesson sert dans les Académies à attacher par la tête un cheval entre deux piliers, au moyen de deux cordes *m*, *m*, ou longes qu'on arrête d'une part dans les anneaux de la têtiere, & de l'autre au travers du trou de chaque pilier pour lui donner leçon.

Nota. Que pour donner de la grace à tous les harnois ci-dessus, les Selliers se servent du formoir avec lequel ils tracent de petites bordures le long des courroies des cuirs lissés, & de la rênette pour les bords de celles du cuir de Hongrie.

De la fabrique des Boutons qui servent aux harnois ci-dessus.

COMME il a été question dans les Articles de la bride, du licol & de la cavessine de main, de Boutons de cuir, soit arrêtés, soit coulants, il faut savoir que, pour faire ces Boutons, on prend *Fig.* VII, un petit morceau de courroie *a*, de la largeur dont on veut que soit le Bouton; & après en avoir entouré l'endroit auquel on le destine, on coupe & on arrête les deux bouts l'un à l'autre avec un ou deux points, vis-à-vis desquels on fait une petite fente au milieu du Bouton déja formé, dans laquelle on fait entrer le bout d'une laniere étroite de cuir *b b*, qui n'est destinée qu'à lui servir d'ornement, en le cachant en entier; & pour y parvenir on a un moule à Boutons *c*, qui n'est autre chose qu'un bâton rond, long de six pouces, applati sur deux faces opposées, en amincissant jusqu'à un bout & en étrécissant en douceur sur les côtés, le tout jusqu'à demi-pouce de large au bout; on fait entrer le Bouton sur le moule jusqu'à ce qu'il s'y arrête; on finit par entrelacer en forme de tresse ou enlacement sur tout son contour la petite laniere jusqu'à ce qu'elle l'ait couverte entiérement; on retire le Bouton du moule,

& on le place au lieu de sa destination; s'il doit rester en place, on l'y coud, sinon on ne l'attache point, & on lui laisse la liberté d'aller & de venir sur ses courroies.

Le Poitrail & la Croupiere.

LE Poitrail du cheval de selle est de deux sortes; il se fait de cuir pareil à celui de la bride: celui qu'on nomme *Poitrail de chasse*, parce qu'il est le plus usité par les Chasseurs, n'est composé que de deux travers *a*, *a*; chaque travers aura deux pieds & quelques pouces de long. On les boucle par un bout l'un à l'autre; l'autre bout de chacun se redouble sur lui-même, & forme un anneau de cuir alongé, qui se nomme *un lacet.* Pour mettre le poitrail en place, on fait passer le haut de la premiere sangle au travers des lacets, & la boucle se trouve au milieu du poitrail de l'animal.

L'autre espece, *Fig.* VIII, a de plus deux potences de cuir d'un pied de long; elles se cousent d'une part aux travers à six pouces des lacets, & montent en biais vers le haut du devant de l'arçon, où elles se bouclent: ces potences sont principalement destinées à y attacher les fontes de pistolets pour les assurer en place.

La croupiere *Fig.* IX, se fait du même cuir du poitrail; elle a ordinairement un pied & demi de long; on la taille en élargissant depuis un pouce de large par un bout jusqu'à un pouce & demi par l'autre, que l'on fend en fourchet *a*, *a*, dont on coud ensuite les branches au culeron *b*, & vers son bout étroit on attache en-dessus une boucle enchapée *c*; on le passe dans l'anneau quarré du pontet, & on revient le boucler à ladite boucle.

Le haut de la Planche II, représente un cheval sellé & bridé. *a*, la bride; *b*, le mors; *c*, le bridon; *d*, *d*, les rênes de la bride; *e*, *e*, le poitrail à potences; *f*, les sangles & surfaix; *g*, les étrivieres; *h*, les étriers; *i*, *i*, *i*, la selle; *l*, *l*, la housse ou croupelin; *m*, la croupiere; *n*, le culeron.

CHAPITRE TREIZIEME.

La Garniture des Voitures.

Les Voitures de toute espece, Berlines, Diligences, Vis-à-Vis, Chaises, Cabriolets, &c, sont devenues si communes, sur-tout à Paris, que la plus grande partie des Selliers de cette Capitale est occupée journellement à les garnir, c'est-à-dire, à les tapisser & matelasser en-dedans pour les Maîtres, & en-dehors pour les domestiques : quelques-uns cependant font encore des Selles; mais les boutiques qui en fournissent le plus, ainsi que tout l'équipage du cheval de selle, sont des Merciers Clinquaillers, qui sont Marchands & point Ouvriers, lesquels achetent de Chamberlands ou autres, & revendent à leur profit : c'est-là, soit dit en passant, qu'il est bon d'être connoisseur, aussi bien qu'aux Voitures de hazard chez les Selliers.

Pour revenir à leur construction, il s'en fait de tant de formes & de grandeurs, qu'il est impossible de donner ici aucune dimension pour la garniture; on ne peut qu'expliquer en général les moyens dont le Sellier fait usage.

On a transporté ici quelques instruments du Carrossier, parce qu'ils servent plus particuliérement au travail des Voitures.

PLANCHE 13. Le ministre.

Le ministre, chez les Selliers, *Fig.* 4, est un instrument de bois à quatre angles saillants, arrondis, long de deux pieds quelques pouces, & d'un pouce & demi de large, séparé à chaque face par un enfoncement ou gouttiere d'un bout à l'autre; on cloue au milieu d'un des bouts une petite courroie dont on forme un anneau, au travers duquel on passe la moitié d'un écheveau de fil coupé, dont on redouble l'autre moitié par-dessus ledit anneau; on couche les portions dudit écheveau le long des rainures : toutes les aiguillées dépassent le bois de quelques pouces; on couvre ce bois d'un fourreau d'étoffe quelconque, fermé du côté de la petite courroie, ouvert du côté des bouts de fil, tant pour maintenir le fil dans les gouttieres, que pour empêcher qu'il ne s'évente; on tire par le bout chaque aiguillée à mesure qu'on en a besoin.

La grosse pince.

La grosse pince, *Fig.* 3, est faite comme une tenaille ordinaire, excepté que ses branches ont un pied & demi de long, & qu'elle a sur une de ses mâchoires un appui de fer pour arcbouter la pince quand on veut tendre à force.

Le poinçon mordant.

Le poinçon mordant, *Fig.* 5, sert lorsqu'on met des gouttieres de cuir autour des impériales (ce qui maintenant ne se fait plus guere); il est fait comme tout autre poinçon, excepté qu'il est à deux pointes pour percer deux trous d'un seul coup, pour ensuite faire entrer des clous dorés à deux queues, qu'on rive ensuite sous les gouttieres à droite & à gauche.

Travail.

TOUTES les Voitures pour le transport des hommes sont composées de la caisse & du train ; le Sellier garnit la caisse pour le Maître de la Voiture dehors & dedans ; il travaille aussi au train en ce qui regarde les domestiques.

Garniture du dedans de la Caisse.

LES étoffes dont on garnit communément les Voitures en dedans, sont le drap, le velours plein ou à ramages, velours d'Utrecht, maroquin, &c.

Le Menuisier ayant livré la caisse au Sellier, il commence par ôter les portieres & le pavillon ou impériale pour avoir la facilité de nerver & encuirer en-dedans tous les panneaux tant de la Caisse que des portieres ; puis remettant le tout en place, il donne la Caisse au Serrurier pour la ferrer en entier : du Serrurier elle revient au Sellier, pour la garnir dehors & dedans, & la matelasser.

Dedans de l'impériale. Le Sellier ayant ôté une seconde fois l'impériale, la renverse pour la garnir en-dedans ; pour cet effet, il coupe un quarré de toile d'Alençon, de Mortagne, &c, proportionné à la place ; il tend cette toile tout autour avec de l'*attache*, espece de petite broquette ; & avec la même attache & un jonc dessous, il la cloue à toutes les courbes ; il pose ensuite l'étoffe, qu'il coud à la toile le long de toutes les courbes, & qu'il cloue tout autour du chassis de l'impériale ; puis il colle avec de la pâte une bande de toile de la couleur de l'étoffe autour dudit chassis en-dedans.

Dossier. Le dossier se fait par le Menuisier, de deux façons ; ou en bois plein, ou à jour, n'ayant qu'une croisée de bois ; s'il est en bois plein, on pâte le bois par-dehors, puis après avoir ôté légérement le gras du cuir, on l'applique sur la pâte, & on le tend bien en l'arrêtant avec quelques clous de distance en distance, que l'on chasse en biais, de peur de percer le bois des pieds corniers ; s'il n'y a qu'une croisée, le cuir ne se tendra que lorsque le dedans sera matelassé ; il se tend alors avec les grosses pinces à plusieurs reprises, & se cloue comme l'autre.

Matelassure du dossier. Pour faire la matelassure du dossier en-dedans, si c'est un dossier plein, tendez un quarré de toile à la tringle de matelassure en bas ; arrangez votre crin d'abord & votre bourre sur cette toile, dans laquelle vous les enfermerez en la tendant & la clouant dans tout le pourtour. A l'égard d'un dossier à croisée, vous commencerez à tendre une premiere toile qui bouchera la croisée ; puis vous ferez du reste ce qui vient d'être dit ; après quoi vous finirez par tendre le cuir en-dehors, comme ci-dessus.

Accotoirs. Matelassez les accotoirs, posant d'abord de la bourre sur le bois, une grosse toile

toile par-dessus, que vous clouerez, du crin ensuite par-dessus cette grosse toile, & vous couvrirez le tout d'une toile fine que vous y clouerez à demeure par-dessus le total.

Matelassez de même les côtés des glaces avec bourre ou crin, mais sans matelasser double, comme il vient d'être dit pour les accotoirs.

On coud ensemble le dossier *g*, *Pl.* 13, & toutes les pieces jusqu'à la portiere ; il en est de même du devant de la Voiture, les portieres à part.

Garnissez alors, c'est-à-dire, recouvrez avec l'étoffe que vous avez choisie, toutes les matelassures, après l'avoir taillée, & bordez de galon de couture, comme il va être expliqué.

Ce que les Selliers nomment *galon de couture*, est une espece de galon de soie; *Pl.* 13, *A*, *Fig.* 1 & 2, d'un pouce de large, de la couleur de l'étoffe qu'on a choisie, terminé par les côtés de deux lisieres *aa*, formant un simple tissu de quelques lignes de large ; on ne l'emploie aux Voitures qu'après avoir enfermé dans son envers une grosse ficelle *bb*, *Fig.* 2, par l'extrêmité des deux lisieres, laquelle est la plus proche du galon, en cousant à grands *points devant* les lisieres franches. Galons de couture.

Toutes les matelassures étant achevées, & les pieces de l'étoffe taillées suivant leurs places, c'est-à-dire, pour garnir le dossier, les goussets, les panneaux, les pilastres, les accotoirs, on met & coud les galons de couture à toutes les jonctions des pieces; savoir, aux coins du dossier, aux accotoirs *d d* & derriere d'accotoirs, autour des panneaux, devant & derriere les pilastres, aux pieds d'entrée, au cadre de devant, aux portieres, aux cadres des glaces, aux feuillures, avant de mettre le tout en place.

On attache & on tend bien le tout au bois de la Caisse, le long desdits galons de couture, d'abord avec des clous d'épingle, & ensuite par leurs lisieres avec de petits clous qu'on nomme de *l'attache* ou *bardeau*.

Nota. Le bas des portieres, le tour des glaces, & les accotoirs se montent à part.

On cloue d'une part aux côtés du fond un galon de couture, & d'autre part au même galon le côté des panneaux qu'on termine par un galon de couture, qui entourera le vuide des panneaux, puis les accotoirs & côtés d'en-bas, & au-delà du galon de couture l'étoffe qui garnira les coulisses des panneaux volants, s'il y en a de tels.

Tous les galons étant cousus à l'étoffe, & ayant cousu haut & bas des bandes de toile, vous couvrirez bien, comme il est dit, toutes les matelassures, & tendrez bien l'étoffe chaque piece en sa place, la clouant le long des galons.

Il se fait de deux façons de panneaux de côté *b b*, *Fig. A*, savoir, ceux qu'on nomme *Custodes*, & les panneaux volants. On nomme *Custodes*, ceux qui tiennent à demeure à la Voiture ; alors le dedans se rembourre comme le dossier ci-dessus, & le dehors se couvre en vache noire, tendue tout autour avec des clous Custodes & panneaux.

d'épingle, & par-dessus des clous dorés; les panneaux volants peuvent s'enlever de leur place, ou couler à fond dans des coulisses pratiquées exprès; on les couvre en-dedans de l'étoffe, & en-dehors de maroquin noir, que l'on coud tout autour avec l'étoffe de dedans.

Parcloses. Les parcloses *rrrr* sont les planches sur lesquelles se posent les coussins *ii*; on les garnit d'un peu de bourre qu'on recouvre d'une toile; on borde toute l'arrête de devant d'un bourrelet *nn* de deux pouces; quant au-devant du coffre dont la parclose fait le dessus, c'est-à-dire, aux volets qui forment le coffre du fond du derriere de la Voiture, ainsi que la planche du fond du devant, au-dessous de la parclose du devant, on colle dessus avec de la pâte de la peau de mouton maroquinée, rouge, bleue, &c.

Nota. Si la Voiture est coupée, n'ayant de fond que celui de derriere, il n'y a au-devant ni parclose, ni coussin, mais simplement l'étoffe rembourrée légérement.

Coussins. Les coussins *ii* se font d'abord de peau de mouton, blanc, de la forme, étendue & proportion que la place exige; c'est ce qu'on nomme l'*entaille du coussin*; mais si l'étoffe qui garnit est du velours, cette entaille se fera en treillis; dans l'un ou l'autre cas, on la remplit de plume; on la recouvre de toile colorée par le dessous, & de l'étoffe du dedans pour tout le reste, & la pente qui tombe & cache le coffre & le devant au coussin de devant.

Plafond. Le plafond qui couvre au-dedans le dessus de la cave, & sur lequel on a les pieds, se rembourre légérement, puis se couvre en vache, que l'on cloue tout autour avec des clous dorés.

Le quarré de plafond se met par-dessus le plafond; il se fait de vache, bordé de vache; on fait à chaque coin une fente qu'on boutonne à quatre boutons.

Le Ferreur ayant posé les fiches des portieres, les poignées & les stors, le Menuisier ayant cloué les voliges sur toutes les courbes du pavillon *aaaa*, le Sellier le remet en place; puis tendant bien le cuir de vache qui couvre le pavillon en-dehors avec la grosse pince, *Fig.* 3, il l'arrête à mesure avec des clous d'épingle; ensuite il cloue tout autour les deux rangs de clous dorés, d'abord le clou de jonc; puis plus près du bord les gros clous & les pommes, savoir, une à chaque coin, & une au-dessus des pieds d'entrée, ou bien à présent en place des clous & des pommes, les baguettes de fonte avec des vis.

Impériale.

Cave. La cave *oo* se garnit à part; on pâte tout le dedans qu'on recouvre avec de la toile, ou bien de la peau; le dehors se pâte également sur le bois & la vache noire par-dessus; on la borde & on cloue le haut, puis on la pose & on l'arrête de chaque côté aux brancards de la voiture par six ou huit clous forgés de deux pouces & demi de long; on la fortifie par deux bandes de fer qui traversent le dessous à distance égale, & se replient en équerre jusqu'au haut.

Siege du Cocher.

Le siege du Cocher se fait à part, de deux pieces, le dessous en cuir fort, le dessus en treillis, bordé de cuir de veau, cousu à deux branches, c'est-à-dire, à la façon des Bourreliers, par-dessus le treillis à l'endroit où passent les courroies qui le serrent sur le porte-siege ; on ajoute sur les deux bouts deux bandes de cuir, de six pouces de large ; on recouvre le tout de drap, velours, &c.

Tablier.

Le tablier ou garde-crotte est de vache, ayant une tringle de fer le long de chaque côté, & bordé; il s'attache en-devant avec des courroies entre la voiture & le siege du Cocher, & à l'opposite aux soûpentes ; il sert à garantir de la boue la glace de devant.

Chassis des glaces.

Les chassis des glaces se recouvrent de l'étoffe du dedans que l'on y colle, & que l'on coud seulement aux angles.

Pieces rembourrées.

On rembourre toutes les pieces ci-après, savoir, les planches de marche-pied, les bourrelets de brancard, les heurtoirs des portieres, le bourrelet de la tringle de coquille du Cocher.

Matelas des Laquais.

Le matelas des laquais : pour cet effet, on commence par étendre de la bourre sur le bois, puis on la recouvre de cuir noir de vache, qu'on arrête tout autour avec des pointes, & par-dessus des clous dorés.

Nota. Que le matelas des Laquais se rembourre communément avec du foin.

CHAPITRE QUATORZIEME ET DERNIER.

Le nombre des Ouvriers qui concourent à la perfection d'une Voiture, & la Liste des Garnitures du Bourrelier & du Sellier.

Après avoir indiqué par curiosité la quantité d'Ouvriers qui concourent à l'achévement total d'une Voiture, c'est-à-dire, la quantité d'Arts qui s'y emploient, on termine ce Chapitre par la Liste des pieces qui tombent dans le district du Bourrelier & dans celui du Sellier ; ce dernier Artisan entreprend ordinairement la Voiture entiere, & par conséquent se charge de tous les Ouvriers qui, de concert avec lui, la rendent parfaite & prête à servir.

Arts qui concourent à la perfection des Voitures, & à leur beauté.

Le Menuisier, pour le bois de la Caisse.

Le Serrurier, pour ferrer la Caisse & faire les Ressorts.

Le Ferreur (qui doit être Maître Sellier) pour ferrer les portieres, faire les Stors, &c.

Le Miroitier, pour fournir les Glaces.

Le Peintre, pour peindre & vernir le bois en-dehors, ainsi que le train & les roues.

Le Sculpteur, pour toute la Sculpture de la caisse & du train.

Le Franger, pour fournir toutes les Tresses, Glands & Houppes qui se placent dans l'intérieur de la Caisse.

Le Sellier-Carrossier, pour tapisser d'étoffe l'intérieur de la Caisse, & de cuir plusieurs parties du dehors.

Le Bourrelier, pour les cuirs de suspension, &c, qui joignent & attachent la caisse sur le train.

Le Doreur, pour toute la dorure sur bois & clous dorés.

Le Fondeur, pour les ornements de fonte.

Le Ciseleur, pour tous les ornements de cuivre ciselés.

Le Charron, pour tout le train & roues.

Le Tourneur, pour ce qui doit être tourné au train, comme palonniers, volée, &c.

Le Maréchal grossier pour les aissieux, boulons, bandes de roue, &c.

Liste des parties garnies par le Bourrelier.

Planche 14.

Berline.

Les soûpentes, *Fig.* III, & fourreaux de soûpente, *c*, *c*.

Les deux traits le long du brancard, ne peuvent se voir ici, étant cachés par les brancards.

Les courroies de guindage, *e*, *e*.

Les courroies des pieds corniers, *f*, *f*.

Le porte-siege. . . . . } ne peut se voir ici, étant recouvert par
Les courroies de côté du siege, } le siege.

La courroie & les mains de derriere, *h*, *g*.

Les ronds de palonnier, *b*.

La courroie de timon *a*.

Chaise.

Les deux soûpentes de derriere, *b*, *b*, *Fig.* II.

Les deux soûpentes de devant, *c*, *c*.

Les deux courroies de cremaillere, *b b b*, *Fig.* I.

Les fourreaux de cremaillere, *z*.

La croisée.

La courroie de ceinture, *g g g g*, *Fig.* II.

Les deux traits de dessous ou contre-sanglots d'aissieu, *d*, *d*, *Fig.* I.

Les deux marche-pieds, *i*, *i*.

La courroie de portiere *f*, *Fig.* II.

Les trois courroies de cerceau, *g*, *h*, *h*, *Fig.* I, & *l l l*, *Fig.* II.

La

La croisée de palonnier, *p q q*, *Fig.* II.

Le rond de palonnier, *o.*

Les deux poignées de derriere, *x*, *Fig.* I.

Les fourreaux & couvertures de ressort, quand elles sont bordées, sinon c'est le Sellier qui doit les faire.

Parties garnies par le Sellier à la Berline & à la Chaise.

Le pavillon ou impériale en-dedans par l'étoffe, en-dehors par le cuir, 22, *Fig.* III, *Pl.* 14.

Le dossier, *idem*, *g*, *Pl.* 13.

Les côtés, les accotoirs, le devant par l'étoffe, ainsi que les portieres, *c*, *d*, *f.*

Les panneaux ou dormants, appellés *custodes*, ou *volants*, *idem*, en-dedans & par le cuir en-dehors, *y y*, *Fig.* III, *Pl.* 14.

Le plafond par le cuir *n n*, *Pl.* 13.

Le quarré de plafond de cuir.

La cave en-dedans de toile ou de cuir, en-dehors de cuir, *o o.*

Les coussins de peau recouverts par l'étoffe, *i i.*

Les chassis des glaces par l'étoffe.

Les parcloses par la toile, *r r.*

Les devants des coffres par la peau.

Le siege du Cocher par l'étoffe, 3, *Pl.* 14.

La planche de marche-pied, *d d*,
Les bourrelets de brancard, 4, *Fig.* III,
Les heurtoirs de portiere,
Le bourrelet de la tringle de coquille du Cocher,
Le matelas des Laquais,
Le tablier ou garde-crotte,
} De cuir, 5, *Fig.* III.

EXPLICATION DES PLANCHES ET DES VIGNETTES.

PLANCHE PREMIERE.

La Vignette repréſente les Atteliers des deux Bourreliers.

A, Bâtier qui coupe la peau pour faire le collier. *B*, Bâtier qui travaille le collier avant de l'empailler. *C*, Bâtier qui travaille le collier ſur la forme. *D*, Bâtier qui attache les atelles au collier. *E*, Carroſſier qui coupe le cuir avec le couteau à pied. *F*, Carroſſiers qui couſent à la pince *G*, un harnois de Carroſſe. *H*, Carroſſier qui tord le fil. *I*, *L*, Veilloirs.

Le bas de la Planche repréſente les Outils & Inſtruments des deux Bourreliers & du Sellier.

A A, le bat-à-bourre.
A, la pince de bois.
B, le marteau.
C, le couteau à pied.
D, la ſerpette.
*E E**, renettes.
F, *G*, le grand & petit emporte-piece.
H, l'alène à brédir.
I, l'alène à coudre.
a, la forme.
a a, le coin.
b b, le maillet.
c c, la fauſſe-verge.
d d, le faux-garrot.
b, la verge à enverger.
c, l'aiguille à réguiller.
d, le paſſe-corde.
e, le ſerre-point.
f, la broche à piquer.
e e, le fer à Bâtier.
g g, l'aiguille à Bâtier.
2, le ſerre-attache.
3, le poinçon.
4, le fermoir.
5, *g*, les tire-bourres.
6, *h*, les rembourroirs.

PLANCHE II.

Elle repréſente la coupe du collier des chevaux de charrette en 9 Figures, cotées depuis I, juſqu'à IX.

Les Figures *A*, *B*, font voir le collier achevé & monté. *A*, le collier vu par-devant. *B*, le collier vu par-derriere. *C*, une atelle.

PLANCHE III.

Figure 1, le collier monté avec ses atelles, vu de face. *Fig.* 2, le collier sans atelles vue de profil. *Fig.* 3, le fût de la sellette du limonnier de charrette. *Fig. A*, le bât du cheval de bât. *Fig. B*, le même bât vu par-devant. *Fig.* C, le haut de la courbe de devant d'un bât pour faire voir la vertevelle *a*. *Fig.* I, représente le panneau de chevillier, c'est-à-dire, celui que les Chartiers mettent sur le cheval qui marche immédiatement avant le limonnier afin de monter dessus. *Fig.* II, la coupe de la moitié du cuir du panneau de Boucher. *Fig.* III, le panneau de riviere, c'est-à-dire, à l'usage des chevaux qui remontent les bateaux sur les rivieres. *Fig.* IV, le licol des mulets. *Fig.* V, la bride des mulets. *Fig.* VI, le mors des mulets séparé de sa bride. *Fig.* VII, le bât de mulet, nommé *bât d'Auvergne*. *Fig.* VIII, l'éleve de devant dudit bât vue de face. *Fig.* IX, l'éleve de derriere vue de face.

PLANCHE IV.

Figure I, représente un limonnier ou cheval de limon avec tout son harnois, & atelé aux limons d'une charrette. *Fig.* 2, un cheval de devant, soit chevillier ou autre, garni de même de tout son harnois. *Fig.* 3, sont deux petites bouffettes, l'une vue de face & l'autre de profil. *Fig.* 4, une grande bouffette; la petite figure montre le commencement de sa façon. *Fig.* 5, ornement des cuirs pour les chevaux de charrette, nommés *bâtons rompus*. *Fig.* 6, doubles bâtons rompus. *Fig.* 7, une aboutoire ornée de broderie. *Fig.* 8, le billot à biller pour ateler les chevaux l'un devant l'autre.

PLANCHE V.

Figure I, cheval de bât avec tout son harnois.
Fig. II, mulet avec tout son harnois de guerre.
Fig. III, le même vu par-devant.

PLANCHE VI

Figure B, point de billot.
Fig. A, nœud droit.
Fig. I, II & III, nœud de coupliere.
Fig. IV & V, patte-d'oie ou nœud croisé.
Fig. VI, VII & VIII, nœud quarré.
Fig. IX, ganse.
Fig. X, collier à tringle ou à l'Angloise.

Fig. A 2, *D* 3 & *G* 4, la torche & ſa coupe.

Fig. m, un dés.

Fig. n, demi-boucle.

Fig. o, boucletot.

Fig. p, boucle enchappée.

PLANCHE VII.

Figure I, un cheval de carroſſe deſtiné au timon avec tout ſon harnois.

Fig. II, un cheval de carroſſe appellé *quatrieme* ou *de devant*, lorſqu'on atelle à quatre chevaux, & du milieu à l'atelage de ſix chevaux; on voit dans ſon harnois les différences entre le harnois à quatre & celui à ſix chevaux.

2, boucle.

3, boucle quarrée.

4, bout.

5, fleuron.

6, roſettes.

7, roſette vue de profil pour montrer les pointes fabriquées par le Fondeur, qui ſe rivent à l'envers du cuir pour y attacher toutes les pieces ſuſdites.

8, un trouſſequeue déployé.

PLANCHE VIII.

Figure I, le cheval qui s'atelle dans les brancards des Chaiſes, appellé *cheval de brancard*, avec tout ſon harnois.

Fig. II, le cheval nommé *bricolier*, *cheval de côté* ou *du Poſtillon*, qui s'atelle au côté gauche du cheval de brancard, avec tout ſon harnois.

PLANCHE IX.

Figure A, une charrette atelée de trois chevaux; *a* le limonier; *b*, le chevillier ou cheval en cheville ſur lequel eſt monté le Chartier ſur ſon panneau de chevillier; *c*, le cheval de faute.

Fig. B, une file de mulets armés en guerre; *a*, le premier mulet portant le collier de ſonnaille; *b*, le ſecond mulet portant la groſſe ſonnaille; *c*, le troiſieme mulet portant le gros grelot.

Fig. C, une Berline atelée de ſix chevaux; *a*, les deux chevaux de timon; *b*, les quatriemes, ou chevaux de volée; *c* les ſixiemes, ou chevaux de devant.

Fig. D, une Chaiſe de poſte atelée de deux chevaux; *a*, le cheval de brancard; *b*, le bricolier; *c*, le cheval du Courrier.

Fig. I, repréſente une brédiſſure ordinaire.

Fig. II,

Fig. II, autre espece de brédissure marquée par les espaces qui ne sont point ombrés comme la précédente; *a*, le cuir; *b*, portion de l'anneau où est la brédissure.

Fig. III, portion du poitrail du harnois d'un cheval de Carrosse; *a a*, coussinure; *b b*, le fond; *c c*, blanchet.

Fig. IV, portion de l'avaloire d'en-bas dudit harnois; *a a*, coussinure; *b b*, fond; *c c*, blanchet.

Fig. V, le dessous du coussinet du harnois de timon; *a b b a*, toile; *c*, chambrure.

Fig. VI, la couverture du coussinet; *a*, *a*, *a*, *a*, *a*, les contours du métal; *d d*, les gros anneaux de cuivre pour passer les guides; *b*, *b*, les courroies qui attachent & arrêtent les rênes de la bride.

Fig. VII, ornement sur les cuirs des harnois des chevaux de Carrosse fait en couture blanche appellée *ondes*.

Fig. VIII, ornement, *idem*, appellé *ondes à pique*.

Fig. IX, un bout de trait de chevaux de Carrosse; *a*, les deux cuirs blancs; *c c c*, la bordure du cuir noir de dessous; *b*, le blanchet qui n'a qu'un pied de long.

Fig. X, la sellette du cheval de brancard.

PLANCHE X.

a a, Le compas d'Arçonnier.

b, différents aceaux.

c c c, les fausses bandes qui joignent, espacent & éloignent l'arçon de devant *d* de celui de derriere *e*.

Fig. *A A*, l'arçon d'une selle à la royale vu de face.

Fig. *B B*, arçon vu en-dessus pour voir les bandes sur leur longueur.

Fig. *D D*, arçon vu par le côté pour en voir la ferrure.

Fig. *F F*, arçon de selle à l'Angloise.

Fig. *E E*, arçon de femme.

Fig. 2, un quartier de selle.

Outils du Sellier. { *A*, la lissette. / *B C*, *C C*, *D*, différentes cornettes. / *E*, rosette. }

Fig. 3, selle à la royale.

Fig. 4, batte de devant.

Fig. 5, batte de derriere.

Fig. 6, patron pour le siege de la selle plié en deux.

Fig. 7, arçon d'une sellette de Chaise de poste pour le cheval de brancard.

Fig. 8, un panneau de selle.

Fig. 9, une ſelle de femme.

Fig. 11, ſelle à l'Angloiſe.

Fig. 12, un panneau de ſelle à l'Angloiſe.

Fig. *r r*, attache de cuir qui ſe met ſous l'arcade de la ſelle à l'Angloiſe.

Fig. *q q*, autre cuir qui ſe met ſous le pontet de ladite ſelle.

Fig. 10, la coupe du vrai ſiege de la ſelle de femme.

PLANCHE XI.

Le haut de la Planche repréſente un cheval ſellé & bridé.

a, la bride.
b, le mors.
d d, les rênes.
c, le bridon.
e e, le poitrail.
f, les ſangles & ſurfaix.
g, les étrivieres.
h, les étriers.
i i i, la ſelle *à la royale.*
l l, la houſſe ou croupelin.
m, la croupiere.
n, le culeron.

Fig. 2, ſelle à piquer.
a a, piece de bois qui termine le trouſſequin, appellée *le fond du trouſſequin.*

Fig. 3, ſelle raſe.

Fig. 4, ſelle à la Polonoiſe pour femme.

a, col d'oie.
b, liege de cuiſſe.
c, faux-quartier.
d, poignée de fer.
e, couſſinet piqué.

Fig. 5, ſelle à l'Angloiſe avec de faux-quartiers.
a a, faux-quartier.

Fig. 6, ſelle de poſte.
a, ventouſe.
b, porte-étriers de fer.
c, bourſes ou ſaccoches.

Fig. *A*, le couſſinet ſimple.
b, couture qui joint le milieu de la doublure au milieu du deſſus.
c, *c*, *c*, attaches du couſſinet à la ſelle & à la croupiere.

Le bas de la Planche repréſente pluſieurs Selles.

Fig. I, les arçons d'une ſelle ancienne qu'on appelloit *Selle à corps*; ils ſont d'une ſeule piece.

Fig. II, la ſelle à corps vue par-devant.
a a a, piece de cuivre qui garniſſoit le devant des battes.
b b, vue d'une portion du trouſſequin.

Fig. III, la même ſelle vue de profil.
a, vue d'une partie de l'armure du trouſſequin par-derriere.

Fig. IV, la même ſelle vue par-derriere.
a a, le derriere du trouſſequin.
b b, plaque de cuivre qui garniſſoit le derriere du trouſſequin.
c c, portion du devant.

PLANCHE XII.

Figure E, couverture des chevaux dans l'écurie.

Fig. I, bride du cheval de carroſſe.

Fig. II, licol du cheval de carroſſe.

Fig. III, caveſſine pour le panſement.

Fig. IV, caveſſine de main.

Fig. V, caveſſon à trois anneaux.

Fig. VI, gros caveſſon de piliers ou de manege.

Fig. VII, bouton de bride prêt à treſſer.

Fig. VIII, poitrail du cheval de ſelle.

Fig. IX, croupiere de cheval de ſelle.

PLANCHE XIII.

LA Vignette repréſente l'Attelier du Sellier-Carroſſier; *A*, le Sellier nervant & colant un arçon *b*; *B*, le Sellier tenant un quartier qu'il vient de tailler; *C*, le Sellier garniſſant une voiture en-dedans; *D*, le Sellier faiſant une couture piquée.

Le bas de la Planche.

VOITURE appellée *Berline*, quand elle eſt ſuſpendue entre deux brancards.

A, la coupe d'une Berline pour en expliquer la garniture intérieure.

a a, le pavillon, autrement l'impériale.

b, *b*, les panneaux.

c, *c*, les côtés.

d, *d*, les accotoirs.

e, la glace de côté faiſant partie de la portiere *f*; *p*, la main de la glace.

g, le doſſier; *h*, le devant.

i, *i*, les couſſins poſés ſur les parcloſes, *r*, *r*, *r*, *r*.

l, le coffre; *m*, la planche du devant.

n, *n*, les bourrelets ſur le devant des parcloſes; *o o*, la cave.

Fig. 1, le cordonnet à plat; *Fig.* 2, le cordonnet roulé ſur la ficelle; *Fig.* 3, la groſſe pince; *Fig.* 4, le miniſtre; *Fig.* 5, le poinçon mordant.

PLANCHE XIV.

Figure I, la Chaiſe de poſte, élévation. *

Fig. II, plan à vue d'oiſeau de la Chaiſe de poſte. *

Fig. III, Berline à deux fonds, élévation.

* Les Figures I & II ont par mégarde été gravées à contre-ſens; ainſi le palonnier qui y eſt à droite devroit être à gauche.

TABLE
DES CHAPITRES ET TITRES
CONTENUS DANS CET OUVRAGE.

Le

CHAPITRE IV.

CHAPITRE V.

CHAPITRE VI.

CHAPITRE VII.

CHAPITRE VIII.

CHAPITRE IX.

CHAPITRE X.

SECONDE SECTION.

CHAPITRE XI.

* Le Coussinet à flanc, ** la Housse, *** la Housse de pied & la Housse de main, sont relatifs à la 14me. Planche.

Fin de la Table des Chapitres.

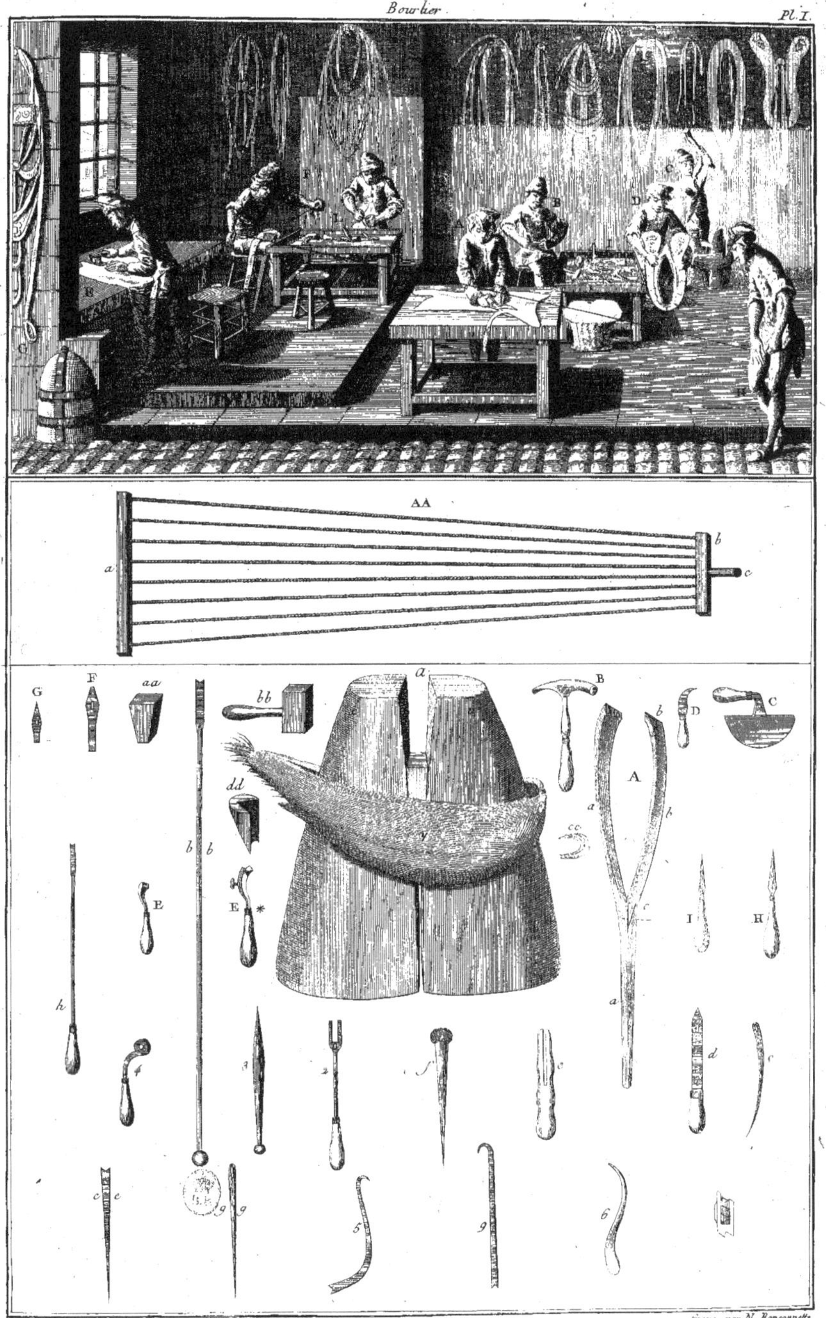
Bourlier.
Pl. I.
AA
Dessiné par De Garsault
Gravé par N. Ransonnette

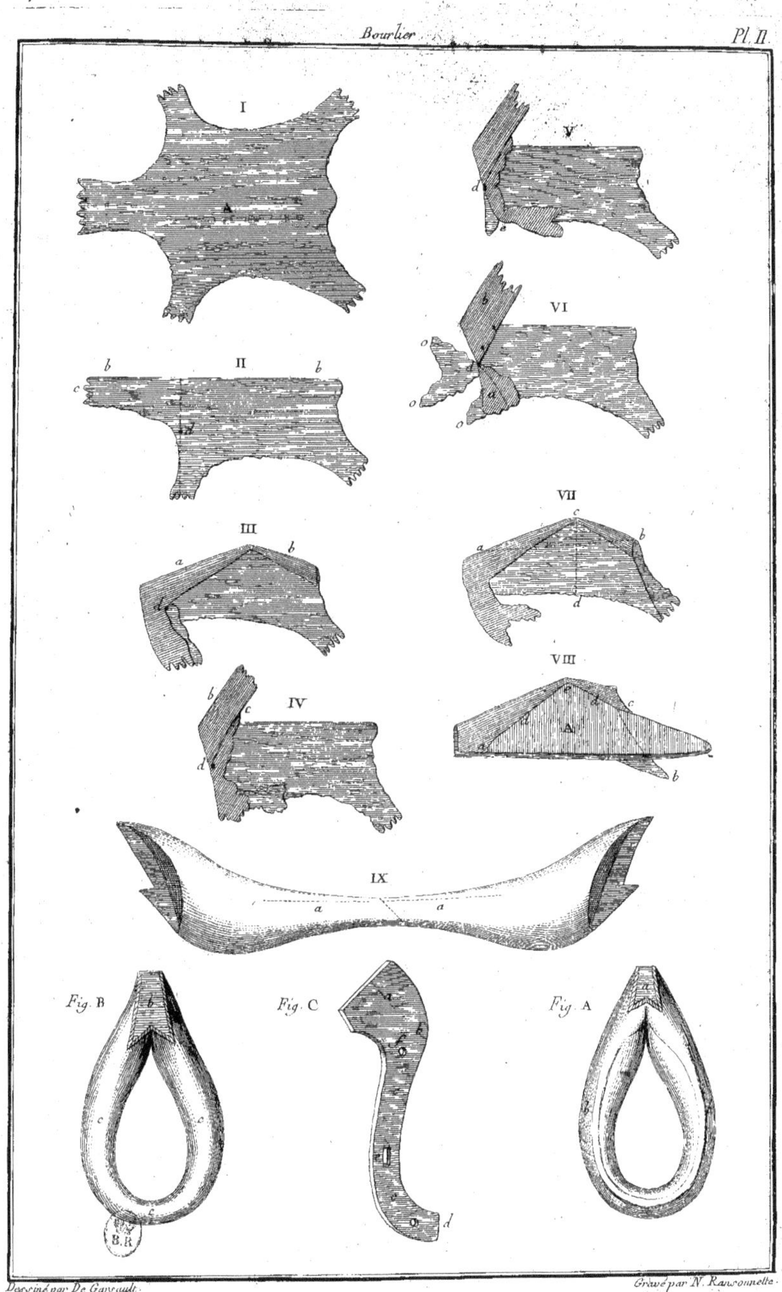

Dessiné par De Garsault. Gravé par N. Ransonnette.

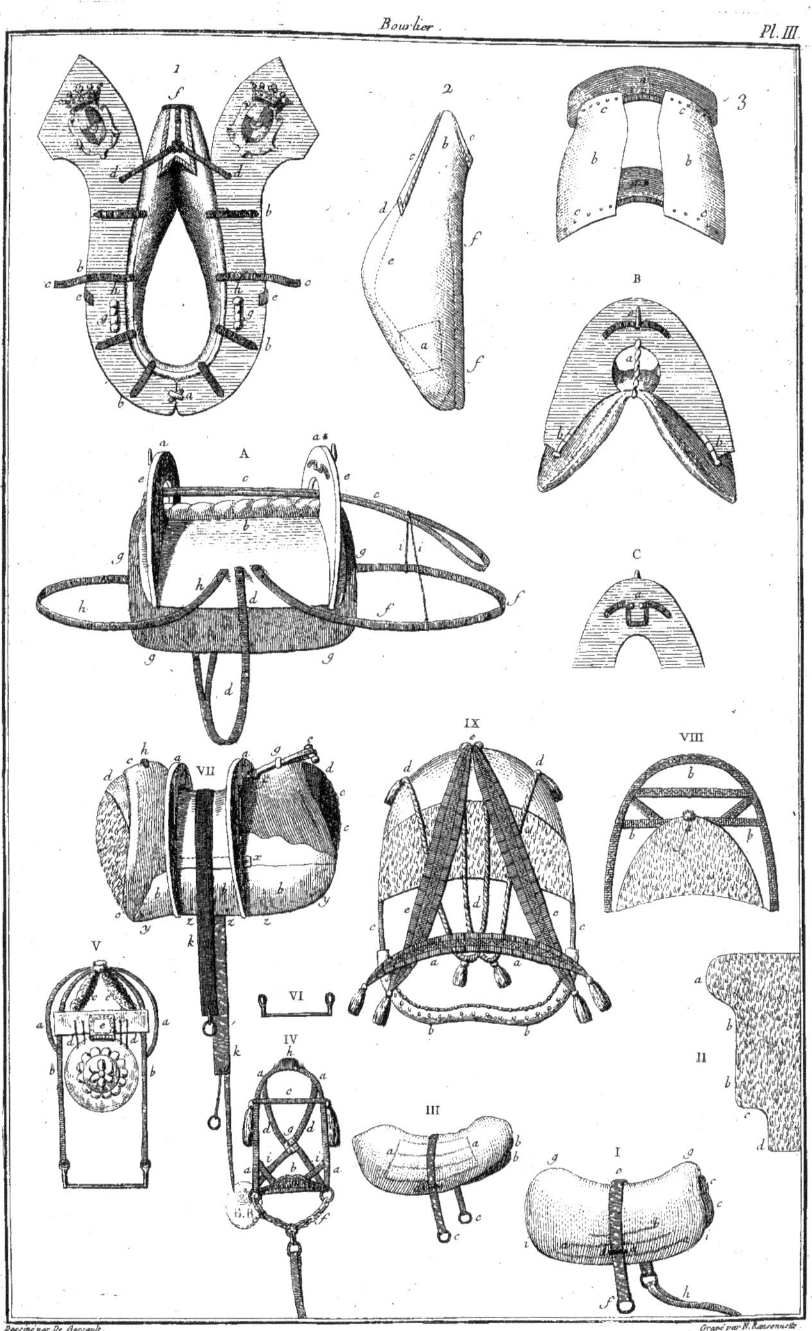

Dessiné par De Garsault. Gravé par N. Ransonnette.

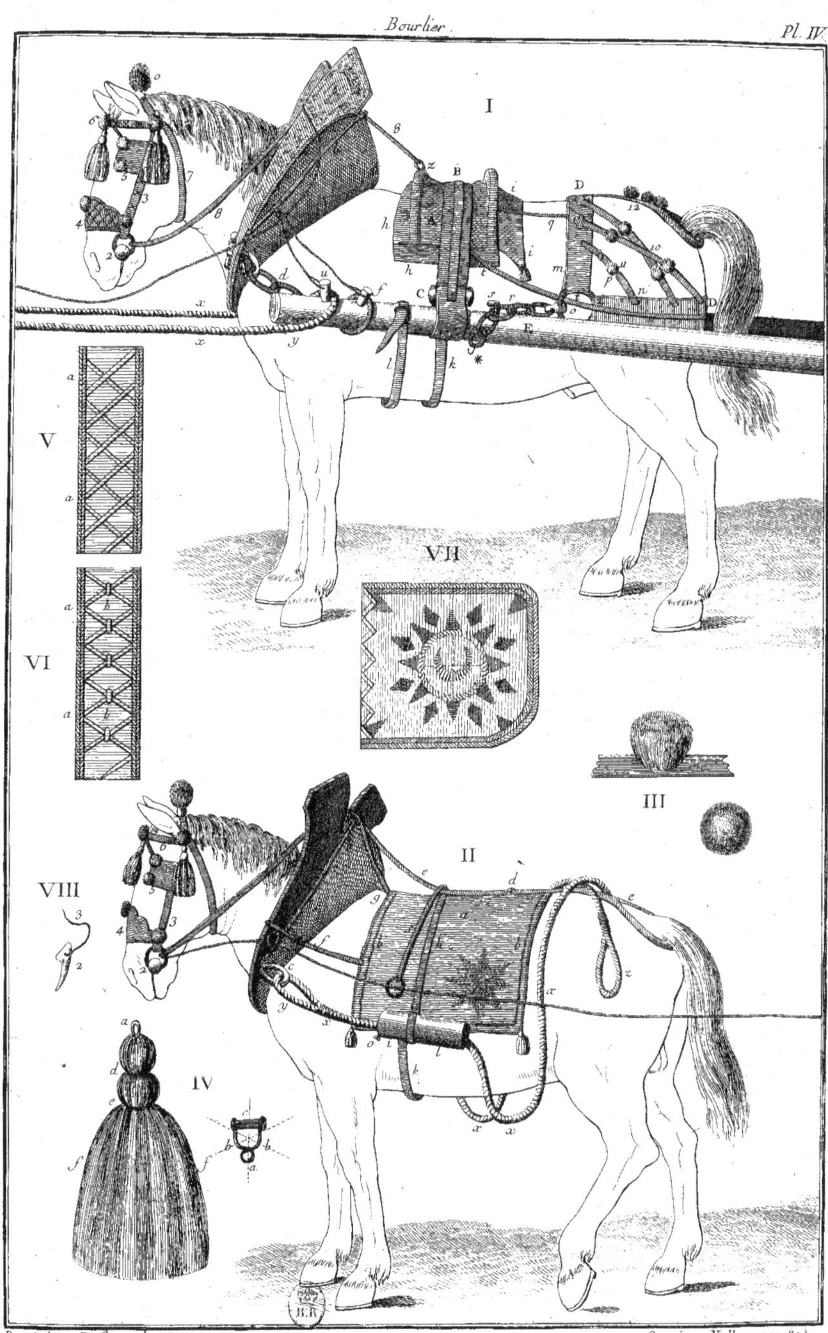

Dessiné par De Garsault. Gravé par N. Ransonnette.

Dessiné par De Garsault. Gravé par N. Ransonnette.

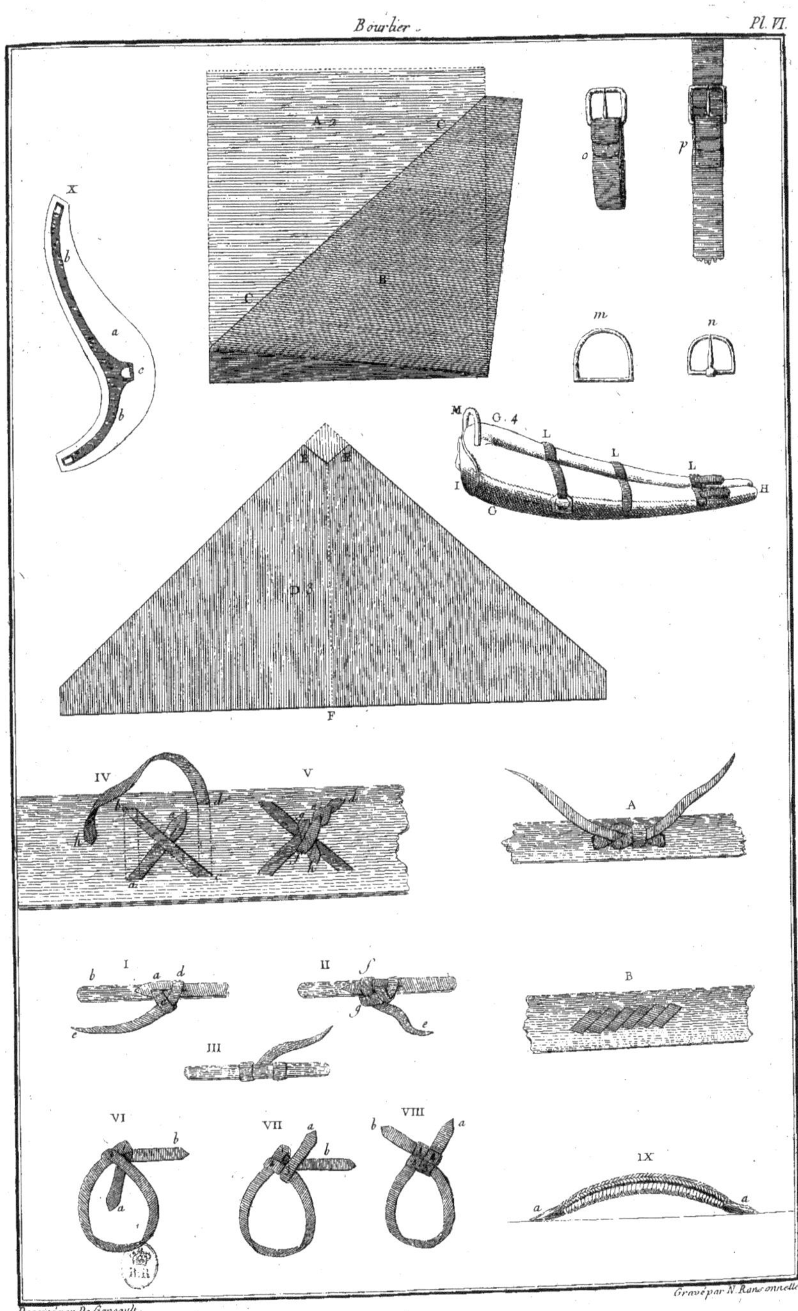

Dessiné par De Garsault. Gravé par N. Ransonnette.

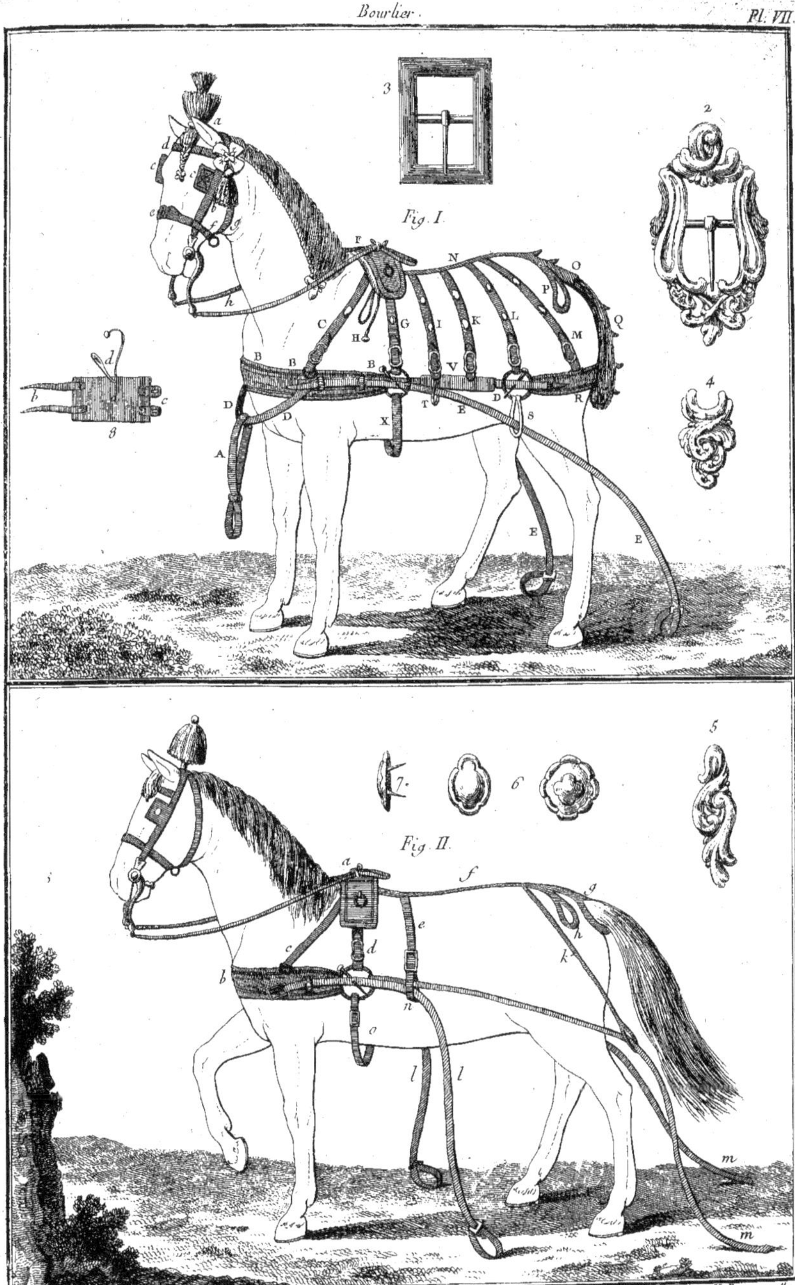

Dessiné par De Garsault. Gravé par N. Ransonnette.

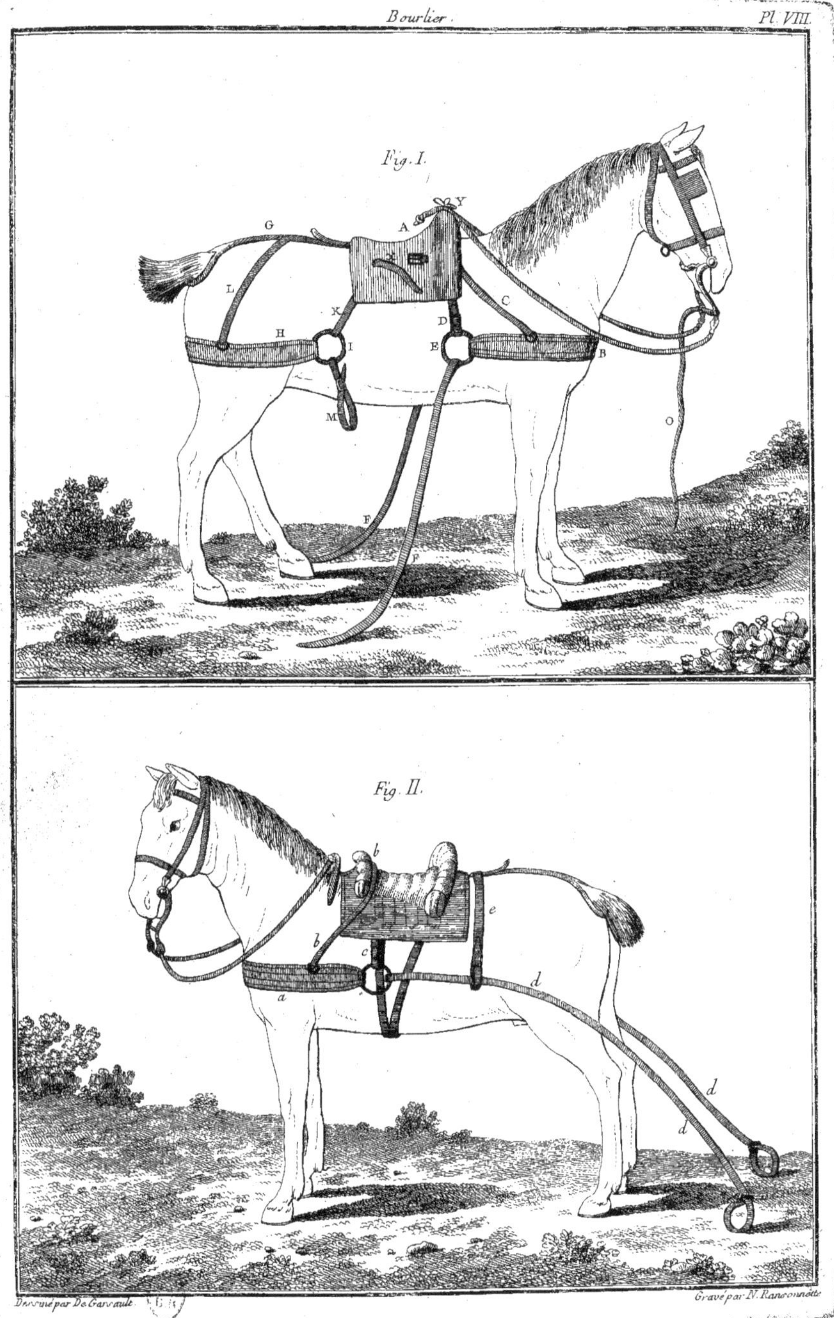

Dessiné par De Garsault.

Gravé par N. Ransonnette.

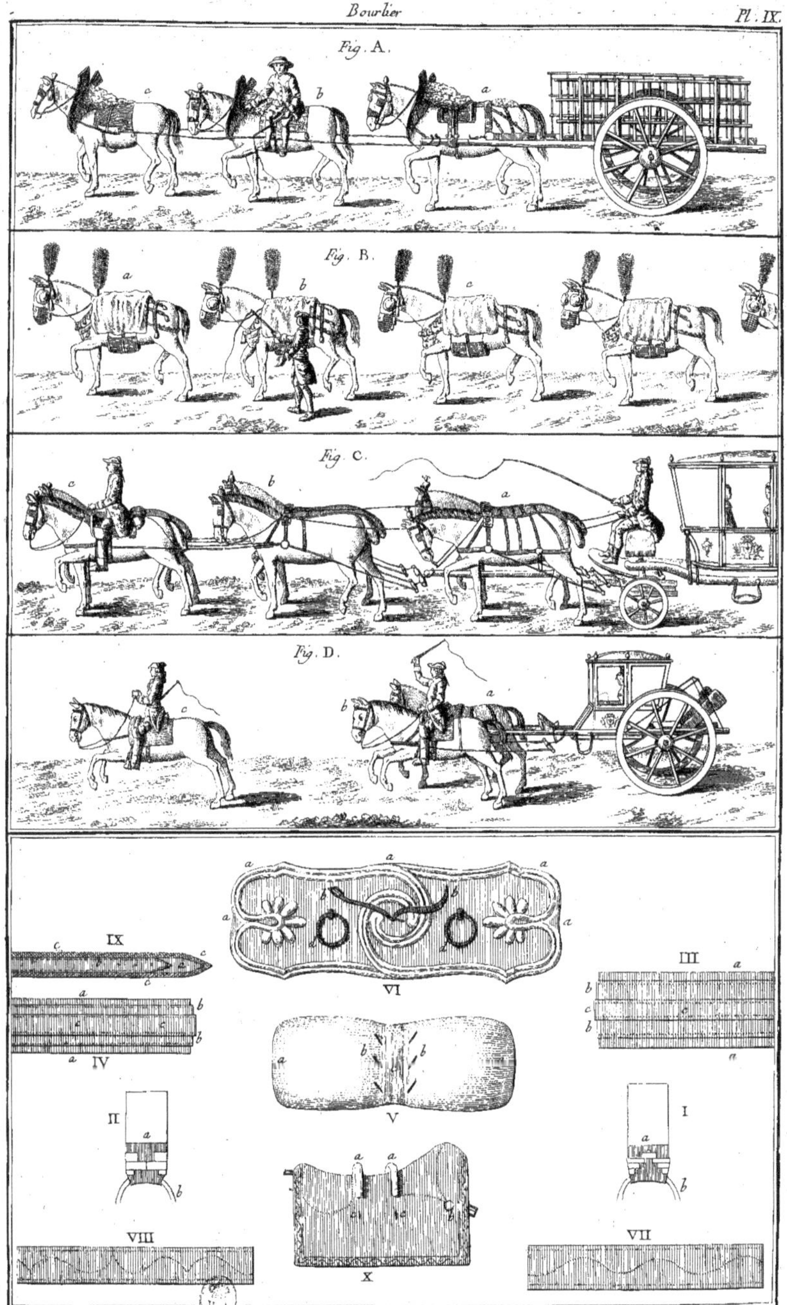

Dessiné par de Garsault

Gravé par Ransonnette

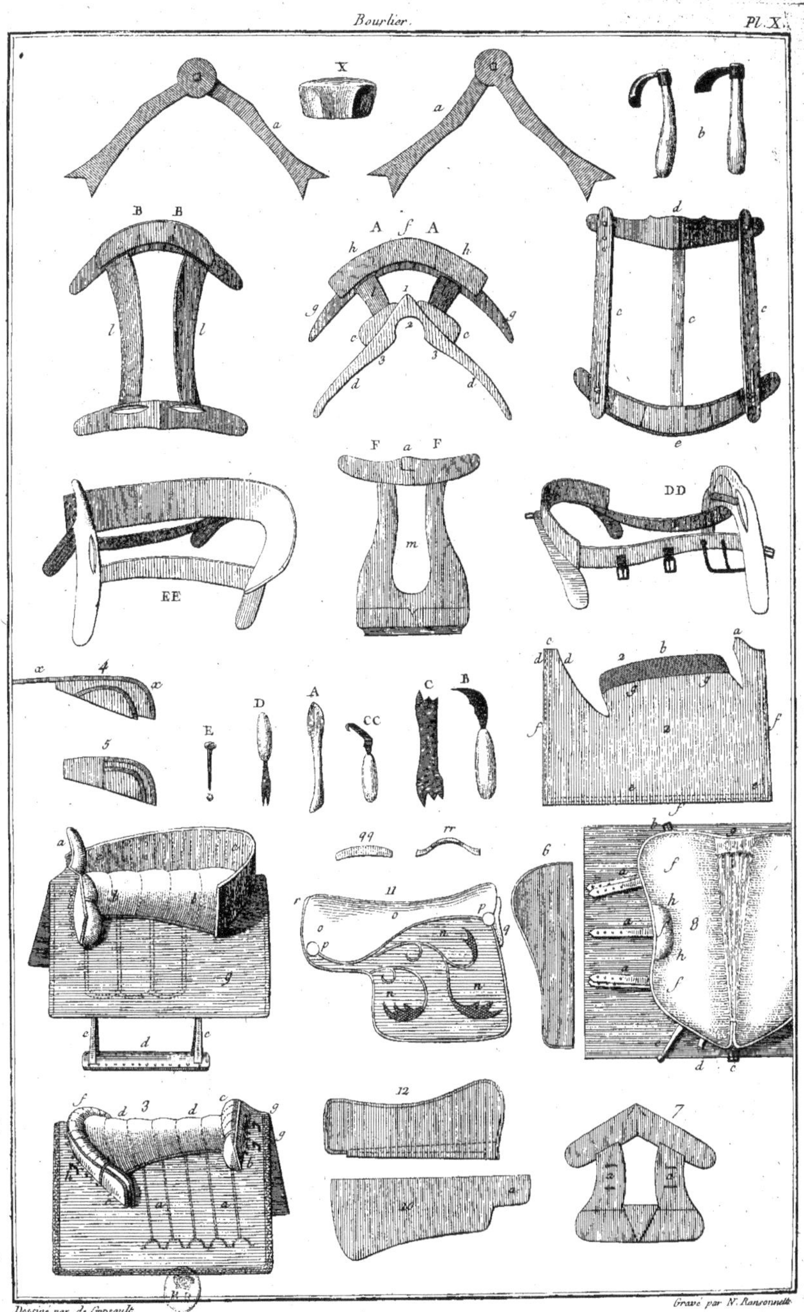

Dessiné par de Garsault — *Gravé par N. Ransonnette*

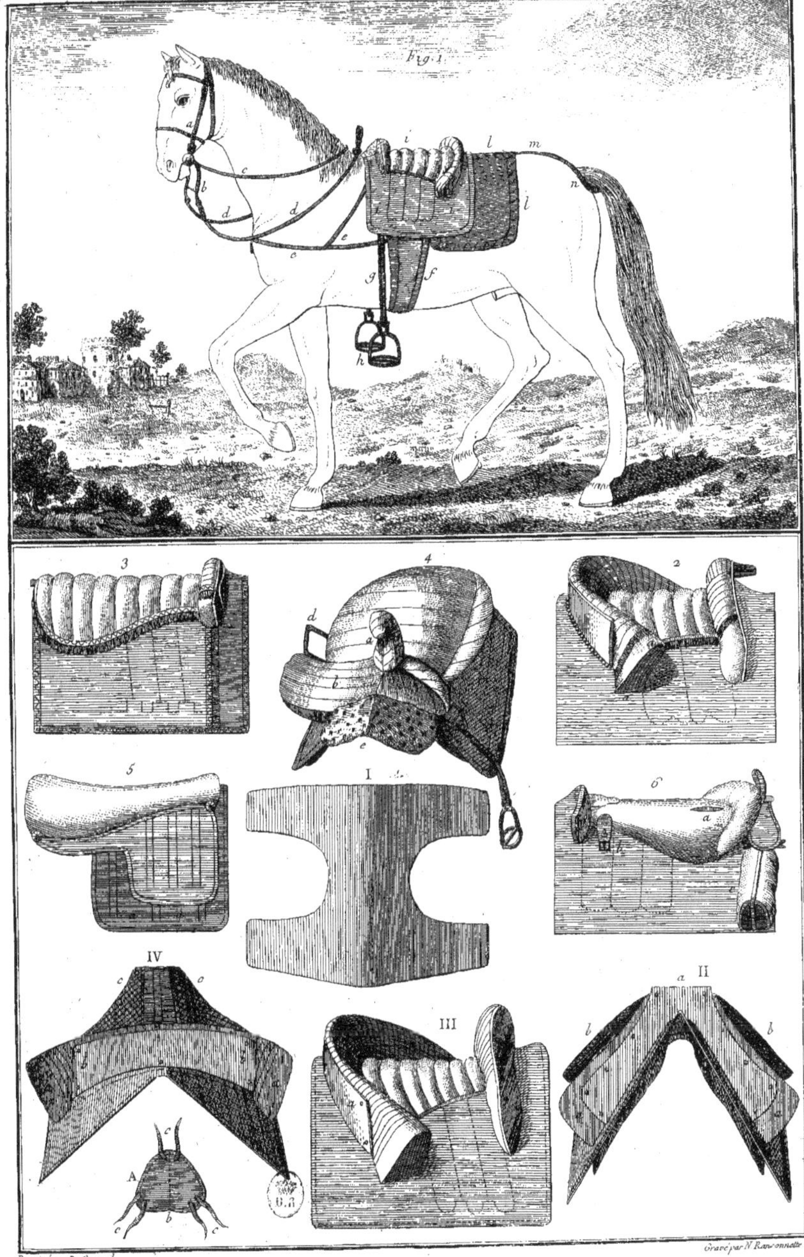

Dessiné par De Gassault   Gravé par N. Ransonnette.

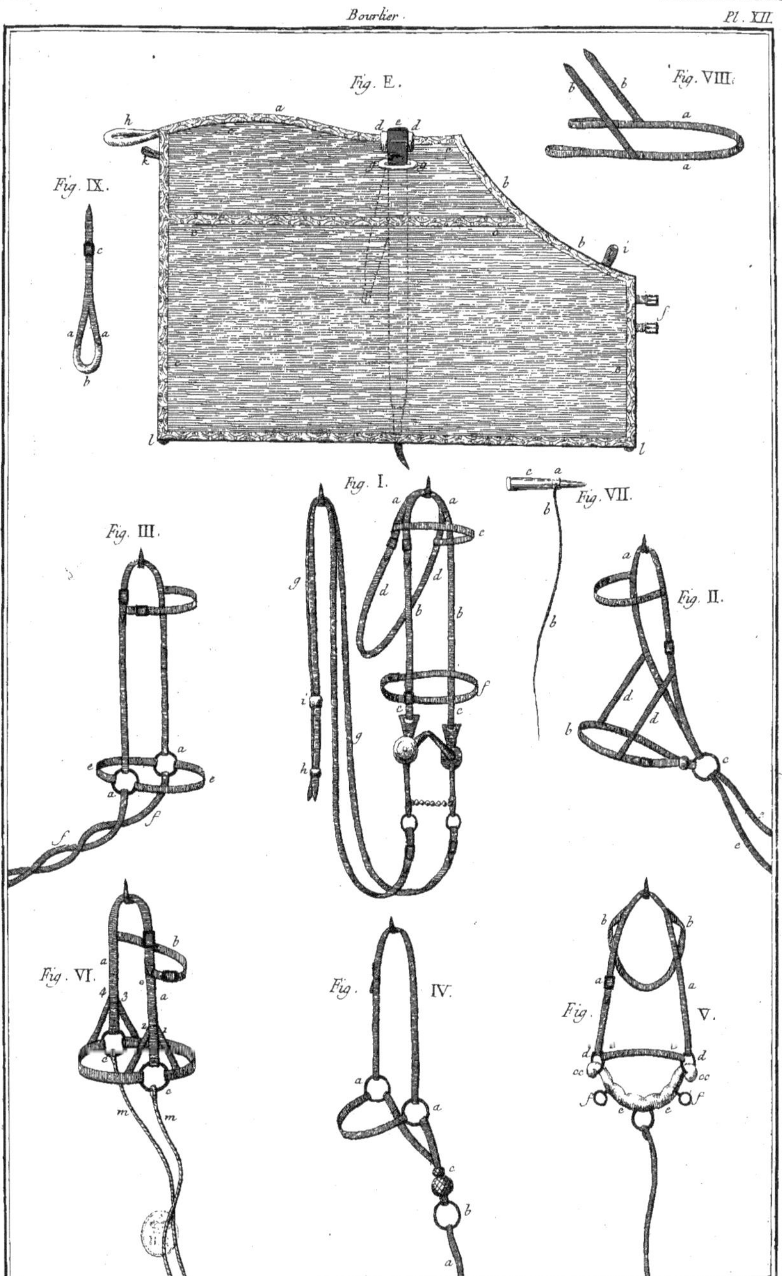

Dessiné par de Garsault

Gravé par N. Ransonnette

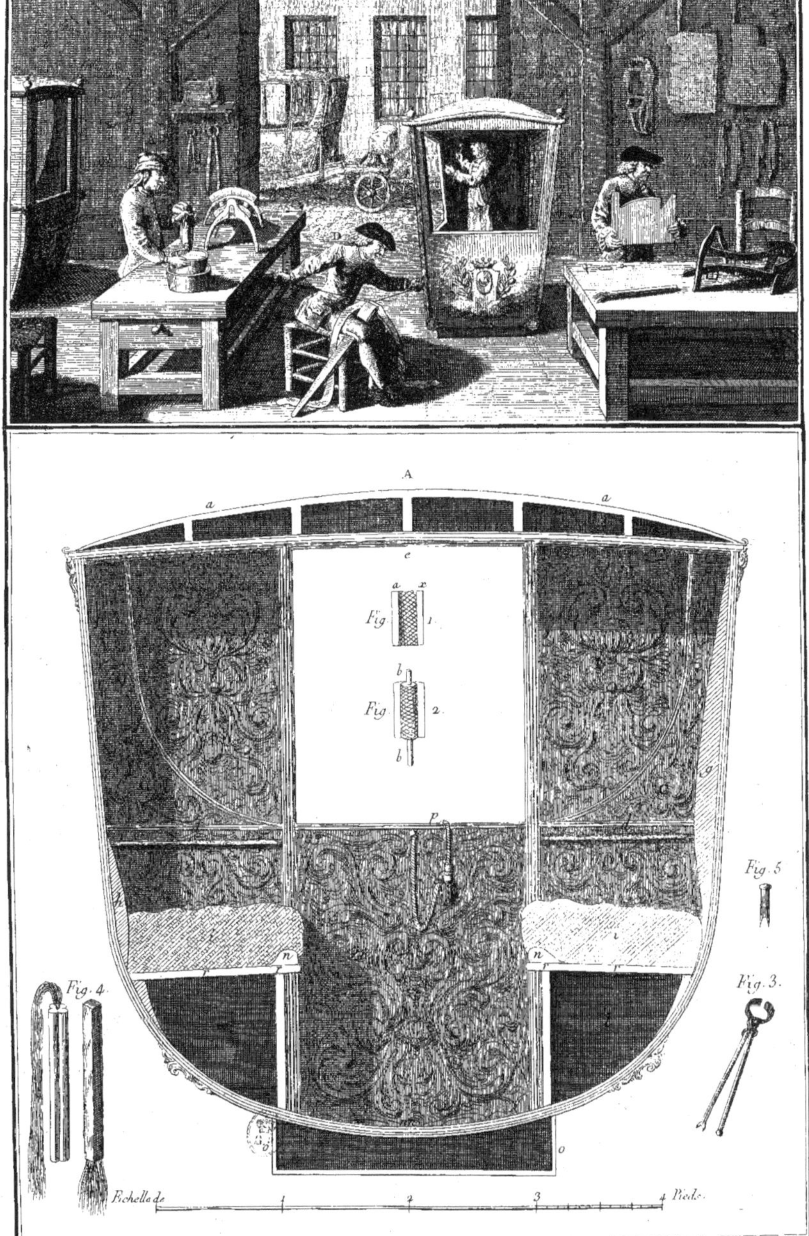

Dessiné par De Garsault. Gravé par B. Ransonnette.

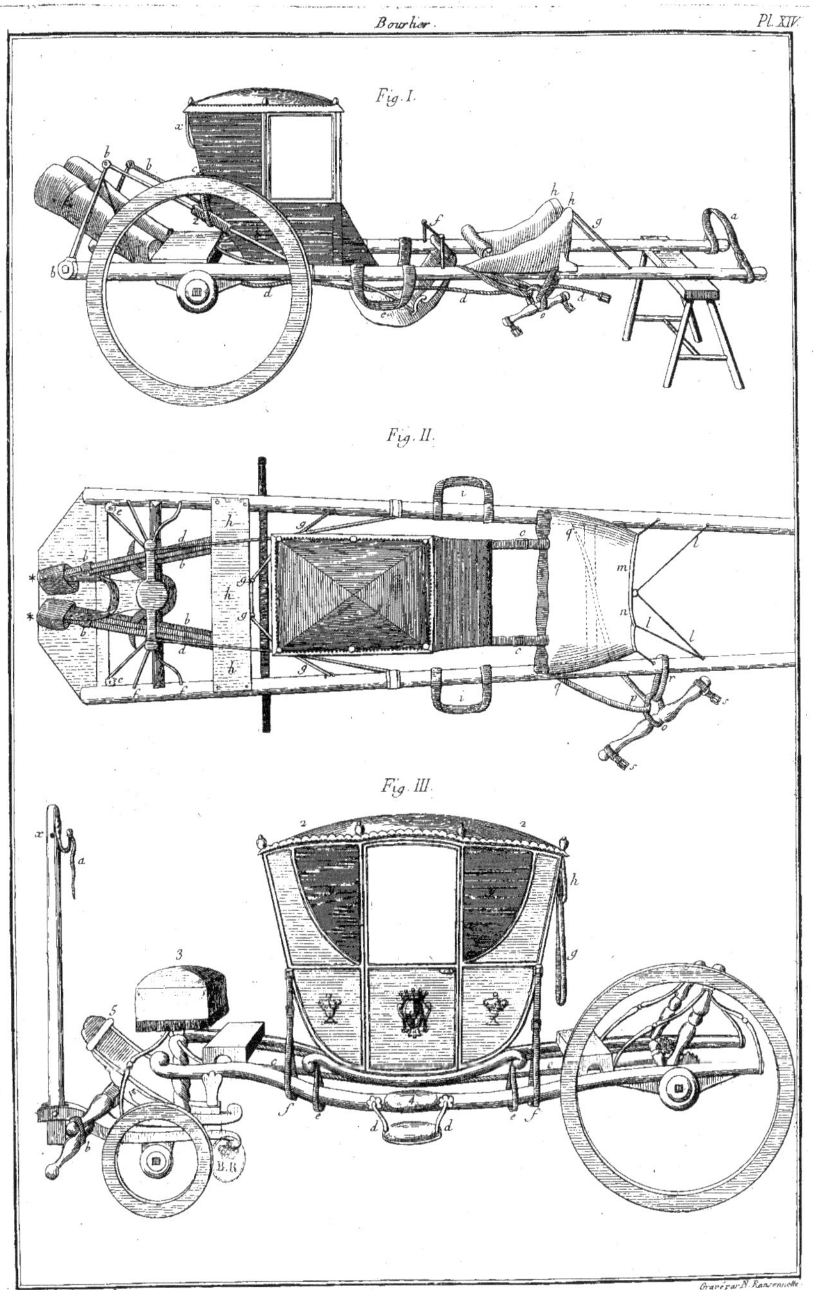

Dessiné par De Gassault

Gravé par N. Ransonnette

Cette planche est relative aux pages 122 . 123 . 124 .

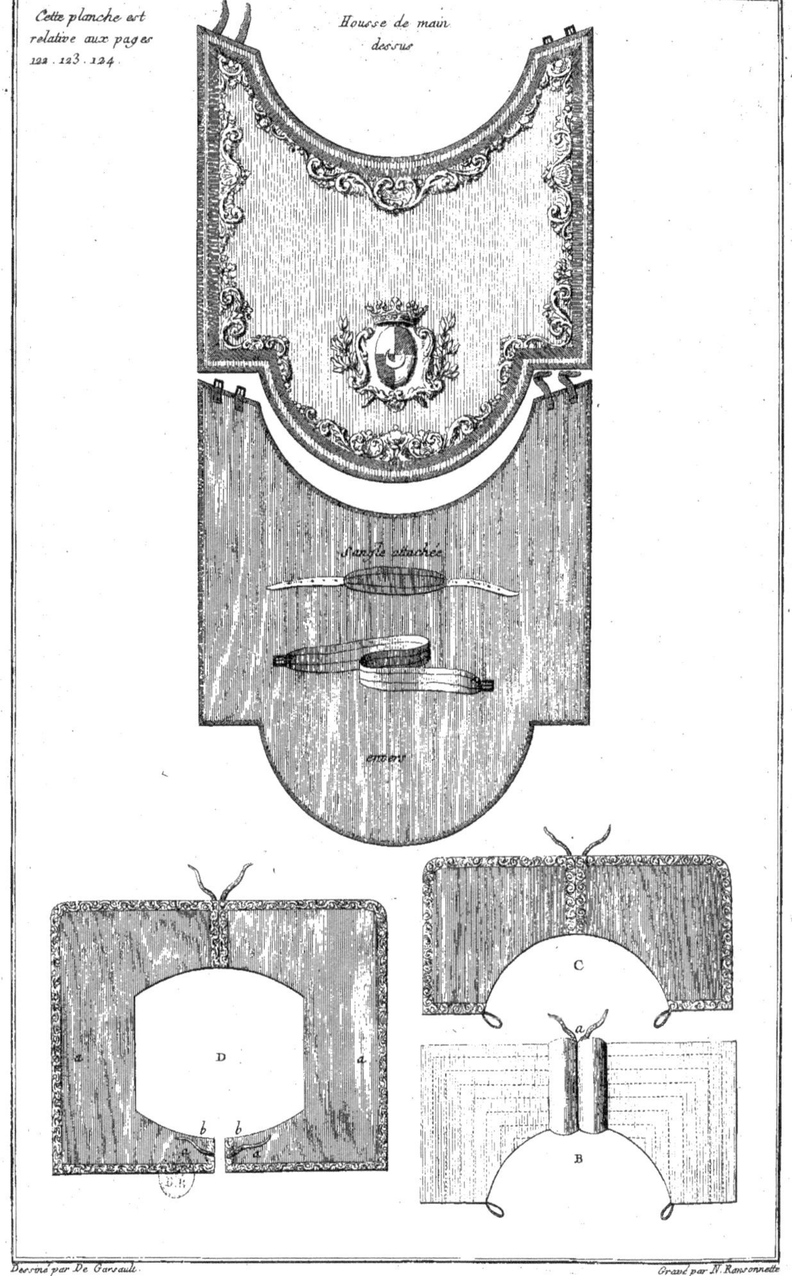

Dessiné par De Garsault. Gravé par N. Ransonnette

www.ingramcontent.com/pod-product-compliance
Ingram Content Group UK Ltd.
Pitfield, Milton Keynes, MK11 3LW, UK
UKHW021121220726
13924UKWH00004B/1845